AF202688

Stimmen zu Paramahansa Yoganandas Kommentar der Bhagavad-Gita ...

Gott spricht mit Arjuna – Die Bhagavad-Gita
Neue Übersetzung und neuer Kommentar

(herausgegeben von der Self-Realization Fellowship im Jahre 2005)

»Mit seiner ausführlich kommentierten Übersetzung der Bhagavad-Gita, einer der bedeutendsten heiligen Schriften Indiens, gab [Paramahansa Yogananda] auch dem heutigen Gottsucher einen Ratgeber in die Hand, der ihm zeigt, wie man Glück, Frieden und Erfolg im Leben findet.« *Visionen*

»An diesem verschwenderisch aufgemachten zweibändigen Werk ... werden Herz und Auge Freude haben ... ein Zeugnis für [Yoganandas] außerordentliches Verständnis, das der unmittelbaren Erfahrung höherer Wirklichkeiten entspringt, und ebenso für sein Mitgefühl für Sucher, die nach geistiger Wahrheit dürsten. ... Fühlen Sie den wahren Pulsschlag der Bhagavad-Gita und lassen Sie sich durch die brillanten Worte eines der größten Yoga-Meister dieses Jahrhunderts in ihren Bann ziehen.« *Yoga Journal*

»Aus den Schriften und der Tradition von Paramahansa Yogananda ist eine wunderschöne Blume gewachsen ...
Er rückt die Bhagavad-Gita in das unmittelbare Blickfeld des heutigen Lesers. ... Äußerst empfehlenswert!« *Leading Edge Review*

»Diese monumentale Übertragung und Auslegung der Bhagavad-Gita von einem der erhabenen Heiligen Indiens beschreitet neue Pfade. ... Yogananda erforscht die Wissenschaft des Yoga, die in der Gita verborgen ist ... und auch den Weg, dank dessen diese ehrwürdige Disziplin die unmittelbare Erfahrung Gottes ermöglicht. In einfacher aber ausdrucksvoller Sprache legt er eine mitreißende Chronik vor.« *The Quest*

»Jeder Vers ist von Yogananda sorgfältig übersetzt worden; doch was diesen Text vor allem anziehend macht, sind [seine] Kommentare, die ein ausgedehntes Wissensfeld umfassen. ... Ein beeindruckendes Panorama von Weisheit, Psychologie, Geist, Erkenntnistheorie, Physiologie und Yoga-Lehren. ... Atemberaubend.« *The Book Reader*

»[Yoganandas] Kommentar ... offenbart die höchsten Wahrheiten, bleibt aber dennoch für alle Sucher zugänglich, weil seine Sprache direkt und einfach ist. ... Was [seine] *Autobiographie* im Bereich menschlicher Erfahrung erreicht, das erreicht *Gott spricht mit Arjuna* als vollständige Lehre im Bereich des geistigen Lebens. ... Dieses Buch wird man ein Leben lang studieren und wertschätzen. Es wird zu den großen Kommentaren der Gita gezählt werden. ...« *Yoga International*

Paramahansa Yogananda (1893–1952)

DER
YOGA
DER
BHAGAVAD-
GITA

*Eine Einführung in die
universale indische Wissenschaft
der Gottverwirklichung*

Eine Auswahl aus den Schriften von
Paramahansa Yogananda

FOUNDED 1920 BY PARAMAHANSA YOGANANDA

Der Titel der im Verlag Self-Realization Fellowship,
Los Angeles, Kalifornien, erschienenen Originalausgabe lautet:
The Yoga of the Bhagavad Gita

ISBN: 978-0-87612-033-0

Übersetzung aus dem Englischen: Self-Realization Fellowship

Copyright © 2008 Self-Realization Fellowship

Alle Rechte vorbehalten. Mit Ausnahme von kurzen Zitaten in Buchbesprechungen dürfen keine Auszüge aus *Der Yoga der Bhagavad-Gita* (»The Yoga of the Bhagavad Gita«) in irgendeiner Form oder mit irgendwelchen heute oder zukünftig gebräuchlichen Nutzungsarten ohne schriftliche Erlaubnis der Self-Realization Fellowship, 3880 San Rafael Avenue, Los Angeles, California, 90065-3219, USA reproduziert, gespeichert, übertragen oder abgebildet werden. Dazu gehört auch die Aufnahme oder Wiedergabe durch elektronische, mechanische, fotomechanische oder anderweitige Mittel sowie die Speicherung in Datenverarbeitungsanlagen und Speichersystemen jeglicher Art.

Autorisiert durch
International Publications Council of
Self-Realization Fellowship

Der Name und das Logo der Self-Realization Fellowship (siehe oben) erscheinen auf allen Büchern, Ton- und Videoaufnahmen sowie anderen Veröffentlichungen der SRF. Auf diese Weise kann der Leser sicher sein, dass ein Werk von der Organisation stammt, die Paramahansa Yogananda selbst gegründet hat, und dass es seine Lehre wahrheitsgetreu wiedergibt.

Erste deutsche Ausgabe 2008
First edition in German, 2008
Nachdruck 2024
This printing, 2024

ISBN: 978-0-87612-034-7

Gedruckt in Italien

1732-J08235

Umschlagbild: Bhagavan Krishna als Yogeshwara, »Herr des Yoga«

Inhalt

Vorwort

»Sri Krishnas Botschaft in der Bhagavad-Gita stellt die ideale Lösung für das heutige und für jedes folgende Zeitalter dar: den Weg des Yoga, der aus pflichtbewusstem Handeln, innerer Losgelöstheit und Meditation besteht und dadurch zu Gott führt. Zu arbeiten, ohne im Innern den Frieden Gottes zu fühlen, kann einem das Leben zur Hölle machen; doch zu arbeiten, während die Seele ständig von Seiner Freude durchströmt wird, bedeutet, sein inneres Paradies immer mit sich zu tragen, ganz gleich, wo man sich befindet.«

Paramahansa Yogananda

Seit Jahrhunderten gilt die Bhagavad-Gita als eine der größten Schriften, welche die universale spirituelle Weisheit zum Ausdruck bringt, die der ganzen Menschheit gehört und sie eint. Die Gita ist Indiens beliebteste heilige Schrift des Yoga, der Wissenschaft der Vereinigung mit Gott – und zugleich ein zeitloser Ratgeber für Glück und ausgewogenen Erfolg im täglichen Leben.

Vom Sanskrit-Urtext der Bhagavad-Gita liegen zahlreiche Übersetzungen ins Englische und in andere europäische Sprachen vor. Einige wurden von Linguisten und Philosophen angefertigt, andere von Literaten, viele von geistigen Lehrern oder Yogis. Von den bekannten Übersetzungen ins Englische bevorzugen manche Leser poetische Fassungen (wie beispielsweise die von Sir Edwin Arnold); andere Versionen wiederum sind bemerkenswert wegen ihrer wörtlichen Übersetzung und sprachwissenschaftlichen Analyse der Sanskrit-Terminologie.

Paramahansa Yoganandas Übersetzung des Urtextes zeichnet sich vor allem dadurch aus, dass erstmals in einer englischen Fassung ein Verständnis der tiefen inneren Symbolik zum Ausdruck kommt, die in den Sanskrit-Versen verborgen liegt. Wenn diese Symbolik richtig verstanden wird, deckt sie bisher unbekannte Tiefen in der Gita auf: Die Gita erweist sich dann als vollendeter Wegweiser der Yoga-Wissenschaft sowie der Kunst, in dieser materiellen Welt ein geistiges Leben zu führen.

Die Gita beschreibt sich als »die heilige Schrift des Yoga und der

Wissenschaft der Gottverwirklichung« *(brahmavidyāyām yogaśāstre)*. Yoganandas Übertragung erfüllt in höchstem Maße das Versprechen dieser Worte und offenbart zudem die Übereinstimmung der Gita mit dem anderen Meisterwerk des Yoga, den *Yoga-Sutras* des Patanjali.

Die historische Schlacht, die in der Bhagavad-Gita geschildert wird, ist, so Yogananda, eine Allegorie des inneren Konflikts zwischen den niederen materialistischen Instinkten des Menschen und seiner inneren Sehnsucht, den glückseligen geistigen Bewusstseinszustand zu erlangen, mit Gott eins zu sein. »Um diese Analogie zu untermauern«, so schreibt er, »wird eine genaue Übereinstimmung zwischen den materiellen und geistigen Eigenschaften des Menschen aufgezeigt, wie sie von Patanjali in seinen *Yoga-Sutras* beschrieben werden, und den Kriegern, über die in der Gita berichtet wird.«

Zusätzlich zum Verständnis der Symbolik, die sich in den Sanskrit-Namen der wichtigsten Charaktere verbirgt, wird ein Verständnis vieler spiritueller Begriffe und Konzepte des Yoga in den Sanskrit-Versen stillschweigend vorausgesetzt. Diese Begriffe hätten die Weisen, welche die Weisheit der Gita im Verlauf der Zeitalter weitergegeben hatten, sofort verstanden, und ebenso ihre Jünger – auch wenn diese Weisheit nicht ausdrücklich im Wortlaut eines gegebenen Verses erwähnt wird. Um dem heutigen Leser ein genaues und vollständiges Verständnis der alten Sanskrit-Verse zu ermöglichen, hat Paramahansa Yogananda diese implizierte Bedeutung in seine Übersetzung und in den dazugehörigen Kommentar einfließen lassen.

Um eine Übertragung zu schaffen, welche die Absicht des Gita-Verfassers voll wiedergibt, ist es sicherlich erforderlich, dass der Übersetzer die profunden Wahrheiten und erhabenen geistigen Bewusstseinszustände, welche die Gita verdeutlicht, aus persönlicher Erfahrung kennt. Paramahansa Yogananda, der Autor des spirituellen Klassikers *Autobiographie eines Yogi* und zu Recht als »Vater des Yoga im Westen« gefeiert, war einzigartig dafür geeignet, zur tiefsten Bedeutung der Gita vorzudringen. Er wurde weltweit als gottverwirklichter Weiser von höchstem Rang anerkannt und war der auserwählte Vertreter einer namhaften Linie göttlich erleuchteter Meister: sein eigener Guru, Swami Sri Yukteswar (1855–1936); der Guru seines Gurus, Lahiri Mahasaya von Benares

(1828–1895); und der oberste Guru der ganzen Linie, Mahavatar Baba-ji. In der neuzeitlichen Renaissance von Indiens zeitlosem geistigem Erbe, das eine so große Wirkung auf die Weltbevölkerung gehabt hat, spielten diese vier Meister eine überragende Rolle. Sie haben für die heutige Zeit die höchsten Yoga-Meditationstechniken wiederbelebt, die in Indiens alter geistiger Zivilisation bekannt waren und gelehrt wurden, die aber der Menschheit während des Dunklen Zeitalters für Jahrhunderte verloren gegangen waren. Paramahansa Yogananda schrieb:

»Mein Guru und meine *Paramgurus* – Swami Sri Yukteswar, Lahiri Mahasaya und Mahavatar Babaji – sind *Rishis* unseres Zeitalters, in Gott erwachte Meister, welche die heiligen Schriften lebendig verkörpern. Sie haben der Welt – außer der seit langem verloren gegangenen wissenschaftlichen Technik des *Kriya-Yoga*[1] – eine neue Offenbarung der heiligen Bhagavad-Gita gebracht, die sich hauptsächlich auf die Wissenschaft des Yoga und im Besonderen auf den *Kriya-Yoga* bezieht.«

Es waren diese großen Meister, die Paramahansa Yogananda beauftragten, die innerste Weisheit der Gita und das Wesen des Yoga weltweit zu lehren. Sein Guru, Swami Sri Yukteswar, sagte zu ihm: »Du verstehst die ganze Wahrheit der Bhagavad-Gita. ... Gehe hin und gib diese offenbarte Wahrheit mit deiner eigenen Deutung weiter: Es wird eine neue heilige Schrift geboren werden.«[2]

Was ist Yoga wirklich?

Obwohl viele Menschen bei dem Wort Yoga lediglich an körperliche Übungen denken – an die *Asanas* oder Körperstellungen, die in

---

[1] »Kriya ist eine uralte Wissenschaft«, schrieb Yogananda in seiner *Autobiographie eines Yogi*. »Lahiri Mahasaya erhielt sie von seinem großen Guru Babaji, der diese Technik wiederentdeckte und erläuterte, nachdem sie im Dunklen Zeitalter verloren gegangen war. Babaji nannte sie einfach *Kriya-Yoga*.«

»Der *Kriya-Yoga*, den ich der Welt im 19. Jahrhundert durch dich vermittle«, sagte Babaji zu Lahiri Mahasaya, »ist eine Wiederbelebung derselben Wissenschaft, die Krishna Jahrtausende zuvor Arjuna schenkte; und die später dem Patanjali und Christus bekannt war, wie auch dem hl. Johannes, dem hl. Paulus und anderen Jüngern.« *Kriya-Yoga* wird Studierenden der *SRF-Lehrbriefe* gelehrt, die bestimmte geistige Voraussetzungen erfüllen. Siehe Seite 195.

[2] Paramahansa Yoganandas umfassendes Werk über die Gita hat den Titel *Gott spricht mit Arjuna: Die Bhagavad-Gita – Königliche Wissenschaft der Gottverwirklichung* (zwei Bände; herausgegeben von der Self-Realization Fellowship, Los Angeles).

den letzten Jahrzehnten weltweite Popularität erlangt haben –, sind diese in Wirklichkeit nur der oberflächlichste Aspekt dieser tiefschürfenden Wissenschaft, mit der sich das unendliche Potenzial des menschlichen Geistes und der Seele entfalten lässt.

Das Wort _Yoga_ bedeutet »Vereinigung«, d. h. Vereinigung des individuellen Bewusstseins (oder der Seele) mit dem universalen Bewusstsein (oder dem GEIST). Es gibt verschiedene Yoga-Wege, die zu diesem Ziel führen; jeder stellt einen bestimmten Zweig innerhalb des ganzen Yoga-Systems dar:

Hatha-Yoga – ein System körperlicher Stellungen oder _Asanas_, das dem höheren Zweck dient, den Körper zu läutern, sich dessen Funktionen bewusst zu werden, sie besser zu beherrschen und ihn so auf die Meditation vorzubereiten.

Karma-Yoga – selbstloser Dienst an anderen, die man als einen Teil seines erweiterten SELBST betrachtet. Man bleibt dabei unberührt von Ergebnissen und hält bei all seinem Tun an dem Bewusstsein fest, dass Gott der eigentliche Handelnde ist.

Mantra-Yoga – Verinnerlichung des Bewusstseins durch _Japa_, d. h. durch Wiederholen bestimmter universaler Stammlaute, die eine besondere Ausdrucksform des GEISTES darstellen.

Bhakti-Yoga – die alles aufopfernde Hingabe, die es ermöglicht, in jedem Lebewesen und in allen Dingen das Göttliche wahrzunehmen und zu lieben und dadurch ständig im Zustand der Anbetung zu leben.

Jnana-Yoga (Aussprache: »Gyana Yoga«) – der Weg der Weisheit, bei dem Unterscheidungskraft und Intelligenz angewendet werden, um geistige Befreiung zu erlangen.

Raja-Yoga – der königliche oder höchste Yoga-Weg, welcher im zweiten Jahrhundert v. Chr. von dem indischen Weisen Patanjali in ein System zusammengefasst wurde, welches das Wesentliche sämtlicher Yoga-Wege in sich vereinigt.

Das Raja-Yoga-System bringt diese verschiedenen Wege in Harmonie miteinander und verbindet sie zu einer Einheit. Der Kern dieses Systems besteht aus bestimmten wissenschaftlichen Meditationsmethoden – wie z. B. dem _Kriya-Yoga_ –, die es einem schon von Anfang an ermöglichen, eine Vorstellung vom höchsten Ziel zu erhalten – die bewusste

Vereinigung mit der unerschöpflichen Glückseligkeit des GEISTES.

Die Bhagavad-Gita zeigt, wie jeder dieser verschiedenen Yoga-Wege zur Erreichung des höchsten Ziels beiträgt – die Vereinigung mit Gott.[3] Karma-Yoga, Bhakti-Yoga und Jnana-Yoga (Sankhya) sind jeweils das Thema eines der achtzehn Gita-Kapitel, und auch in anderen Versen des Textes wird auf diese Wege hingewiesen. (So zieht sich z. B. Jnana-Yoga, der Weg unterscheidungsfähiger Weisheit, durch die ganze Geschichte der Gita, denn die Helden – die Pandavas – symbolisieren die erleuchtete Unterscheidungskraft, welche die Seele erwecken muss, um Befreiung zu erlangen.) Die übrigen wichtigen Yoga-Wege, die oben erwähnt werden, sind ebenfalls in die umfassende Lehre der Gita einbezogen und werden in Paramahansajis Kommentar erläutert.

Weil die Gita diese unterschiedlichen Zugänge zu einem ausgeglichenen, umfassenden Weg zum höchsten geistigen Bewusstsein vereint, kann sie als herausragende Schrift über den Raja-Yoga angesehen werden: Er ist »die königliche Wissenschaft der Gottverwirklichung«, wie Paramahansa Yogananda seinen zweibändigen Kommentar *Gott spricht mit Arjuna* im Untertitel bezeichnete. In diesem Werk folgt jedem Gita-Vers eine gründliche Erläuterung seiner geistigen Bedeutung und seiner praktischen Anwendung im täglichen Leben. Im vorliegenden Buch wird zum ersten Mal ausschließlich Yoganandas Übersetzung aller Gita-Verse veröffentlicht – ohne eingeschobene Kommentare.

Die Auszüge aus Paramahansajis umfassendem Kommentar, die dieses Buch enthält, konzentrieren sich auf den Beginn der Gita-Abhandlung. Sie vermitteln einen Einblick in die geistige Symbolik, die in den Schlüsselfiguren der zwei sich bekämpfenden Armeen zum Ausdruck kommt.[4] Dieser einführenden Erklärung folgen dann (in Teil II) die 700 Gita-Verse in ununterbrochener Reihenfolge. Weil der Leser den

---

[3] Dass auch Jesus dieselbe universale Wissenschaft der Gottverwirklichung und die Grundsätze für ein spirituelles Leben kannte und lehrte, wird in einem Zwillingsband zu dem gegenwärtigen Buch gezeigt: *The Yoga of Jesus: Understanding the Hidden Teachings of the Gospels* – Auszüge aus Paramahansa Yoganandas vielbeachtetem zweibändigem Kommentar über die ursprüngliche Lehre Jesu, *The Second Coming of Christ: The Resurrection of the Christ Within You*.

[4] Es sei darauf aufmerksam gemacht, dass im vorliegenden Band der Inhalt der Begleittexte und Fußnoten ebenfalls Paramahansa Yoganandas Worte sind und – wenn nicht anderes vermerkt – aus seinem umfassenden Kommentar in *Gott spricht mit Arjuna – Die Bhagavad-Gita* stammt.

allegorischen Schlüssel kennt, der ihm im ersten Teil des Buches vermittelt wurde, wird er in den 18 Kapiteln des Gita-Dialogs leicht die Absicht Sri Krishnas verstehen: seinen Jünger Arjuna (und damit jeden Gottsucher) anzuspornen, die Besatzungsmacht der psychologischen Kräfte – das körpergebundene Ego und die materielle Unwissenheit – zu stürzen, damit dieser seine ewige geistige Identität zurückfordert: die Einheit mit dem GEIST.

Ein kurzes Werk wie das vorliegende kann nur einen kleinen Einblick in die enormen und inspirierenden Tiefen vermitteln, die im knappen Gita-Text verborgen liegen – Tiefen, die von Paramahansa Yoganandas gründlichem Kommentar zu jedem Vers sichtbar gemacht werden, wie er in den zwei Bänden von *Gott spricht mit Arjuna* niedergelegt ist. Leser, welche die praktische Anwendung der zeitlosen Weisheit der Gita vollkommen verstehen möchten, seien auf dieses größere Werk verwiesen.

»Das Buch ist eine wahre Enzyklopädie des geistigen Lebens«, schrieb der anerkannte Yoga-Gelehrte Dr. David Frawley. »Yogananda ist bestens bekannt durch seine *Autobiographie eines Yogi*, aber seine Gita ist ein Werk von gleicher Größe und Bedeutung. Was die *Autobiographie* im Bereich menschlicher Erfahrung erreicht, das erreicht *Gott spricht mit Arjuna* als vollständige Lehre des geistigen Lebens. ...

In seiner Gita wird Yogananda als ein Weiser von höchstem Rang sichtbar, als geistiger Wissenschaftler und als Avatar des Yoga für die kommende Weltzivilisation. Sein Werk wird zweifellos die Zeitalter überdauern.«

Self-Realization Fellowship

TEIL I

———◆·◆·◆———

SCHLÜSSEL ZUM VERSTÄNDNIS DER WEISHEIT IN DER GITA

———◆·◆·◆———

Bhagavan Krishna und sein Jünger Arjuna auf dem Schlachtfeld von Kurukshetra

KAPITEL 1

Einführung in den »Gesang des GEISTES«

Die Bhagavad-Gita ist die beliebteste heilige Schrift Indiens, ein Buch der Bücher. Sie kann als das heilige Testament der Hindus, als ihre Bibel bezeichnet werden – als das eine Buch, auf das sich alle Meister berufen, weil sie es als die höchste Quelle sämtlicher geistigen Schriften betrachten. *Bhagavad-Gita* bedeutet »Lied des GEISTES«, göttliche Zwiesprache zwischen Mensch und Schöpfer über die Erkenntnis der Wahrheit – die Lehren, die der GEIST der Seele vermittelt und die immer wieder vorgetragen werden sollten. ...

Das ganze Wissen vom Kosmos ist in die Gita hineingepackt worden. Ihre Sprache ist von solcher Tiefe und Einfachheit und vermittelt gleichzeitig so viele Offenbarungen, so viel Trost und Schönheit, dass alle Bereiche menschlichen und geistigen Strebens mit einbezogen werden; so gewährt sie einem weiten Kreis verschiedener Menschentypen Zuflucht und befriedigt deren Bedürfnisse. Wo sich ein Mensch auf seinem Rückweg zu Gott auch befinden mag, die Gita wird diesen Teil seiner Reise mit ihrem Licht erhellen.

Weisheit aus einem alten, höheren Zeitalter der Zivilisation

Indiens hoch entwickelte Zivilisation wird durch seine Literatur bezeugt, die bis in das glorreiche Goldene Zeitalter zurückreicht. Beginnend mit der nicht mehr zu ermittelnden Vorzeit, in der die Veden entstanden sind, bis zur prachtvollen Entfaltung von Dichtung und Prosa haben die Hindus ihre Zivilisation nicht in Monolithen oder vergänglichen Gebäuden, sondern in einer Architektur ornamentenreicher Schriften hinterlassen, die in der wohllautenden Sanskritsprache gemeißelt wurden. Schon die Struktur der Bhagavad-Gita – ihre Rhetorik, Alliteration,

Ausdrucksweise, ihr Stil und ihre Klangfülle – zeigt, dass Indien die Stadien materiellen und intellektuellen Wachstums lange hinter sich gelassen und einen Höhepunkt der Geistigkeit erreicht hatte.

Die Strophen der Gita befinden sich im sechsten von achtzehn Büchern, aus denen das große Epos *Mahabharata* besteht. ... Dieses ehrwürdige Epos – vielleicht das längste in der ganzen Welt – erzählt die Geschichte der Nachkommen König Bharatas: der Pandavas und Kauravas. Sie waren Vettern, und ihr Streit um das Königreich war die Ursache des verheerenden Krieges von Kurukshetra. Die Bhagavad-Gita ist ein heiliges Zwiegespräch über Yoga, das angeblich am Vorabend dieses schrecklichen Krieges stattfand, und zwar zwischen Bhagavan Krishna – der ein weltlicher König und zugleich eine Inkarnation Gottes war – und seinem großen Jünger, dem Pandava-Prinzen Arjuna.

Als Verfasser des *Mahabharata*, einschließlich der Gita, gilt von jeher

Die zeitlose Weisheit Indiens

Das Vermächtnis der heiligen Schriften der Hindus zeigt, dass Indiens Zivilisation viel weiter zurückgeht, als die neuzeitlichen westlichen Historiker annehmen. Swami Sri Yukteswar hat in seinem Buch *Die Heilige Wissenschaft* [Los Angeles: Self-Realization Fellowship] errechnet, dass das Goldene Zeitalter, in dem Indiens geistige und materielle Zivilisation ihren Höhepunkt erreichte, gegen 6700 v.Chr. endete und schon Jahrtausende davor seine Blütezeit hatte. In der geistigen Literatur Indiens werden viele Generationen von Königen und Weisen erwähnt, die vor der Zeit lebten, deren Ereignisse im *Mahabharata* beschrieben werden. In der Gita selbst beschreibt Krishna den langsamen Niedergang der geistigen Kultur Indiens vom Goldenen Zeitalter bis zu der Epoche, in der er lebte, als das Wissen über den Yoga allmählich verloren ging. »Die meisten Anthropologen nehmen an, dass die Menschheit vor 10 000 Jahren in einem barbarischen Steinzeitalter lebte, und lehnen daher die weitverbreitete Überlieferung, die von einer uralten Kultur in Lemuria, Atlantis, Indien, China, Japan, Ägypten, Mexiko und vielen anderen Ländern berichtet, kurzerhand als ›Mythos‹ ab«, heißt es in der *Autobiographie eines Yogi*. Letzthin haben wissenschaftliche Untersuchungen die in den alten Chroniken enthaltenen Wahrheiten neu zu bewerten begonnen. *(Anmerkung des Herausgebers)*

der erleuchtete Weise Vyasa, dessen Geburtsjahr nicht genau bekannt ist.
... Nach alten Überlieferungen hat Vyasa viele literarische Werke verfasst,
hauptsächlich als Bearbeiter der vier Veden, was ihm den Namen Veda-
vyasa einbrachte; ferner hat er die *Puranas* zusammengestellt – heilige
Bücher, die das vedische Wissen durch historische und legendäre Erzäh-
lungen über die Avatare, Heiligen, Weisen, Könige und Helden des alten
Indiens erläutern. Und er gilt als Autor des Epos *Mahabharata*, das er
angeblich ununterbrochen in zweieinhalb Jahren schrieb, und zwar gegen
Ende seines Lebens, nachdem er sich in den Himalaja zurückgezogen hatte.

Den Code der yogischen Symbolik in der Gita entschlüsseln

Die heiligen Schriften des Altertums unterscheiden nicht klar zwischen Geschichte und Symbolik; oft verweben sie sogar beides miteinander, wie es der Tradition geistiger Offenbarungen entspricht. Die
Propheten pflegten Begebenheiten des täglichen Lebens und Ereignisse
ihrer Zeit als Gleichnisse zu benutzen, um subtile geistige Wahrheiten
auszudrücken. Der Durchschnittsmensch würde tiefgründige geistige
Wahrheiten nicht verstehen, wenn man sie ihm nicht in geläufiger Sprache darböte. Wenn die in den heiligen Schriften erwähnten Propheten
oft schwer verständliche Metaphern und Allegorien verwendeten, so nur
deshalb, um die tiefsten geistigen Offenbarungen vor unwissenden und
geistig unreifen Menschen zu verschleiern. Und so verfasste der Weise
Vyasa die Bhagavad-Gita klugerweise in einer Sprache von Gleichnissen,
Metaphern und Allegorien, die historische Tatsachen mit psychologischen und geistigen Wahrheiten verwob und damit ein Wortgemälde der
stürmischen inneren Kämpfe schuf, die sowohl der materiell gesinnte
als auch der geistige Mensch in sich ausfechten muss. Er verbarg in der
harten Schale der Symbolik tiefgeistige Deutungen, um sie vor dem verderblichen Einfluss der Unwissenheit im Dunklen Zeitalter zu schützen;
denn in dieses sank die Zivilisation langsam hinab, während Sri Krishnas Inkarnation auf Erden zu Ende ging.

Vom historischen Standpunkt aus ist es sehr unwahrscheinlich, dass
kurz vor einem solch schrecklichen Krieg, wie er im *Mahabharata* beschrieben wird, Krishna und Arjuna ihre Streitwagen in Kurukshetra auf

ein offenes Feld zwischen die beiden gegnerischen Heere lenkten und sich dort auf ein langes Streitgespräch über Yoga einließen. Gewiss gehen viele der wichtigen Ereignisse und Personen in dem umfangreichen *Mahabharata* auf historische Tatsachen zurück, doch ihre poetische Darstellung im Epos ist so praktisch und sinnvoll (und im Teil der Bhagavad-Gita erstaunlich kurz zusammengefasst), weil sie hauptsächlich dem Zweck dienen soll, den Kern des *Sanatana-Dharma,* der Ewigen Religion Indiens, zu erläutern.

Wer die heiligen Schriften auslegt, darf also nicht die historischen Tatsachen ignorieren, in welche die Wahrheit eingebettet liegt. Er muss zwischen der üblichen Beschreibung einer sittlichen Lehre oder eines geistigen Phänomens und dem tieferen esoterischen Gehalt unterscheiden können. Er muss die Berührungspunkte zwischen physischen Erläuterungen und geistigen Lehren erkennen, ohne gewaltsam zu versuchen, in allem und jedem eine verborgene Bedeutung zu sehen. Er muss die Hinweise und Erklärungen des Autors intuitiv erfassen und darf niemals irgendwelche Bedeutungen hineinlegen, die nicht beabsichtigt waren; das heißt, er darf sich nicht von seiner Begeisterung und Einbildungskraft hinreißen lassen, aus jedem Wort und jeder Aussage eine geistige Bedeutung herauszupressen.

Man versteht die heiligen Schriften am besten durch Intuition, indem man sich innerlich auf die Wahrheit einstellt. ... Durch die Hilfe eines in Gott erwachten Gurus lernt man, den Nussknacker intuitiver Wahrnehmung zu gebrauchen und die harte Schale der Sprache und der Doppeldeutigkeit aufzubrechen, um an den Kern der Wahrheit zu gelangen, der sich in den Aussagen der heiligen Schriften verbirgt.

Mein Guru Swami Sri Yukteswar erlaubte mir nie, irgendeine Strophe der Bhagavad-Gita (oder aus den Aphorismen des Patanjali, des größten Yoga-Interpreten Indiens) aus rein theoretischem Interesse zu lesen. Der Meister ließ mich über die Wahrheit der heiligen Schriften meditieren, bis ich eins mit ihr wurde; dann pflegte er mit mir darüber zu sprechen. ... Auf diese Weise gab mir der Meister während jener wertvollen Jahre, die ich in seiner Gegenwart verbringen durfte, den Schlüssel, der mir den Zugang zum Geheimnis der heiligen Schriften öffnete.

Die Erzählung des *Mahabharata* beginnt drei Generationen vor Krishna und Arjuna, als König Shantanu regierte. ...

Die genealogische Herkunft der Kurus und Pandus von Shantanu verläuft analog zum stufenweisen Abstieg des Universums und des Menschen aus dem GEIST in die Materie. Das Zwiegespräch der Gita behandelt die Methode, durch die man diesen Abstieg in einen Aufstieg verwandeln kann, so dass der Mensch aus dem begrenzten Bewusstsein, ein sterbliches Wesen zu sein, wieder zum unsterblichen Bewusstsein seines wahren SELBST, seiner Seele, erwacht und sich mit dem unendlichen GEIST vereinigt.

Die Geschlechter-Folge ist in [*Gott spricht mit Arjuna – Die Bhagavad-Gita*] in Form eines Stammbaums graphisch dargestellt und erklärt die geistige Bedeutung der verschiedenen Charaktere, so wie Lahiri Mahasaya sie uns hinterlassen hat. Diese esoterische Deutung ist nicht willkürlich. Will man den inneren Sinn der Wörter und Namen erklären, so findet man nach eifrigem Suchen den wichtigsten Schlüssel dafür in den ursprünglichen Sanskritwurzeln. Grobe Fehler werden in der Definition von Sanskritbegriffen gemacht, wenn man nicht die intuitive Fähigkeit besitzt, die richtige Wurzel ausfindig zu machen und den korrekten Sinn aus dieser Wurzel herauszulesen – so wie das Wort zur Zeit seiner Entstehung gebraucht wurde. Wenn die richtige Grundlage da ist, kann man auch einen Sinn aus den verschiedenen Quellen herauslesen, die sich sowohl auf die allgemeine Bedeutung der Wörter als auch auf ihren speziellen Gebrauch beziehen und so eine überzeugende Gedankenverbindung herstellen.

Bemerkenswert ist es, wie der Autor dieser herrlichen Bhagavad-Gita jede psychologische Neigung oder Fähigkeit sowie viele metaphysische Grundsätze mit einem passenden Namen versehen hat. Und wie wunderschön ist jedes Wort! Jedes entspringt einer Sanskritwurzel! Viele Seiten an Erläuterungen brauchte man, um voll und ganz in das Sanskrit einzutauchen, das den Metaphern zugrunde liegt. ...

Nachdem der Leser die Kommentare zu den Anfangsstrophen im ersten Kapitel aufmerksam durchgelesen hat, wird er feststellen, dass der geschichtliche Hintergrund einer Schlacht und der beiden Kriegsparteien dazu dienen soll, einen geistigen und psychologischen Kampf zu schildern: den Kampf, der sich zwischen den Eigenschaften der reinen, unterscheidungsfähigen Intelligenz (die sich im Einklang mit der Seele befindet) und dem blinden, sinnenverhafteten Gemüt abspielt (das unter dem täuschenden Einfluss des Ego steht). Um diese Analogie zu untermauern, wird noch darauf hingewiesen, dass sich die körperlichen und geistigen Eigenschaften des Menschen (wie von Patanjali in seinen *Yoga-Sutras* beschrieben) und die Kriegsgegner in der Gita genau entsprechen: dass nämlich die Sippe des Pandu die reine Intelligenz versinnbildlicht, und dass die Sippe des blinden Königs Dhritarashtra den blinden Verstand und seinen Nachwuchs, die sündigen, sinnenverhafteten Neigungen, symbolisiert [die Kauravas oder Kurus].

Diese Bolschewiken der Sinne – Nachkömmlinge des blinden Sinnesbewusstseins – haben nichts als Krankheit, innere Sorgen und die Pest der Unwissenheit und geistigen Hungersnot gebracht, weil das Reich des Körpers seine Weisheit verloren hat.

Die erwachte Kraft der Seele und die in der Meditation erworbene Selbstbeherrschung müssen das Königreich erobern und dort das Banner des GEISTES hissen; sie müssen für eine Regierung sorgen, die in vollem Ausmaß Frieden, Weisheit, Wohlstand und Gesundheit bringt.

Bhagavan Krishna, Herr des Yoga: der heilige Lehrer in der Gita

Die Hauptfigur in der Bhagavad-Gita ist natürlich Bhagavan Krishna. Der historische Krishna ist von geheimnisvollen religiösen Metaphern und mythologischen Geschichten verschleiert worden. Die Ähnlichkeit der Titel »Krishna« und »Christus« und der Berichte über die wundersame Geburt Krishnas und Jesu sowie über ihre Jugendjahre haben einige analytisch veranlagte Geister vermuten lassen, dass es sich um ein und dieselbe Person handle. Diese Vorstellung ist entschieden zurückzuweisen, selbst wenn man nur die kargen historischen Tatsachen in den Ländern ihrer Geburt zugrunde legt.

Dennoch gibt es manche Ähnlichkeiten. Beide wurden auf göttliche Weise empfangen und ihre Geburt und göttliche Mission vorausgesagt.

Jesus wurde nach seiner Geburt in eine ärmliche Krippe gelegt; Krishna wurde in einem Gefängnis geboren (wo seine Eltern, Vasudeva und Devaki, von Devakis niederträchtigem Bruder Kansa, der seinen Vater vom Thron gestoßen hatte, gefangen gehalten wurden). Sowohl Jesus als auch Krishna wurden heimlich fortgeschafft und vor einem Todesurteil bewahrt, das über alle Knaben verhängt worden war, die zur selben Zeit auf die Welt gekommen waren. Jesus wurde als guter Hirte bezeichnet; Krishna war in seinen Jugendjahren ein Kuhhirte. Jesus wurde von Satan versucht und bedroht; Krishna wurde von der Kraft des Bösen in der Gestalt von Dämonen verfolgt, die vergeblich versuchten, ihn zu töten.

»Christus« und »Krishna« sind Titel mit derselben geistigen Bedeutung: Jesus der Christus, und Yadava der Krishna (Yadava ist der Familienname Krishnas und weist auf dessen Abstammung von Yadu hin, dem Ahnherrn der Vrishni-Dynastie). Diese Titel zeigen den Bewusstseinszustand der beiden erleuchteten Wesen an, ihre Einheit mit dem allgegenwärtigen Bewusstsein Gottes in der Schöpfung. Das Universale Christusbewusstsein – oder *Kutastha-Chaitanya*, das Universale Krishnabewusstsein – ist »der eingeborene Sohn« oder die einzige unverzerrte Widerspiegelung Gottes, die jedes Atom und jedes Stäubchen des unermesslichen manifestierten Kosmos durchdringt. In solchen Seelen, die das Christus- oder Krishnabewusstsein voll und ganz erlangt haben, manifestiert sich auch das höchste Bewusstsein Gottes. Und aufgrund ihres universalen Bewusstseins breitet sich ihr Licht über die ganze Welt aus.

Ein *Siddha* ist ein vollkommenes Wesen, das höchste Befreiung im GEIST erlangt hat. Es wird zu einem *Paramukta* (»völlig befreit«) und kann als ein *Avatara* zur Erde zurückkehren – so wie Krishna, Jesus und viele andere Erlöser der Menschheit es im Laufe der Jahrhunderte getan haben.[1] Jedes Mal, wenn die Tugend untergeht, kommt eine göttlich erleuchtete Seele auf die Erde, um der Tugend wieder zum Siege zu verhelfen (Gita IV, 7–8). Ein Avatar, eine göttliche Inkarnation, kommt aus zwei Gründen auf die Erde – aus einem quantitativen und einem qualitativen Grunde. In quantitativer Hinsicht erhebt er die durchschnittliche

---

[1] Das Sanskritwort *Avatara* bedeutet »Abstieg«. Seine Wortwurzeln sind *ava*: »hinab« und *tri*: »durchqueren«. In den heiligen Schriften der Hindus bezeichnet *Avatara* das Herabsteigen der Gottheit in das Fleisch.

Menschheit mit seiner heiligen Lehre, die das Böse durch das Gute bekämpft. Doch das wichtigste Ziel eines Avatars ist qualitativer Art: anderen Seelen zur Gottverwirklichung zu verhelfen und so vielen wie möglich Befreiung zu schenken. Hierbei handelt es sich um ein ganz persönliches geistiges Band, das zwischen Guru und Jünger geknüpft wird – eine Übereinstimmung, die beim Jünger aufrichtige geistige Bemühungen voraussetzt und beim Guru den göttlichen Segen. Ein Schüler empfängt nur ein wenig vom Licht der Wahrheit. Doch ein Jünger folgt seinem Guru bedingungslos und beharrlich, ist treu und hingebungsvoll, bis er seine Freiheit in Gott erlangt hat. In der Gita verkörpert Arjuna den idealen Gottsucher, den vollkommenen Jünger.

Als sich Sri Krishna auf Erden inkarnierte, verkörperte sich auch Arjuna, der in seinem früheren Leben ein großer Weiser gewesen war, als sein Gefährte. Die großen Meister bringen immer geistige Gehilfen aus früheren Leben mit sich, die ihnen in ihrer gegenwärtigen Mission beistehen sollen. Krishnas Vater war der Bruder von Arjunas Mutter, und so waren Krishna und Arjuna Vettern – Blutsverwandte; doch noch enger waren sie durch ihre geistige Übereinstimmung miteinander verbunden.

Sri Krishna wuchs in Gokula auf, einer ländlichen Gegend in der Nähe von Brindaban, am Ufer des Yamuna-Flusses, wohin ihn sein Vater Vasudeva unmittelbar nach seiner Geburt heimlich gebracht hatte; seine Mutter Devaki war im Gefängnis von Mathura zurückgeblieben. (Wie durch ein Wunder hatten sich die verschlossenen Tore geöffnet, und die Wachen hatten in einem betäubenden Schlaf gelegen, so dass das kleine Kind sicher zu seiner Pflegestätte gebracht werden konnte.) Seine Pflegeeltern waren der gütige Kuhhirte Nanda und dessen liebevolle Gemahlin Yashoda. Als Kind setzte Krishna die Leute in Brindaban durch seine frühreife Weisheit und seine unglaublichen Kräfte in Erstaunen. Seine innere Freude verführte ihn oft zu schelmischen Streichen – sehr zur Erheiterung, zum Entzücken und manchmal auch zur Bestürzung derer, mit denen er seine Späße trieb.

Ein solcher Vorfall war der Anlass, dass Yashoda die Göttlichkeit des Kindes erkannte, das sie bemutterte. Der kleine Krishna nahm sich gern etwas von dem Käse, der von den Melkerinnen zubereitet worden war, und verzehrte ihn. Einmal hatte er seine Backen so voll gestopft, dass

Yashoda Angst hatte, er könne ersticken; deshalb lief sie auf ihn zu und öffnete seinen prall gefüllten Mund mit Gewalt. Doch statt des Käses (in einigen Berichten heißt es sogar, er habe Schlamm gegessen) sah sie in seinem offenen Mund das ganze Universum – den unendlichen Körper *(Vishvarupa)* des Schöpfers – darunter auch ihr eigenes Bildnis. Von Ehrfurcht durchschauert, wandte sie sich von der kosmischen Vision ab und war glücklich, ihren geliebten kleinen Knaben wieder vor sich zu sehen und ihn an ihr Herz zu drücken.

Kann sich Gott jemals als menschliches Wesen inkarnieren?

Wenn man behauptet, dass Gott etwas *nicht* tun könne, so begrenzt man Ihn. Doch es gibt so viele Dinge, die Gott tun kann, die Er aber nicht tut – jedenfalls nicht so, wie die Menschen es von Ihm erwarten. Es ist nie vorgekommen, dass Gott eine menschliche Gestalt angenommen hat, die »Gott« genannt wurde und unter den Menschen lebte. (»Was heißest du mich gut? Niemand ist gut denn der einzige Gott«, sagte Jesus, um den Unterschied zwischen sich – einem Avatar – und Gottvater, dem Absoluten, dem Gestaltlosen, zu erklären.) Dennoch ist der Herr viele Male herabgestiegen und hat sich im Leben eines völlig befreiten Wesens offenbart, das früher einmal ein durchschnittlicher Mensch gewesen und dann zu einer wahren Widerspiegelung oder einem »Gottessohn« geworden ist. Gott, der allmächtig ist und alles vollbringen kann, manifestiert Seine Allwissenheit durch den menschlichen Körper eines Avatars. Ebenso wie der Ozean des Kosmischen Bewusstseins sich jeder Seelenwelle auf seinem Meeresspiegel bewusst ist, so nimmt die Welle eines Avatars den Ozean des Kosmischen Bewusstseins wahr, der sich durch seinen Körper manifestiert.

❖ ❖ ❖

[Das Vorstehende sollte man sich stets vor Augen halten, wenn man die vielen Gita-Verse liest, in denen sich Krishna auf sich selbst als das Höchste Wesen bezieht wie z.B.:]

»Denn Ich bin das Fundament des Unendlichen, des Unsterblichen, des Unzerstörbaren – und des ewigen *Dharma* und der ungetrübten Glückseligkeit.« Krishna spricht als Pratyagatma, als die Seele oder das wahre Wesen des Menschen, das Gott – dem GEIST oder dem Absoluten – gleich ist. Krishnas Worte: »Ich bin das Fundament des Unendlichen« erinnern in ihrem göttlichen Gehalt an die Worte Jesu: »Ehe denn Abraham ward, bin ich.« Krishna und Christus sprachen aus der Tiefe ihrer Selbst-Verwirklichung, denn sie wussten: »Ich und der Vater sind eins.«

Alle Dorfbewohner liebten den jungen Krishna, dessen Antlitz und Gestalt von erhabener Schönheit waren. Sein Liebreiz und sein ganzes Verhalten waren unwiderstehlich – eine Verkörperung göttlicher Liebe –, und überall verbreitete er Freude. Für seine Kindheitsgespielen, die *Gopas* und *Gopis*, war er ein inspirierender Führer und Freund; und er half ihnen, die Kuhherden des Dorfes auf den waldumsäumten Weiden zu hüten.

Die Welt, die ihre einzige Freude in der Befriedigung der Sinne findet, kann sich kaum die Reinheit göttlicher Liebe und Freundschaft vorstellen, die von keinen sinnlichen Begierden getrübt wird. Es ist absurd, Sri Krishnas vermeintliches Tändeln mit den *Gopis* wörtlich zu nehmen. Symbolisch gesehen, bedeutet es die Vereinigung von GEIST und Natur. Wenn diese in der Schöpfung miteinander tanzen, wird das zu einer göttlichen *Lila,* einem Spiel, mit dem sie Gottes Geschöpfe unterhalten. Sri Krishna lockt mit den bezaubernden Melodien seiner himmlischen Flöte alle Gottsucher zur göttlichen Vereinigung – in der *Samadhi*-Meditation –, damit sie sich dort der beglückenden Liebe Gottes erfreuen.

Es scheint, dass Krishna kaum dem Knabenalter entwachsen war, als er Brindaban verlassen musste, um die Aufgabe zu erfüllen, um derentwillen er sich inkarniert hatte: den Tugendhaften zu helfen und dem Bösen Einhalt zu gebieten. Seine erste Heldentat – neben vielen anderen heroischen Handlungen und Wundertaten – bestand darin, den niederträchtigen Kansa zu beseitigen und seine Eltern Vasudeva und Devaki aus dem Gefängnis zu befreien. Danach schickte Vasudeva ihn und seinen Bruder Balarama zur Schulung in den Ashram des großen Weisen Sandipani.

Sri Krishna, der aus einem Königsgeschlecht stammte, erfüllte als Erwachsener seine königlichen Pflichten und unternahm viele Feldzüge gegen lasterhafte Herrscher. In seinem eigenen Königreich errichtete er auf einer Insel vor der Westküste des Staates Gujarat die Hauptstadt Dwarka. Ein großer Teil seines Lebens war mit dem Schicksal der Pandavas und Kauravas verflochten, deren Hauptstadt sich im nördlichen Zentral-Indien, in der Nähe des jetzigen Delhi befand.[2] In vielen weltlichen

---

[2] Kurukshetra, wo das Schlachtfeld lag, auf dem der Dialog zwischen Sri Krishna und Arjuna stattfand, liegt ca. 160 km nördlich von Delhi und ist bis auf den heutigen Tag ein verehrter Pilgerort. *(Anmerkung des Herausgebers)*

Die Rolle Krishnas in der Schlacht von Kurukshetra

Die fünf Pandava-Prinzen und die hundert Kaurava-Nachkommen wurden zusammen erzogen und von ihrem Lehrer Drona unterrichtet. Arjuna übertraf alle an Tapferkeit; keiner kam ihm gleich. Allmählich kamen bei den Kauravas eifersüchtige und feindselige Gefühle gegen die Pandus auf. …

Irgendwann hatte der Streit zwischen den Kurus und Pandus um die Herrschaft des Königreichs seinen Höhepunkt erreicht. Duryodhana, der von Eifersucht verzehrt wurde und die Oberherrschaft anstrebte, ersann einen hinterlistigen Plan – ein unehrliches Würfelspiel. Aufgrund betrügerischer Kunstgriffe, die von Duryodhana und seinem niederträchtigen Onkel Shakuni ausgeklügelt worden waren (der höchst erfahren in Betrug und Gaunerei war), wurde Yudhisthira bei jedem Wurf besiegt und verlor schließlich sein Königreich, dann seine eigene Freiheit sowie die seiner Brüder und die ihrer gemeinsamen Gemahlin Draupadi. Auf diese Weise betrog Duryodhana die Pandus um ihr Königreich und schickte sie für zwölf Jahre in den Urwald in die Verbannung. Das dreizehnte Jahr sollten sie irgendwo verkleidet und unerkannt zubringen. Wenn sie das alles überlebt hätten, könnten sie heimkehren und ihr verlorenes Königreich zurückfordern. Zur vereinbarten Zeit kehrten die tugendhaften Pandus zurück, die alle Bedingungen ihres Exils erfüllt hatten, und verlangten ihr Königreich; doch die Kurus weigerten sich, irgendeinen Teil ihres Landes herzugeben, sei er auch nur so lang und breit wie eine Nadel.

Als der Krieg unvermeidlich geworden war, bat Arjuna Krishna um seinen Beistand für die Pandus, und Duryodhana bat um Beistand für die Kurus. Duryodhana traf als Erster in Krishnas Palast ein und setzte sich kühn an das Kopfende des Ruhebettes, auf dem Krishna vorgab zu schlafen. Dann traf Arjuna ein und trat demütig, mit gefalteten Händen, zu Krishnas Füßen. Als der Avatar die Augen öffnete, erblickte er deshalb zuerst Arjuna. Beide baten Krishna, sich im Kampf auf ihre jeweilige Seite zu stellen. Krishna erwiderte, dass die eine Kriegspartei sein gewaltiges Heer und die andere ihn selbst als persönlichen Ratgeber haben könne, dass er jedoch nicht bewaffnet am Kampf teilnehmen werde. Arjuna durfte als Erster wählen. Ohne zu zögern, entschied er sich weise für Krishna; und der habgierige Duryodhana war überglücklich, dass ihm das Heer zugesprochen wurde.

Vor Beginn des Krieges versuchte Krishna noch zu vermitteln und den Streit auf gütliche Weise beizulegen; er reiste von Dwarka in die Hauptstadt der Kurus, Hastinapura, um Dhritarashtra, Duryodhana und die anderen Kurus davon zu überzeugen, dass sie den Pandavas ihr rechtmäßiges Königreich zurückgeben müssten. Doch selbst er konnte den machtgierigen Duryodhana und seine Gefolgsleute nicht zu einer gerechten Lösung bewegen, und so wurde der Krieg erklärt; der Kampfschauplatz war Kurukshetra. Der erste Vers der Bhagavad-Gita handelt von dem Abend vor der Schlacht. Der Endsieg gehörte den Pandus. Die fünf Brüder regierten ehrenhaft unter der Herrschaft des ältesten, Yudhisthira; gegen Ende ihres Lebens zogen sie sich in den Himalaja zurück und gingen von dort in die himmlischen Sphären ein.

und geistigen Angelegenheiten war er ihr Verbündeter und Ratgeber und spielte eine besonders wichtige Rolle im Krieg zwischen den Pandus und Kurus auf dem Feld von Kurukshetra. [Siehe Begleittext auf der vorausgehenden Seite.]

Als Sri Krishna die ihm übertragene göttliche Mission auf Erden erfüllt hatte, zog er sich in die Wälder zurück. Dort gab er seinen Körper auf. Die Ursache dafür war eine Wunde, die ihm zufällig durch den Pfeil eines Jägers zugefügt worden war. Dieser hatte ihn in einer Lichtung erblickt und für ein Reh gehalten. Die Ursache seines Ablebens war vorausgesagt worden.

In der Bhagavad-Gita wird unsere Aufmerksamkeit auf die Rolle Sri Krishnas gelenkt, den Guru und Ratgeber Arjunas, und auf die hohe Botschaft des Yoga, die er der Welt als ihr Lehrer verkündigte. Diese besteht aus dem Weg richtigen Handelns und dem Weg der Meditation, die zur Verbindung mit Gott und zur Erlösung führen. Die darin enthaltene Weisheit hat ihm in jedem Zeitalter einen Platz in den Herzen und Gedanken der Gottsucher gesichert.

Wir haben von heiligen Asketen und Propheten gehört, die in Wäldern oder abgeschiedenen Höhlen lebten und nur ein Leben der Entsagung führten. Doch Krishnas Beispiel bewies wahre göttliche Größe, denn er lebte und handelte wie ein Christus und erfüllte gleichzeitig die Pflichten eines hochherzigen Königs. Er zeigte durch sein Leben, dass das Ideal nicht darin besteht, allem Handeln zu entsagen – was für die zur Arbeit gezwungenen Menschen in dieser Welt eine widersprüchliche Lehre wäre –, sondern darin, dem Wunsch nach den Früchten des Handelns zu entsagen, die den Menschen an diese Erde gebunden halten.

Ohne Arbeit würde die menschliche Zivilisation zu einem Dschungel, in dem Krankheit, Hungersnot und Verwirrung herrschen. Wenn alle Menschen sich aus der zivilisierten Welt zurückzögen, um in den Wäldern zu leben, müsste man die Wälder in Städte verwandeln, sonst würden die Bewohner aus Mangel an sanitären Einrichtungen sterben. Andererseits gibt es in der materiellen Zivilisation große Unvollkommenheiten und viel Elend. Zu welchem Heilmittel kann man da am besten raten?

Krishnas Philosophie lautet, dass es nicht nötig ist, der Verantwortung des irdischen Lebens zu entfliehen; das hat er durch sein Leben bewiesen. Das Problem kann dadurch gelöst werden, dass wir Gott dorthin bringen, wo Er uns hingestellt hat. Ganz gleich, in welcher Umgebung wir uns befinden – wo die Gedanken bei Gott weilen, ist der Himmel nah.

Wenn man immer mehr Geld scheffelt und sich mit blindem Eifer in seine Arbeit vergräbt, erntet man nur Unglück. Entsagt man den materiellen Dingen aber nur äußerlich, während man innerlich noch an ihnen hängt, führt das zu Scheinheiligkeit und Täuschung. Wer die Fallgruben der beiden Extreme – der Welt zu entsagen oder im materiellen Leben unterzugehen – vermeiden will, sollte seinen Geist durch regelmäßiges Meditieren so schulen, dass er die täglichen Pflichten im Leben erfüllen und im Innern dennoch das Bewusstsein Gottes bewahren kann. Das ist das Beispiel, das Krishna uns durch sein Leben gab.

Sri Krishnas Botschaft in der Bhagavad-Gita stellt die ideale Lösung für das heutige Zeitalter – und für jedes Zeitalter – dar: den Weg des Yoga, der aus pflichtgemäßem Handeln, innerer Losgelöstheit und Meditation besteht und dadurch zu Gott führt. Zu arbeiten, ohne im Innern den Frieden Gottes zu fühlen, kann einem das Leben zur Hölle machen; doch zu arbeiten, während die Seele ständig von Seiner Freude durchpulst wird, bedeutet, sein inneres Paradies immer mit sich zu tragen, ganz gleich, wo man sich befindet.

Der von Sri Krishna in der Bhagavad-Gita empfohlene Weg ist der goldene Mittelweg – sowohl für den vielbeschäftigten weltlichen Menschen als auch für den geistig Strebsamen. Für beide führt der empfohlene Weg zur Erlösung; denn die Gita ist ein Buch allumfassender Selbst-Verwirklichung, das den Menschen mit seinem wahren SELBST, der Seele, bekannt macht. Es erklärt, wie er aus dem GEIST hervorgegangen ist, wie er auf Erden die ihm auferlegten Pflichten erfüllen soll, und wie er wieder zu Gott zurückkehren kann. Die Weisheit der Gita ist nichts für trockene Intellektuelle, die mit ihren Aussprüchen nur mentale Gymnastik treiben, um die Dogmatiker zu unterhalten. Sie zeigt dagegen den in der Welt lebenden Menschen – ob sie einer Familie vorstehen oder Entsagende sind –, wie sie ein ausgeglichenes Leben führen können, in das Gott mit einbezogen wird: indem sie die stufenweise aufgebauten Yoga-Methoden üben.

KAPITEL 2

Die geistige Schlacht des täglichen Lebens

Von Gott sind wir gekommen, und unsere höchste Bestimmung ist es, zu Ihm zurückzukehren. Das Ziel und der Weg zum Ziel ist Yoga – die zeitlose Wissenschaft der Gottvereinigung.

Und so dient das erste Kapitel der Bhagavad-Gita als Einführung in das nachfolgende heilige Gespräch. Doch darf man es nicht für unwichtig halten und nur oberflächlich lesen, denn es beschreibt nicht nur den Schauplatz und dient nicht bloß als Kulisse. Wenn man dieses Kapitel als eine Allegorie versteht, wie es vom Autor – dem großen Weisen Vyasa – beabsichtigt war, macht es mit den wesentlichen Grundsätzen der Yoga-Wissenschaft bekannt und schildert das anfängliche geistige Ringen eines Yogis, der sich auf dem Weg zum *Kaivalya* befindet – dem Weg, der zur Befreiung, zur Vereinigung mit Gott führt; denn das ist das Ziel des Yoga. Wenn man die im ersten Kapitel enthaltenen Wahrheiten richtig verstanden hat, kann man seine Yoga-Reise mit einer übersichtlichen Wanderkarte beginnen.

Die Kraft der Innenschau für ein siegreiches Leben benutzen

Dhritarashtra sprach:

»Als meine Nachkommen und die Söhne von Pandu auf dem heiligen Feld von Kurukshetra (Dharmakshetra-Kurukshetra) kampfbereit versammelt waren, was taten sie, o Sanjaya?«

Der blinde König Dhritarashtra (das blinde Sinnesbewusstsein) fragte den aufrichtigen Sanjaya (die unvoreingenommene Innenschau): »Als sich meine Söhne, die Kurus (die niederträchtigen impulsiven Neigungen des Verstandes und der Sinne), und die Söhne des tugendhaften Pandu (die reinen, unterscheidungsfähigen Neigungen) auf dem *Dharmakshetra* (dem heiligen Feld) von *Kurukshetra* (dem körperlichen Feld der Tätigkeit) versammelt hatten und bereit waren, den Kampf um die Oberherrschaft anzutreten, was war das Ergebnis?«

Sanjaya bedeutet wörtlich *vollkommen siegreich* – »jemand, der über sich selbst gesiegt hat«. Nur wer nicht egozentrisch ist, hat die Fähigkeit, klar zu sehen und unvoreingenommen zu sein. In der Gita bedeutet Sanjaya daher göttliche Einsicht; für den strebsamen Gottsucher stellt Sanjaya die Kraft unvoreingenommener, intuitiver Selbstprüfung – unterscheidungsfähiger Innenschau dar. Diese besteht in der Fähigkeit, sich objektiv und ohne Vorurteile zu beobachten und richtig zu urteilen. Gedanken tauchen oft auf, ohne dass man sich ihrer bewusst wird. Innenschau ist die intuitive Fähigkeit, mit deren Hilfe das Bewusstsein die Gedanken beobachten kann. Es überlegt nicht hin und her, es fühlt – nicht mit gefühlsbedingter Voreingenommenheit, sondern mit klarer, ruhiger Intuition.

Im *Mahabharata*, dem die Bhagavad-Gita entnommen ist, wird der Gita-Text durch den großen *Rishi* (Weisen) Vyasa eingeführt, der Sanjaya die geistige Kraft verleiht, aus der Ferne alles, was sich auf dem ganzen Schlachtfeld abspielt, zu beobachten und dem blinden König Dhritarashtra die sich entfaltenden Ereignisse zu berichten. Man würde daher erwarten, dass die im ersten Vers gestellte Frage des Königs in der Zeitform der Gegenwart erfolgt. Der Autor Vyasa benutzte aber in »Was *taten* sie?« absichtlich die Verbform der Vergangenheit – ein klarer Hinweis für den unterscheidungsfähigen Schüler, dass sich die Gita nur beiläufig auf eine historische Schlacht auf dem Feld von Kurukshetra in Nordindien bezieht. Vyasa beschreibt vor allem einen universalen Kampf – wie ihn der Mensch in seinem täglichen Leben auszufechten hat.

Die ernsthafte Nachfrage des blinden Königs Dhritarashtra, der einen vorurteilslosen Bericht von dem unvoreingenommenen Sanjaya erbat und erfahren wollte, wie sich die Schlacht zwischen den Kurus und

Pandavas (den Söhnen des Pandu) zu Kurukshetra abgespielt hatte, ist
vom metaphorischen Standpunkt aus eine Frage, die sich der geistige
Sucher täglich stellen sollte, während er seinen eigenen gerechten Kampf
überprüft, durch den er den Sieg der Selbst-Verwirklichung erringen will.
Indem er aufrichtige Innenschau übt, untersucht er die Handlungen der
sich feindlich gegenüberstehenden Armeen seiner guten und schlechten
Neigungen und schätzt ihre Stärke ab: der Selbstbeherrschung einerseits
und der Zügellosigkeit andererseits; der unterscheidungsfähigen Intelligenz einerseits und der mentalen Sinnesneigungen andererseits; der geistigen Vorsätze in der Meditation einerseits und des inneren Widerstands
und der körperlichen Ruhelosigkeit andererseits; des göttlichen Bewusstseins der Seele einerseits und der Unwissenheit und magnetischen Anziehungskraft der niederen Ego-Natur andererseits.

Das geistige Schlachtfeld von Körper und Geist des Menschen

Der Kampfschauplatz dieser sich bekriegenden Streitkräfte ist Kurukshetra (*Kuru,* aus der Sanskritwurzel *kṛ* = »Arbeit, materielle Handlung«; und *kṣetra* = »Feld«). Das »Feld des Handelns« ist der menschliche Körper mit seinen physischen, geistigen und seelischen Eigenschaften
– das Feld, auf dem sich alle Handlungen im Leben abspielen. In dieser
Gita-Strophe wird es Dharmakshetra genannt (*Dharma:* Rechtschaffenheit, Tugend, Heiligkeit; demnach: »heilige Ebene« oder »heiliges
Feld«), denn auf diesem Feld wird der rechtmäßige Kampf zwischen den
Tugenden der unterscheidungsfähigen Intelligenz der Seele (den Söhnen
des Pandu) und den unedlen, unbeherrschten Handlungen des blinden
Sinnesbewusstseins (den Kurus – den Nachkommen des blinden Königs
Dhritarashtra) ausgetragen.

Dharmakshetra-Kurukshetra bezieht sich also auch auf die religiösen und geistigen Pflichten und Tätigkeiten (des Yogis in der Meditation)
im Gegensatz zu weltlicher Verantwortlichkeit und Tätigkeit. Die tiefere metaphysische Bedeutung von Dharmakshetra-Kurukshetra ist also,
dass auf dem inneren Feld des Körpers die geistige Tätigkeit der Yoga-
Meditation stattfindet, deren Ziel es ist, Selbst-Verwirklichung zu erlangen: Dieses Feld ist die Gehirn- und Rückenmarkachse mit ihren sieben

feinstofflichen Zentren der Lebenskraft und des göttlichen Bewusstseins.
[Siehe »Die Chakras in der Gehirn- und Rückenmarkachse«, Seite 24.]

Materielles Bewusstsein gegenüber dem geistigen Bewusstsein

Auf diesem Feld stehen sich zwei feindliche Streitkräfte, das heißt magnetische Pole, gegenüber: die unterscheidungsfähige Intelligenz *(Buddhi)* und das Sinnesbewusstsein *(Manas)*.

Buddhi, die reine, unterscheidungsfähige Intelligenz, wird allegorisch als Pandu bezeichnet, als Gemahl der Kunti (der Mutter Arjunas und der anderen Pandava-Prinzen, welche die gerechten Grundsätze von *Nivritti* vertreten, das heißt aller Weltlichkeit entsagen). Der Name »Pandu« stammt von *pand* = »weiß« – metaphorisch gesehen ein Hinweis auf die Klarheit der reinen, unterscheidungsfähigen Intelligenz.

Manas bezieht sich im allegorischen Sinn auf den blinden König Dhritarashtra, den Erzeuger der hundert Kurus – das heißt der sinnlichen Eindrücke und Neigungen, die sich alle *Pravritti*, dem weltlichen Genuss, zuwenden.

Buddhi erhält das richtige Unterscheidungsvermögen aus dem Überbewusstsein der Seele, die sich im kausalen Sitz des Bewusstseins, in den geistigen zerebrospinalen Zentren, manifestiert. *Manas*, das Sinnesbewusstsein, der subtile magnetische Pol, der sich nach außen auf die Welt der Materie richtet, befindet sich in der Brücke des Gehirns, deren Funktion es ist, ständig Sinneseindrücke zu koordinieren.[1]

So lenkt *Buddhi*, die Intelligenz, das Bewusstsein zur Wahrheit, das heißt zur ewigen Wirklichkeit, zum Bewusstsein der Seele, zur Selbst-Verwirklichung. Durch *Manas* oder das Sinnesbewusstsein wird das

---

[1] Die Brücke – *Pons Varolii* – ist ein Teil des Hirnstamms und befindet sich oberhalb des verlängerten Marks und in der Mittellinie unterhalb der beiden Hemisphären des Großhirns; sie verbindet Großhirn, Kleinhirn und verlängertes Mark miteinander. Sie ist relativ klein (2,5 x 2,5 x 4 cm) und enthält die aufsteigenden sensorischen und absteigenden motorischen Nervenbahnen, die das Gehirn mit dem übrigen Körper verbinden. Diese Bahnen erstrecken sich durch ein dichtes Maschenwerk von Nervenzellen, genannt »retikuläres System« *(formatio reticularis)*, deren Funktion es ist, das übrige Gehirn zu aktivieren und den 24-Stunden-Zyklus von Schlafen und Wachen zu regulieren. Die Brücke schließt eine bestimmte Struktur ein, den *Locus coeruleus* (»die blaue Stelle«) – einen kleinen dichten Zellhaufen, der Noradrenalin enthält, eine chemische Substanz, die Bewegungsimpulse auslöst, so dass der Körper handlungsbereit ist. Diese Struktur beeinflusst das Aufwachen, Träumen, Schlafen und die Stimmung.

Bewusstsein von der Wahrheit abgestoßen, so dass es sich auf die nach außen gerichtete sinnenverhaftete Tätigkeit des Körpers konzentriert – und damit auf die Welt der täuschenden Relativität: *Maya*.

Der Name »Dhritarashtra« stammt von *dhṛta* = »gehalten, gestützt, straff gespannt (Zügel)«, und *raṣṭra* = »Königreich« aus *rāj* = »regieren«. Daraus folgern wir die symbolische Bedeutung *dhṛtam raṣṭram yena* = »jemand, der das Königreich (der Sinne) aufrechterhält« oder: »jemand, der regiert, indem er die Zügel (der Sinne) straff hält«.

Manas oder das Sinnesbewusstsein koordiniert die Sinne, so wie die Zügel eines Streitwagens mehrere Pferde zusammenhalten. Der Körper ist der Streitwagen; die Seele ist der Besitzer des Wagens; die Intelligenz ist der Wagenlenker; die Sinne sind die Pferde. Man sagt, dass das Sinnesbewusstsein blind sei, weil es ohne Hilfe der Sinne und der Intelligenz nicht sehen kann. Die Zügel des Wagens übertragen die Impulse, die von den Hengsten und von den Handbewegungen des Wagenlenkers ausgehen. Ähnlich kann auch das blinde Sinnesbewusstsein allein nicht wahrnehmen, noch kann es selbst lenken; es empfängt lediglich die von den Sinnen vermittelten Eindrücke und gibt seine Schlussfolgerungen und Anweisungen an die Intelligenz weiter.

Wird die Intelligenz von *Buddhi*, der reinen Unterscheidungskraft, regiert, stehen die Sinne unter Kontrolle; wird die Intelligenz von materiellen Wünschen regiert, verhalten sich die Sinne zügellos und widerspenstig. … Sie verfallen dem Bösen und nehmen Gewohnheiten an, mit denen sie sich selbst zerstören.

Wer sich auf dem Weg der Selbst-Verwirklichung befindet, sollte einen gesunden Körper und wohlerzogene, beherrschte Sinne haben, starke geistige Zügel, welche die Sinne im Zaum halten, und eine unterscheidungsfähige, scharfe Intelligenz, welche die Zügel führt. Dann kann das körperliche Gefährt auf dem engen und schmalen Weg richtigen Handelns sein Ziel erreichen. …

Ein weltlicher Mensch, der einen anfälligen Körper, mangelnde Unterscheidungskraft und einen schwachen Geist besitzt und der seine starken Triebe ungehemmt auslebt, wird sicher großes Unheil erfahren: Er wird seine Gesundheit auf der steinigen Straße des Lebens ruinieren und materielle Fehlschläge erleiden. ...

Der Gottsucher weiß, dass das wichtigste Ziel seines Lebens darin besteht, Selbst-Verwirklichung zu erlangen: durch Meditation das wahre Wesen seiner Seele und ihre Einheit mit dem ewig glückseligen GEIST zu erkennen. Um zu verhindern, dass er irregeführt wird und in die Grube körperlichen, geistigen und seelischen Leidens stürzt, lernt er außerdem, unterscheidungsfähige Intelligenz zu entwickeln und seine geistigen Wahrnehmungen zu schärfen und miteinander in Einklang zu bringen. Er bemüht sich, die Sinne zu beherrschen und seinen Körper gesund und widerstandsfähig zu machen, damit sie alle der Seele dienen können.

Stellung beziehen im Krieg zwischen Gut und Böse

Vom Augenblick der Empfängnis bis zum Aushauchen des letzten Atemzugs muss der Mensch in jeder Inkarnation zahllose Kämpfe ausfechten – mit biologischen Faktoren, angeborenen Neigungen, Bakterien und in physiologischer, klimatischer, sozialer, ethischer, politischer, soziologischer, psychologischer und metaphysischer Hinsicht –, eine Vielzahl von inneren und äußeren Konflikten. Bei jedem Gefecht kämpfen die Kräfte des Guten und Bösen um den Sieg.[2] Die Gita bezweckt vor allem, die Bemühungen des Menschen auf die Seite des *Dharma*, der Rechtschaffenheit, zu lenken. Das höchste Ziel ist Selbst-Verwirklichung, ein Zustand, in dem der Mensch sein wahres SELBST, seine Seele erkennt, die Gott zum Bilde erschaffen und eins mit der ewig bestehenden, ewig bewussten, ewig neuen Glückseligkeit des GEISTES ist.

Der erste Wettstreit, den die Seele in jeder Inkarnation mit anderen Seelen austragen muss, geht um die Wiedergeburt. Wenn sich Ei- und Samenzelle vereinen, um einen neuen menschlichen Körper zu formen, blitzt in der Astralwelt – dem himmlischen Aufenthalt der Seelen zwischen den Inkarnationen – ein Licht auf. Dieses Licht strahlt ein Muster aus, das eine Seele mit entsprechendem Karma anzieht – das heißt eine Seele, bei der die selbst geschaffenen Auswirkungen der in früheren

---

[2] Das »Gute« bringt Wahrheit und Tugend zum Ausdruck und lenkt das Bewusstsein zu Gott hin; das »Böse« ist Unwissenheit und Täuschung und zieht das Bewusstsein von Gott weg.

Leben begangenen Handlungen mit dem Muster übereinstimmen. In jeder Inkarnation wird ein Teil des Karmas durch erbliche Einflüsse abgetragen; das Kind wird zu einer Familie hingezogen, deren Erbmasse dem Karma des Kindes entspricht. Viele Seelen wetteifern darum, in diese primäre Zelle einzugehen, doch nur eine wird siegen. (Bei einer mehrfachen Empfängnis ist mehr als eine ursprüngliche Zelle vorhanden.)

Im Mutterleib kämpft das ungeborene Kind gegen Krankheit, Dunkelheit und das zeitweilige Gefühl der Einengung und Enttäuschung an, wenn sich die Seele der größeren Freiheit während ihres Aufenthalts in der Astralwelt erinnert und sie dann allmählich vergisst. Die Seele des Embryos muss auch mit dem guten oder schlechten Karma ringen, das zur Bildung des Körpers beiträgt, in dem sie jetzt eingeschlossen ist. Zusätzlich empfängt sie von außen her einflussreiche Schwingungen: von der Umgebung und den Handlungen der Mutter, von Geräuschen und Wahrnehmungen aus der Außenwelt, von Ausstrahlungen der Liebe und des Hasses, von Frieden und Ärger.

Nach der Geburt kämpft der Instinkt des Säuglings, der Trost finden und am Leben bleiben will, gegen die relative Hilflosigkeit seines unfertigen Körpers an.

Die ersten bewusst ausgefochtenen Kämpfe des Kindes beginnen, wenn es zwischen zwei Wünschen entscheiden muss: dem Wunsch, unbekümmert zu spielen, und dem Wunsch, zu lernen, zu studieren und sich einer systematischen Schulung zu unterziehen. Allmählich muss es dann schwerere Prüfungen bestehen, die ihm von innen her durch seine karmischen Instinkte und von außen her durch falschen Umgang und schlechte Umgebung aufgezwungen werden.

Der junge Mensch sieht sich plötzlich einer Menge von Problemen gegenüber, auf die er oft nicht vorbereitet ist: sexuellen Versuchungen, Gier, Ausflüchten, mühelosem, aber fragwürdigem Geldverdienst und dem Druck, den seine Gefährten und gesellschaftliche Einflüsse auf ihn ausüben. Gewöhnlich fehlt dem jungen Menschen dann das Schwert der Weisheit, mit dem er diese Invasion weltlicher Erfahrungen bekämpfen könnte.

Wenn der Erwachsene während seines Lebens die in ihm vorhandenen Kräfte der Weisheit und seelischen Unterscheidungskraft nicht ausbildet und anwendet, wird das Reich seines Körpers und Geistes schließlich unbarmherzig von den Fluten der elendbringenden falschen Wünsche, der schädlichen Gewohnheiten, der Misserfolge, der Unwissenheit, der Krankheit und des Unglücks überschwemmt.

Viele Menschen sind sich nicht einmal der Tatsache bewusst, dass im Reich ihres Innern ein ständiger Krieg stattfindet. Gewöhnlich stellen die Menschen erst dann hilflos fest, dass ihr Leben hoffnungslos ruiniert ist, wenn die Zerstörung schon weit fortgeschritten ist. Der psychologische Kampf um Gesundheit, Wohlstand, Selbstbeherrschung und Weisheit muss jeden Tag von Neuem ausgefochten werden, wenn man den Sieg davontragen will; Stück für Stück muss man sich das Reich der Seele erobern, das die Rebellen der Unwissenheit besetzt halten.

Der Yogi – ein erwachender Mensch – sieht sich nicht nur den äußeren Kämpfen ausgesetzt, die alle Menschen durchstehen müssen, sondern auch dem inneren Konflikt zwischen den negativen Kräften der Ruhelosigkeit (die von *Manas*, dem Sinnesbewusstsein, herrühren) und seinen positiven Bemühungen, zu meditieren (die von *Buddhi*, der Intelligenz, unterstützt werden); denn sein Wunsch ist es, wieder in das innere geistige Reich der Seele zu gelangen – in die feinstofflichen Zentren der Lebenskraft und des göttlichen Bewusstseins in Wirbelsäule und Gehirn.

Die Gita weist also bereits im ersten Vers auf die vordringlichste Pflicht des Menschen hin: jeden Abend Innenschau zu halten, um klar zu erkennen, welche Kraft – die des Guten oder des Bösen – die tägliche Schlacht gewonnen hat. Wenn der Mensch im Einklang mit Gottes Plan leben will, muss er sich jeden Abend diese entscheidende Frage stellen: »Was haben meine sich bekämpfenden Neigungen getan, als sie auf dem heiligen körperlichen Gelände – dem Feld guter und böser Handlungen – versammelt waren? Welche Seite hat heute den nie endenden Kampf gewonnen? Sag mir, was haben die hinterhältigen, verführerischen, bösen Neigungen und die gegen sie ankämpfenden Kräfte der Selbstbeherrschung und Unterscheidungskraft getan – komm und sag mir, was haben sie getan?«

Nach jeder konzentrierten Meditation fragt der Yogi die Kraft seiner Innenschau: »Was haben sie getan, die mental gesteuerten Sinnesreize (die versuchen, das Bewusstsein nach außen zu lenken) und die Kinder

Die Chakras in der Gehirn- und Rückenmarkachse

Yoga-Abhandlungen bezeichnen diese Zentren (in aufsteigender Folge) als: *Muladhara* (das Steißbeinzentrum, am unteren Ende der Wirbelsäule); *Svadhishthana* (das Kreuzbeinzentrum, 5 cm über dem *Muladhara*); *Manipura* (das Lendenzentrum, gegenüber dem Nabel); *Anahata* (das Rückenzentrum, gegenüber dem Herzen); *Vishuddha* (das Nackenzentrum, am unteren Ende des Nackens); *Ajna* (Sitz des geistigen Auges, nach der Überlieferung zwischen den Augenbrauen liegend, tatsächlich aber durch Polarität direkt mit dem verlängerten Mark verbunden); und *Sahasrara* (»der tausendblättrige Lotos«, im obersten Teil des Großhirns).

Die sieben Zentren sind göttlich geplante Ausgänge oder »Falltüren«; durch diese ist die Seele in den Körper hinabgestiegen, durch diese muss sie mit Hilfe der Meditation wieder aufsteigen.

Der vom Gehirn herabfließende Lebensstrom lenkt den Geist zu den Sinnen, damit dieser sich mit dem physischen Körper und dem Bereich der Materie identifiziert und sich darein verwickelt. Durch eine Technik wie *Kriya-Yoga* wird der Lebensstrom in die umgekehrte Richtung gelenkt, damit er aufwärts zum Gehirn, in die Zentren geistiger Wahrnehmung, fließt und den menschlichen Geist von den Sinnen zur Seele und zum GEIST führt. ...

Wenn der Yogi die Lebenskraft von den materiellen Gegenständen, Sinnesorganen und sensorisch-motorischen Nerven zurückzieht und diese konzentrierte Lebenskraft durch den spiralförmigen Gang der *Kundalini* (der zusammengerollten Energie) im Steißbeinzentrum aufwärtsführt, erblickt er während des Aufstiegs die verschiedenen Zentren der Wirbelsäule mit ihren aus Lebensenergie bestehenden Lichtstrahlen und Lauten. Wenn das Bewusstsein des Yogis das verlängerte Mark und das geistige Auge zwischen den Augenbrauen erreicht, findet er dort das Tor, das in den Auge zwischen den Augenbrauen erreicht, findet er dort das Tor, das in den sternförmigen Lotos der »tausend« (d.h. unzähligen) Strahlen führt. Dann nimmt er das allgegenwärtige Licht Gottes wahr, das sich über die Sphäre der Ewigkeit ausbreitet, und sieht seinen Körper als eine winzige Emanation dieses Lichts.

Alle astralen zerebrospinalen Nervengeflechte sind – ihrem natürlichen Zustand nach – geistig geartet und spiegeln verschiedene Ausdrucksformen der göttlichen Intelligenz sowie die Schwingungskraft der überbewussten Seele wider. Wenn aber die Energien dieser Zentren unter dem Einfluss der Sinne nach außen gezogen werden, wodurch ihre Verbindung mit der reinen Unterscheidungskraft der Seele eingeschränkt wird, verschaffen sie sich auf entsprechend verzerrte Weise Ausdruck.

Die nach außen gerichteten Gehirnzentren drücken Intellekt, Vernunft und eine unnatürliche Ruhelosigkeit aus (anstatt die allwissende Weisheit der Intuition und die vom GEIST ausgestrahlte Ruhe). Wenn sich das nach außen gerichtete Herzzentrum mit den Sinnen identifiziert, zeigt es sich als Tätigkeitsdrang, der von gefühlsmäßigen Zuneigungen und Abneigungen, Anhänglichkeit und Abscheu bestimmt wird (und nicht vom reinen, unvoreingenommenen Gefühl und der gezügelten Lebenskraft). Die nach außen gerichteten drei niedrigeren Zentren verschaffen den gierigen Sinnen Nahrung (und drücken nicht das göttliche Potenzial dieser *Chakras* aus: Selbstbeherrschung, Befolgen tugendhafter Prinzipien und die Kraft, falschen Einflüssen Widerstand zu leisten).

seelischer Unterscheidungskraft (die sich bemühen, das Reich des Innern zurückzuerobern), nachdem sie sich im Bewusstseinsbereich der Gehirn- und Rückenmarkachse und auf dem körperlichen Feld der Sinnestätigkeit versammelt und kampfbereit aufgestellt hatten? Wer hat an diesem Tag gewonnen?«

Der Durchschnittsmensch gleicht einem geplagten Krieger, der von seinen Gefechten schon manche Blessuren davongetragen hat und mit Kämpfen zur Genüge vertraut ist. Doch seinem zufälligen Training mangelt es oft an der Übersicht über das Schlachtfeld und an der Kenntnis der Strategie, deren sich die angreifenden feindlichen Streitkräfte bedienen. Ein solches Wissen würde ihm zu größeren Siegen verhelfen und manche bestürzende Niederlage abwenden.

Die Seele im Gegensatz zum Ego

In den historischen Berichten über die Ursache des Krieges von Kurukshetra heißt es, dass die edlen Söhne des Pandu ihr Königreich ehrenhaft regierten, bis König Duryodhana, der niederträchtige regierende Sohn des blinden Königs Dhritarashtra, den Pandavas auf listige Weise ihr Königreich raubte und sie ins Exil schickte.[3]

[3] Der blinde König Dhritarashtra hatte hundert Söhne. ... Der älteste, Duryodhana, versinnbildlicht die Materielle Begierde; er ist der Erstgeborene, der Macht über alle anderen Sinnesneigungen des körperlichen Königreichs hat. Er gilt als der Urheber verheerender Kriege oder Kriegsanlässe. Die metaphorische Ableitung von Duryodhana ist *duḥ-yudhaṁ yaḥ saḥ* – »jemand, der in jeder Hinsicht schwer zu bekämpfen ist.« Sein Name besteht aus den Sanskritsilben *dur*, »schwer«,

Symbolisch gesehen gehört das Königreich des Körpers und Geistes rechtmäßig Königin Seele und ihren edlen Untertanen – den tugendhaften Eigenschaften. Doch König Ego[4] und seine Gefolgschaft, die boshaften, unedlen Eigenschaften, reißen den Thron hinterlistig an sich. Wenn sich Königin Seele erhebt und ihr Territorium zurückverlangt, werden Körper und Geist zu einem Schlachtfeld.

Wie Königin Seele über ihr körperliches Reich regiert, wie sie es verliert und zurückgewinnt – das ist der Kerngehalt der Gita.

Die Gliederung des menschlichen Körpers und Geistes verrät durch ihre einzigartige, ins Detail gehende Vollkommenheit einen göttlichen Plan. »Wisset ihr nicht, dass ihr Gottes Tempel seid und der Geist Gottes in euch wohnt?«[5] Dieser »Geist Gottes« spiegelt sich im Menschen als die Seele wider.

Die Seele tritt als ein Funke allgegenwärtigen Lebens und Bewusstseins in die Materie ein, und zwar in den Zellkern, der durch die Vereinigung von Ei- und Samenzelle gebildet wird. Während sich der Körper entwickelt, verbleibt dieser ursprüngliche »Sitz des Lebens« im verlängerten Mark. Man nennt das Mark daher das Tor zum Leben, durch das Königin Seele ihren siegreichen Einzug in das körperliche Reich hält. ...

Die schöpferischen Fähigkeiten oder Instrumente der Seele sind ihrem Wesen nach astral und kausal. ... Die Lebens- und Bewusstseinszentren, von denen aus diese Kräfte wirken, sind das astrale Gehirn (der »tausendblättrige Lotos« des Lichts) und die astrale zerebrospinale Achse (die *Sushumna*), welche die sechs feinstofflichen Zentren oder *Chakras* enthält.[6]

---

und *yudh*, »kämpfen«. Materielle Wünsche sind äußerst machtvoll, denn sie herrschen über alle weltlichen Freuden. Sie verursachen und führen Krieg gegen den rechtmäßigen Anspruch der Seele auf das körperliche Reich.

[4] Im Kommentar zu dieser Strophe werden die Beinamen Königin Seele und König Ego sowohl bei dieser als auch bei den nachfolgenden Metaphern in einem weiteren Sinne als ihrer üblichen Bedeutung gebraucht und beziehen sich nicht unbedingt auf den spezifischen Gebrauch in der Gita-Allegorie, wo Krishna die Seele und Bhishma das Ego darstellt.

[5] *1. Korinther 3, 16.*

[6] Im Menschen ist die Seele in drei Körper eingeschlossen: in den physischen Körper, in den Astralkörper aus Licht und Lebensenergie, und in den Kausalkörper aus Bewusstsein (so genannt,

Die gröberen Kräfte des Geistes manifestieren sich im robusteren, physischen Körper; doch die feinstofflichen Kräfte der Seele – Bewusstsein, Intelligenz, Wille, Gefühl – benötigen als ihren Sitz das verlängerte Mark und die feinen Gewebe des Gehirns, um sich durch diese zu manifestieren.

Vereinfachend gesagt, liegen die inneren Kammern des Palastes, in dem Königin Seele residiert, in den feinstofflichen Zentren des Überbewusstseins, des Christus- oder Krishnabewusstseins (*Kutastha-Chaitanya* oder Universal-Bewusstsein) und des Kosmischen Bewusstseins. Diese Zentren befinden sich im verlängerten Mark, im vorderen Teil des Gehirns zwischen den Augenbrauen (dem Sitz des einfältigen oder geistigen Auges) bzw. im obersten Teil des Großhirns (dem Thron der Seele, im »tausendblättrigen Lotos«). In den erwähnten Bewusstseinsstadien ist Königin Seele die höchste Herrscherin – das reine Ebenbild Gottes im Menschen.

Doch wenn die Seele in das Körperbewusstsein hinabsteigt, gerät sie unter den Einfluss von *Maya* (der kosmischen Täuschung) und von *Avidya* (der individuellen Täuschung oder Unwissenheit, aus der das Ichbewusstsein entsteht). … Wenn sich die Seele durch die kosmische Täuschung oder den psychologischen Satan überlisten und in Versuchung führen lässt, wird sie zum begrenzenden Ego, das sich mit seinem Körper und dessen Blutsverwandten und Besitztümern identifiziert. Dann schreibt sich die Seele, die sich für das Ego hält, alle Begrenzungen und Einschränkungen des Körpers zu. Wenn sie sich einmal so einschätzt, kann sie nicht mehr ihre Allgegenwart, ihre Allwissenheit und ihre Allmacht zum Ausdruck bringen. Sie bildet sich ein, begrenzt zu sein – ähnlich wie ein reicher Prinz, der in einem Zustand von Gedächtnisschwund in den Elendsvierteln umherirrt, sich einbilden mag, er sei bettelarm. Ein solcher Zustand der Täuschung macht es König Ego leicht, das Reich des Körpers für sich zu erobern.

---

weil er die Ursache für die beiden anderen Körper ist). Die feinstofflichen Kräfte des Astralkörpers sind es, welche die grobstoffliche physische Gestalt aufbauen, erhalten und beleben; diese Kräfte bestehen aus: Intelligenz *(Buddhi)*; Ego *(Ahamkara)*; Gefühl *(Chitta)*; Geist *(Manas,* Sinnesbewusstsein); den fünf Werkzeugen der Erkenntnis; den fünf Werkzeugen der Handlung; und den fünf Werkzeugen des *Prana.*

Das Bewusstsein der Seele kann wie der in Jesus erwachte Christus sagen: »Ich und der Vater sind eins.« Das getäuschte Ichbewusstsein sagt: »Ich bin der Körper; dies ist meine Familie, und dies ist mein Name; dies ist mein Besitz.« Obgleich sich das Ego für den Herrschenden hält, ist es in Wirklichkeit ein Gefangener des Körpers und Geistes, die beide wiederum Marionetten der subtilen Machenschaften der Kosmischen Natur sind. ... Der Durchschnittsmensch ist sich nur seines Körpers, seines Verstandes und ihrer Verbindung mit der Außenwelt bewusst. Er lässt sich von den Täuschungen der Welt hypnotisieren (wie es auf vielerlei Weise in der alten und neuen Literatur beschrieben wird); und das verstärkt seine bereits vorhandene Überzeugung, dass er ein sterbliches und begrenztes Wesen sei.

Dann liegen die von König Ego regierten physischen Regionen des Körperreichs oft brach und werden von Epidemien, Krankheiten und frühzeitigem Altern heimgesucht, die sich über das ganze Reich ausbreiten. ... Die Bürger der Gedanken, des Willens und der Gefühle werden missmutig, beschränkt, erschöpft und unglücklich. Die intelligenten Arbeiter der Zellen und die atomaren und subatomaren Einheiten des Lebens werden unkoordiniert, untauglich, kraftlos. ... Alle Gesetze werden übertreten, die zum Wohlergehen der mentalen und zellularen Bürger im Königreich des Menschen führen könnten. Es ist ein Reich der Dunkelheit, das von großer Angst, Unsicherheit und Elend erfüllt ist; und diese machen alle kurzen Augenblicke der Lust wieder zunichte.

[Im] Reich des Körpers, das von Königin Seele regiert wird ... sind die Bürger der Gedanken, des Willens und der Gefühle weise, schöpferisch tätig, friedlich und glücklich. Die unzähligen bewussten, intelligenten Arbeiter der Zellen, Moleküle, Atome, Elektronen und der schöpferischen Lebensfunken (Biotronen, *Prana*) sind gesund, harmonisch und leistungsfähig. ... Während Königin Seele mit höchster Weisheit regiert, werden alle Gesetze der Gesundheit und der geistigen Leistungsfähigkeit befolgt; und die Gedanken, der Wille, die Gefühle und die intelligenten Zellenbewohner des körperlichen Königreichs erhalten die richtige geistige Schulung. Folglich herrschen im Reich des Körpers Glück, Gesundheit, Wohlstand, Frieden, Unterscheidungskraft und Tüchtigkeit unter der Führung der Intuition – ein wahres Reich des Lichts und der Glückseligkeit!

Körper und Geist des Menschen sind ein regelrechtes Schlachtfeld, auf dem der Kampf zwischen der Weisheit und der bewussten Kraft der Täuschung ausgetragen wird, die sich als *Avidya* (Unwissenheit) manifestiert. Jeder geistige Sucher, der Königin Seele in seinem Innern herrschen lassen will, muss die Rebellen – König Ego und seine machtvollen Verbündeten – besiegen.

KAPITEL 3

Yoga: die Methode, die zum Sieg führt

D er praktische Metaphysiker, der sich bemüht, seine Seele aus der
materiellen Knechtschaft zu befreien, lernt die genauen Methoden, die ihm zum Sieg verhelfen.

Im Verlauf der natürlichen Evolution entwickelt sich die Seele des
Menschen durch ständiges richtiges Denken und Handeln, das im Einklang mit dem göttlichen Gesetz steht, allmählich höher. Der Yogi jedoch wählt sich eine Methode, die diese Evolution beschleunigt: den
Weg wissenschaftlicher Meditation, auf dem das Bewusstsein von der
Materie zurückgezogen und auf den GEIST gelenkt wird. Dabei legt die
Seele denselben Weg durch die zerebrospinalen Zentren des Lebens und
göttlichen Bewusstseins zurück, den sie bei ihrem Abstieg in den Körper
genommen hat.

Den energetischen Kräften in jedem Zentrum liegt ein Ausdruck des
göttlichen Seelenbewusstseins zugrunde. ... Doch durch jede siegreiche
Verbindung mit dem GEIST [in der Meditation] wird das Seelenbewusstsein gestärkt und gewinnt größere Herrschaft über das Reich des Körpers.

Selbst der Anfänger spürt während der Meditation schon bald, dass
er die geistige Kraft und das Bewusstsein der inneren Welt der Seele und
des GEISTES anzapfen kann, um mit ihnen das Reich seines Körpers und
all sein Handeln auf physischer, geistiger und seelischer Ebene zu erleuch-
ten. Je mehr er sich darin übt, umso größer wird der göttliche Einfluss.

Die Kräfte der Seele durch Meditation erwecken

Die reinen, unterscheidungsfähigen Kräfte [werden] symbolisch als die fünf göttlichen Söhne des Pandu dargestellt. ... Die fünf Pandavas sind die wichtigsten Helden der Gita-Analogie, welche die Armeen des Bewusstseins und der Energie *(Prana)* in den fünf feinstofflichen Zentren der Wirbelsäule befehligen. Sie stellen die Eigenschaften und Kräfte dar, die der tief meditierende Gottsucher erwirbt, wenn er auf die astralen und kausalen Zentren des Lebens und göttlichen Bewusstseins eingestimmt ist.

Dies ist die Bedeutung der fünf Pandavas in aufsteigender Reihenfolge:

Sahadeva: Mäßigung, die Kraft, sich vom Bösen fernzuhalten (*Dama* = tätige Widerstandskraft, Zähigkeit, mit der man die ruhelosen Sinnesorgane zügelt); das vibrierende Erd-Element im Steißbeinzentrum, dem *Muladhara-Chakra.*[1]

Nakula: Beharrlichkeit, die Kraft, weise Regeln zu befolgen (*Sama*, positive oder aufnahmefähige Kraft, Aufmerksamkeit, mit der man geistige Neigungen im Zaum hält); das vibrierende Wasser-Element im Kreuzbeinzentrum, dem *Svadhishthana-Chakra.*

Arjuna: Selbstbeherrschung; das vibrierende Feuer-Element im Lendenzentrum. Dieses Zentrum, das *Manipura-Chakra,* feuert die geistige und körperliche Kraft an, sich gegen den gewaltigen Ansturm der Sinnes-Krieger zu behaupten. Es stärkt die guten Gewohnheiten und Handlungen und ist der Exerziermeister der Gewohnheiten. Es hält den Körper aufrecht und läutert Körper und Geist, so dass man tief meditieren kann.

Wenn wir die zweifache Funktion dieses Zentrums in Betracht ziehen, verstehen wir auch, warum Arjuna, der fähigste des ganzen Pandava-Heeres, ein Sinnbild gerade dieses Zentrums ist. Es ist der Angelpunkt oder Wendepunkt im Leben des Gottsuchers, der sich vom groben

---

[1] Die Schwingungselemente *(Tattvas)* in jedem Chakra sind feinstoffliche Kräfte, die aus dem schöpferischen Licht des GEISTES die verschiedenen materiellen Formen manifestieren. Diese Kräfte werden in *Gott spricht mit Arjuna – Die Bhagavad-Gita* näher erklärt. *(Anmerkung des Herausgebers)*

Materialismus abwendet und um höhere geistige Eigenschaften bemüht.
Vom Lendenzentrum fließen das Leben und das Bewusstsein durch das
Kreuzbein- und Steißbeinzentrum abwärts und nach außen in das materielle, sinnengebundene Körperbewusstsein. Doch in der Meditation,
wenn Lebenskraft und Bewusstsein des Gottsuchers vom Magnetismus
des höheren Rückenzentrums angezogen werden, kehrt sich die Kraft
dieses feurigen Lendenzentrums von allen materiellen Belangen ab, verstärkt die geistige Tätigkeit des Suchenden und lässt sich dabei von den
höheren Zentren unterstützen. ...

Wenn Arjuna – die Kraft der Selbstbeherrschung im Lendenzentrum
– das Feuer der Meditation, der geistigen Geduld und Entschlusskraft
entfacht, führt er die Lebenskraft und das Bewusstsein aufwärts, während sie vorher durch das Lenden-, Kreuzbein- und Steißbeinzentrum
abwärts und nach außen flossen; auf diese Weise erlangt der meditierende Yogi die erforderliche geistige und körperliche Kraft, um seine tiefen
Meditationen fortzusetzen und so Selbst-Verwirklichung zu erlangen.
Ohne dieses Feuer der Selbstbeherrschung ist kein geistiger Fortschritt
möglich. Daher stellt Arjuna, wörtlich genommen, auch den Gottsucher
dar, der beherrscht, geduldig und entschlossen ist und der in sich selbst
die Schlacht von Kurukshetra ausfechten muss. Er ist der bedeutendste
Anhänger und Jünger des Herrn – Bhagavan Krishnas; dieser weist ihm
während des Zwiegesprächs der Gita den Weg, der zum Siege führt.

Die beiden verbleibenden Pandavas sind:

Bhima: Die Kraft der Vitalität, die von der Seele regierte Lebenskraft
(Prana); das vibrierende schöpferische Luft- (oder *Prana-*)Element im
Rückenzentrum, dem *Anahata-Chakra.* Die Kraft in diesem Zentrum
hilft dem Gottsucher beim Üben der rechten *Pranayama*-Techniken, so
dass er den Atem beruhigen und den Ansturm der Gedanken und Sinneseindrücke unter seine Herrschaft bringen kann. Es ist diese Kraft, welche die inneren und äußeren Organe zur Ruhe bringt und dadurch das
Eindringen jeder Leidenschaft (Sexualität, Gier oder Zorn) verhindert.
Sie vertreibt Krankheit und Zweifel. Sie ist das Zentrum göttlicher Liebe
und geistiger Schöpferkraft. [Siehe Begleittext auf Seite 53.]

Yudhisthira: Göttliche Ruhe; das schöpferische vibrierende Äther-

Element im Nackenzentrum, dem *Vishuddha-Chakra.* Yudhisthira, der älteste der fünf Pandu-Söhne (*Buddhi,* reine Intelligenz) wird sehr treffend als König aller unterscheidungsfähigen Kräfte dargestellt, denn Ruhe ist die wichtigste Bedingung für richtiges Urteilen.

Alles, was das Bewusstsein durch den Einfluss der Sinne oder Gefühle erregt, spiegelt das Wahrgenommene verzerrt wider. Ruhe dagegen ist reine Wahrnehmung – sie ist die Intuition selbst. So wie der allgegenwärtige Äther trotz der tosenden Naturkräfte, die sich auf ihm abspielen, unverändert bleibt, so ist Yudhisthiras Unterscheidungskraft unveränderte Ruhe, die alle Dinge ohne Entstellung wahrnimmt.

Sie ist die Kraft, mit der man eine schädliche Leidenschaft besiegen kann. Sie ist die Kraft der Aufmerksamkeit – der ununterbrochenen Aufmerksamkeit auf den richtigen Gegenstand. Sie bestimmt die Dauer und Intensität der Aufmerksamkeit.

Sie ist die Kraft, welche die Auswirkungen des falschen Handelns erkennt – die Fähigkeit, die alles Gute durch innere Ruhe absorbieren kann.

Sie ist die Kraft, zwischen Gut und Böse zu unterscheiden, der gesunde Menschenverstand, der sagt, wann man einen Freund stärken und einen Feind vernichten soll (was auch auf die Sinne und Gewohnheiten zutrifft).

Sie ist die Kraft intuitiver Schau, die Fähigkeit, sich eine Wahrheit so lange vorzustellen oder zu vergegenwärtigen, bis sie sich offenbart.

Der hauptsächliche Berater und Beistand der Pandavas ist der Herr selbst, der – in der Gestalt Krishnas – entweder den GEIST, die Seele oder die Intuition darstellt; diese manifestieren sich als Überbewusstsein – als *Kutastha-* oder Christusbewusstsein – und als kosmisches Bewusstsein im verlängerten Mark, im Christuszentrum und im tausendblättrigen Lotos; oder als der Guru, der seinen Jünger Arjuna unterweist. Im Gottsucher selbst spricht daher der Herr Krishna als führende Göttliche Intelligenz zum niederen Selbst, das in die Fallstricke des Sinnesbewusstseins geraten ist. Diese Höhere Intelligenz ist der Meister und Lehrer, und der niedere geistige Intellekt ist der Jünger. Die Höhere Intelligenz berät das niedere, verunreinigte Selbst und zeigt ihm, wie es sich im Einklang mit der ewigen Wahrheit geistig aufrichten und die ihm von Gott übertragene Pflicht erfüllen kann.

Geistige Wirkungen der Yoga-Praxis

Es ist eine weitverbreitete falsche Vorstellung, dass sich Yoga-Übungen nur für erfahrene Mystiker eigneten und dass diese Wissenschaft sogar über den Horizont des Durchschnittsmenschen hinausgehe. Yoga jedoch ist die Wissenschaft von der gesamten Schöpfung. Der Mensch und auch jedes Atom im Universum ist ein sichtbares Ergebnis dieser göttlichen Wissenschaft. Yoga besteht aus einer Reihe von Übungen, die dazu befähigen, diese Wissenschaft zu erfassen, und zwar durch ein unmittelbares, persönliches Erleben Gottes, des Urgrundes.

Der Wissenschaftler im Reich der Materie fängt es so an, dass er diese auf ihre Wirkung hin beobachtet und versucht, alles bis zu einem Ursprung zurückzuverfolgen. Der Yoga dagegen beschreibt den Ursprung und wie er sich nach außen hin zu den Erscheinungen der Materie entwickelt hat; er zeigt auch, wie man den Vorgang *umkehren* kann, um die wahre GEIST-Natur des Universums und des Menschen zu erkennen. ...

Indiens großer Weiser Patanjali, über dessen Geburtsjahr die Gelehrten verschiedene Vermutungen anstellen, erkannte, dass die Bhagavad-Gita der »Himmlische Gesang« ist, mit dem der Herr die Seelen Seiner unwissenden und umherirrenden Kinder mit Seinem GEIST vereinigen will. Dies sollte auf wissenschaftliche Weise durch die physischen, geistigen und seelischen Gesetze geschehen. In seinen berühmten *Yoga-Sutras* erläuterte Patanjali diese geistige Wissenschaft in präziser metaphysischer Terminologie. ...

Die Botschaft der Gita wird uns sofort klar, wenn wir sehen, dass jeder der in Vers 4–8 erwähnten Krieger sich auf das Üben des Yoga bezieht, so wie Patanjali es in seinen *Yoga-Sutras* beschrieben hat. Man erkennt die Übereinstimmung an der metaphorischen Bedeutung der verschiedenen metaphysischen Krieger – am Sinn ihres Namens oder einer in ihrem Namen enthaltenen Sanskritwurzel oder an der Rolle, die sie im *Mahabharata*-Epos spielen.

In den Versen 4, 5 und 6 unterrichtet König Materielle Begierde (Duryodhana) seinen Lehrer Alte Gewohnheit (Drona) über die geistigen Krieger in den Zentren von Gehirn und Wirbelsäule, die sich zum Kampf aufgestellt haben. Diese metaphysischen Krieger, die versammelt sind, um die fünf Pandavas zu unterstützen, sind die geistigen Nachwirkungen, die dem Gottsucher durch das Üben von Yoga zuteil werden. Gemeinsam mit den fünf anführenden Pandavas kommen sie dem Yogi im Kampf gegen die bösen Krieger des Sinnesbewusstseins zu Hilfe.

Duryodhana bezeichnet sie als Yuyudhana, Virata, Drupada, Dhrishtaketu, Chekitana, König von Kashi (Kashiraja), Purujit, Kuntibhoja, Shaibya, Yudhamanyu, Uttamaujas, den Sohn von Subhadra (Abhimanyu) und die fünf Söhne der Draupadi. Ihre metaphorische Bedeutung wird in der von Patanjali gebrauchten kategorischen Reihenfolge erläutert.

Patanjali beginnt seine *Yoga-Sutras* mit der Definition des Yoga als »Neutralisierung der wechselhaften Wellen im Bewusstsein« *(Chitta Vritti Nirodha –* I, 2). Man kann dies auch wie folgt übersetzen: »Aufhören der Veränderungen des Geiststoffs.«

In der *Autobiographie eines Yogi* habe ich es folgendermaßen erläutert: »*Chitta* ist von umfassender Bedeutung und heißt so viel wie Denkkraft, worin auch die pranischen Lebenskräfte, *Manas* (Verstand oder Sinnesbewusstsein), *Ahamkara* (Ichbewusstsein) und *Buddhi* (intuitives Erkenntnisvermögen) eingeschlossen sind. *Vritti* (wörtlich ›Strudel‹) bezieht sich auf die Wellen der Gedanken und Gefühle, die sich ununterbrochen im Bewusstsein des Menschen erheben und wieder senken. *Nirodha* heißt Aufhebung, Stillstand, Kontrolle.«

Patanjali fährt fort: »Dann verharrt der Seher in seinem eigenen Wesen, seinem eigenen Selbst« (I, 3). Das bezieht sich auf sein wahres Selbst, die Seele. Es bedeutet, dass er Selbst-Verwirklichung, Vereinigung seiner Seele mit Gott, erlangt hat.

Patanjali erläutert in den *Sutras* I, 20–21: »[Dem Erlangen dieses Ziels des Yoga] gehen *Shraddha* (Hingabe), *Virya* (geschlechtliche Enthaltsamkeit), *Smriti* (Erinnerungskraft), *Samadhi* (Vereinigung mit Gott während der Meditation) und *Prajna* (unterscheidungsfähige Intelligenz) voraus. Diejenigen, die *Tivra-Samvega,* göttliche Inbrunst (glühende

Hingabe und Sehnsucht nach Gott sowie völlige Losgelöstheit von der Welt und den Sinnen) besitzen, werden dies am ehesten erreichen.«

In diesen *Sutras* erkennen wir die ersten sechs metaphysischen Krieger, die bereitstehen, dem Yogi in seinem Kampf um Selbst-Verwirklichung zu helfen:

1. Yuyudhana – Göttliche Hingabe (Shraddha)

Yuyudhana stammt aus der Sanskritwurzel *yudh* = »kämpfen« und bedeutet wörtlich: »Wer zu seinem eigenen Vorteil gekämpft hat.« Die metaphorische Ableitung *Yudhaṁ caitanya-prakāśayitum eṣanaḥ abhilaṣamāna iti* bedeutet: »Jemand, der den brennenden Wunsch hat zu kämpfen, um seinem geistigen Bewusstsein Ausdruck zu geben.« Es symbolisiert das Gesetz der Anziehung, das Gesetz der Liebe, dessen »Pflicht« es ist, die Schöpfung zu Gott zurückzuführen. Der Gottsucher fühlt dies als *Shraddha*, als Hingabe an Gott – als das dem Herzen angeborene Verlangen, Ihn zu erkennen. Diese Hingabe regt den Suchenden an, sich geistig zu betätigen, und hilft ihm in seinem *Sadhana* (den geistigen Übungen).

Shraddha wird oft mit »Vertrauen« übersetzt. Genauer genommen ist es jedoch die natürliche Neigung und Hingabe des Herzens, die zu ihrer Quelle zurückkehren will; das Vertrauen spielt selbstverständlich eine wichtige Rolle, wenn man sich dieser Anziehungskraft hingeben will. Die Schöpfung ist ein Ergebnis der Abstoßung, einer Entfernung von Gott – einer Objektivierung des GEISTES. Doch der Materie wohnt bereits die Kraft der Anziehung inne. Und das ist die Liebe Gottes – der Magnet, der die Schöpfung schließlich wieder zu Ihm zurückführt. Je mehr sich der Gottsucher auf diese Liebe einstellt, umso stärker wird die Anziehungskraft und umso tiefer die läuternde Wirkung auf den hingebungsvollen Yogi.

Yuyudhana, Göttliche Hingabe, kämpft gegen die Kräfte respektlosen satanischen Unglaubens oder Zweifels an, die den Suchenden ablenken und entmutigen wollen.

2. Uttamaujas – Keuschheit (Virya)

Die wörtliche Bedeutung des Namens von Uttamaujas, dem im *Mahabharata* beschriebenen Krieger, ist »von äußerster Tapferkeit«. Das von Patanjali gebrauchte Wort *Virya* wird meist als Heldenhaftigkeit oder Mut gedeutet. Doch in der Yoga-Philosophie bezieht sich *Virya* auch auf den männlichen Samen, wenn er nicht auf sinnliche Weise vergeudet, sondern in seine reine, kraftvolle Substanz umgewandelt wird und dem Körper Kraft, Vitalität und sittlichen Mut verleiht. Wir sehen also, dass »Uttamaujas«, das sich ableitet aus den Sanskritwörtern *uttama* = »höchste, wichtigste« und *ojas* = »Energie, Stärke, körperliche Kraft«, auch mit »treibende Kraft, wichtigste körperliche Energie« übersetzt werden kann. Daher bedeutet die metaphorische Ableitung *Uttamam oja yasya sa iti:* »Jemand, dessen Kraft überragend (von höchster oder bester Beschaffenheit) ist.« Wenn der Yogi die Zeugungsflüssigkeit unter Kontrolle hat, wird sie zur Hauptquelle seiner geistigen Kraft und sittlichen Stärke.[2]

Die Zeugungsflüssigkeit, das Sinnesbewusstsein, der Atem und *Prana* (die Lebenskraft oder Vitalität) stehen in enger Beziehung zueinander. Meistert man nur eine von diesen, verleiht das auch Herrschaft über die anderen drei. Der Gottsucher, der wissenschaftliche Yoga-Techniken anwendet, um gleichzeitig alle vier Kräfte unter seine Herrschaft zu bringen, erreicht schnell einen höheren Bewusstseinszustand.

Uttamaujas, Keuschheit, gibt dem Gottsucher die Kraft, den Versuchungen und der Gewohnheit eines ausschweifenden Lebens zu widerstehen und die Lebenskraft frei von sinnlichen Vergnügen zu machen, damit sie zur göttlichen Glückseligkeit aufsteigen kann.

3. Chekitana – Geistiges Erinnerungsvermögen (Smriti)

Chekitana bedeutet »intelligent«. Aus der Sanskritwurzel *chit* leitet sich folgende Bedeutung ab: »erscheinen, leuchten, sich erinnern«. Die

---

[2] In seinem Kommentar in *Gott spricht mit Arjuna – Die Bhagavad-Gita* spricht Paramahansa Yogananda ausführlich über die Lehre der Gita in Bezug auf den rechten Gebrauch und die Beherrschung des Geschlechtstriebes. Hier ein Auszug: »Der Anfänger auf dem Weg der Yoga-Meditation spürt sehr deutlich, wie hartnäckig sein Leben und seine Energie noch mit dem Körper verhaftet sind; und oft merkt er gar nicht, dass es in erster Linie seine unbeherrschten Gedanken und sexuellen Handlungen sind, die ihn an die Erde gebunden halten. Wer sich daher um Selbst-Verwirklichung bemüht, wird durch Yoga dazu gedrängt, diese aufsässige Kraft unter seine Herrschaft zu bringen: Ehepaare sollten Maß halten und gegenseitige Liebe und Freundschaft vorherrschen lassen; Unverheiratete sollten nach den reinen Gesetzen der Keuschheit leben – sowohl in Gedanken als auch im Handeln. ... Der Yoga lehrt Vergeistigung, denn Unterdrückung kann die Schwierigkeiten nur noch erhöhen. ... Die unersättlichen sexuellen Wünsche werden durch die göttliche Liebe und ekstatische Freude, die man in tiefer Meditation erlebt, überwunden.«

metaphorische Ableitung von *Ciketi jānāti iti* ist: »Jemand, der sich erinnert oder das echte Wissen klar und konzentriert wahrnimmt«. Patanjali
versteht unter *Smriti* göttliches und menschliches Erinnerungsvermögen.
Es ist die Fähigkeit des Yogis, sich seines wahren Wesens zu erinnern,
das Gott zum Bilde geschaffen ist. Wenn diese Erinnerung in seinem Bewusstsein erscheint oder aufleuchtet, verleiht sie ihm jene Intelligenz oder
klare Wahrnehmung, die seinen Weg allmählich erhellt.

Chekitana, das Geistige Erinnerungsvermögen, steht bereit, um der
materiellen Täuschung Widerstand zu leisten, die den Menschen Gott
vergessen lässt und ihm vorspiegelt, ein körpergebundes sterbliches Wesen zu sein.

4. Virata – Ekstase (Samadhi)

Als die fünf Pandava-Brüder von Duryodhana aus ihrem Königreich
verbannt wurden, machte man es ihnen zur Bedingung, dass sie zwölf
Jahre in den Wäldern zubringen müssten und im dreizehnten Jahr von
den Spähern Duryodhanas nicht entdeckt werden dürften. Deshalb ver-
brachten die Pandavas das dreizehnte Jahr verkleidet am Hofe König
Viratas.

Die metaphorische Bedeutung ist diese: Wenn sich die materiellen
Wünsche einmal als feste Gewohnheiten eingenistet haben, braucht man
einen Zeitraum von zwölf Jahren, um das Reich des Körpers von den
Thronräubern zu befreien. Ehe die rechtmäßigen unterscheidungsfähigen Eigenschaften das Königreich zurückgewinnen können, muss sich
der Gottsucher diese Eigenschaften aufgrund seiner Erfahrungen in der
Samadhi-Meditation aneignen und auch – während er sich durch den
Körper und die Sinne Ausdruck verschafft – an ihnen festhalten. Wenn
dann die unterscheidungsfähigen Eigenschaften ihre Macht erprobt haben, sind sie auf den metaphysischen Kampf vorbereitet und können das
Reich ihres Körpers zurückerobern.

Virata ist also das, was Patanjali unter *Samadhi* versteht – der zeitweilige Zustand göttlicher Vereinigung in der Meditation, der dem Yogi
geistige Kraft spendet. Virata leitet sich ab aus dem Sanskritwort *vi-rāj* =
»herrschen, hervorleuchten«. *Vi* drückt Unterscheidung und Widerstand
aus – das bedeutet, dass man zwischen einem gewöhnlichen Herrschen

und einem Herrschen oder Regieren im göttlichen Bewusstseinszustand, wie man ihn im *Samadhi* erlebt, unterscheiden kann. Die metaphorische Ableitung von *Viśeṣeṇa ātmani rājate iti* ist: »Jemand, der völlig in sein inneres SELBST versunken ist«. Unter dem Einfluss und der Herrschaft des *Samadhi* erlangt der Gottsucher Erleuchtung, so dass all sein Handeln von göttlicher Weisheit regiert wird.

Virata oder *Samadhi*, der Zustand der Vereinigung mit Gott, den man während tiefer Meditation erlangt, vertreibt die Täuschung, der die Seele aufgrund ihres Ego unterlag, so dass sie sich nicht als den einen wahren GEIST erkannte, sondern als verschiedene Formen der Materie und der dualistischen Gegensätze.

5. Kashiraja – Unterscheidungsfähige Intelligenz (Prajna)

Das Wort »Kashiraja« leitet sich ab aus *kāśi* = »leuchtend, herrlich, hervorragend« und aus *rāj* = »regieren, herrschen, strahlen«. Das bedeutet: ein Regieren voller Licht – auf herrliche oder hervorragende Weise; Licht, das die Substanz hinter dem Scheinbaren enthüllt. Die metaphorische Ableitung von *Padārthān kāśyan prakāśayan rājate vibhāti iti* ist: »Jemand, der durch sein Leuchten andere Dinge zum Leuchten bringt (sie richtig offenbart)«. Dieser Verbündete der Pandavas stellt das von Patanjali beschriebene *Prajna* dar, die unterscheidungsfähige Intelligenz – Einsicht oder Weisheit –, welche die wichtigste Fähigkeit des Gottsuchers ist und ihm Erleuchtung verleiht. Unter *Prajna* versteht man nicht nur den bloßen Intellekt eines Gelehrten, den Intellekt, der an Logik, Vernunft und Erinnerung gebunden ist, sondern die göttliche Fähigkeit eines Menschen, der das Höchste Wissen besitzt.

Kashiraja, Unterscheidungsfähige Intelligenz, schützt den Gottsucher vor der Falle, die ihm von der listigen Schar falscher Schlussfolgerungen gestellt wird.

6. Drupada – Höchste Gemütsruhe (Tivra-Samvega)

Die wörtliche Übersetzung der Sanskritwurzeln in »Drupada« lautet *dru* = »rennen, eilen« und *pada* = »Gangart, Schritt«. Die metaphorische Ableitung von *Drutam padam yasya sa iti* ist: »Jemand, dessen Schritte schnell oder eilig sind.« Das bezieht sich auf jemanden, der schnelle Fortschritte macht. Und das entspricht Patanjalis Begriff von *Tivra-Samvega*.

Wörtlich bedeutet *tīvra* »extrem« und *samvega*, wie folgt zerlegt: *sam* = »zusammen« und *vij* = »sich schnell bewegen, eilen«.

Das Wort *Samvega* heißt auch Leidenschaftslosigkeit den Dingen der Welt gegenüber, was einer brennenden Sehnsucht nach Befreiung entspringt. Diese völlige Loslösung von weltlichen Dingen und Interessen wird anderweit in der Gita als *Vairagya* bezeichnet. Wie schon zuvor erwähnt, sagt Patanjali, dass diejenigen dicht vor dem Ziel des Yoga stehen (das heißt, es am schnellsten erreichen), die *Tivra-Samvega* besitzen. Diese höchste Gemütsruhe bedeutet keineswegs negative Gleichgültigkeit oder einen Zustand der Entbehrung und Entsagung. Das Wort drückt vielmehr eine solch brennende Hingabe an das geistige Ziel aus – ein Gefühl, das den Gottsucher positiv handeln und ihn größere geistige Anstrengungen machen lässt –, dass sich alles weltliche Verlangen ganz von selbst in ein Verlangen nach Gott verwandelt, in dem alle Wünsche Erfüllung finden.

Drupada, Höchste Gemütsruhe, unterstützt den Gottsucher in seinem Kampf gegen das mächtige Heer materieller Anhänglichkeiten, die ihn von seinem geistigen Ziel abbringen wollen.

Das achtstufige Wesen des Yoga im eigenen Innern entfalten

Die folgenden Verbündeten der Pandavas stellen die wesentlichen Grundsätze des Yoga dar. Diese *Yogangas*, das heißt Gliederungen des Yoga, werden als Patanjalis Achtstufiger Yoga-Weg bezeichnet. Sie werden in seinen *Yoga-Sutras*, II, 29 aufgezählt: *Yama* (sittliches Verhalten, das Vermeiden unsittlicher Handlungen); *Niyama* (Einhalten religiöser Gebote); *Asana* (richtige Körperhaltung für die Beherrschung von Körper und Geist); *Pranayama* (Herrschaft über den *Prana*, die Lebenskraft); *Pratyahara* (Verinnerlichung des Geistes); *Dharana* (Konzentration); *Dhyana* (Meditation); und *Samadhi* (Vereinigung mit Gott).

Wir fahren nun mit der Beschreibung der metaphysischen Krieger fort:

7. Dhrishtaketu – Geistige Widerstandskraft (Yama)

Die Sanskritwurzel *dhriṣ* hat die Bedeutung »kühn und mutig sein; einen Angriff wagen«. *Ketu* ist »ein Führer, ein Oberhaupt«; eine andere Bedeutung ist »Helle, Klarheit, Intelligenz, Urteilsvermögen«. Die metaphorische Ableitung von *Yena ketavaḥ āpadaḥ dhṛṣyate anena iti* ist: »Jemand, der durch seine unterscheidungsfähige Intelligenz Hindernisse überwindet«. Das, wogegen Dhrishtaketu mit aller Kraft ficht, ist auch in seinem Namen zu finden. Außer »kühn, mutig« bedeutet *dhrishta* auch »zügellos«. Dhrishtaketu stellt die richtige Unterscheidungskraft des Gottsuchers dar, welche die bösen, unsittlichen Neigungen mutig angreift – das heißt, ihnen geistigen Widerstand leistet. Das entspricht Patanjalis *Yama*, dem sittlichen Verhalten. Diese erste Stufe des Achtstufigen Weges meistert man, indem man das vermeidet, »was man nicht tun soll«: Verletzen anderer, Falschheit, Stehlen, Zügellosigkeit und Begierde. In ihrer vollen Bedeutung umfassen diese Verbote das ganze sittliche Verhalten. Wenn sich der Yogi danach richtet, kann er die anfänglichen und grundsätzlichen Schwierigkeiten vermeiden, die sich seinem Fortschritt auf dem Weg zur Selbst-Verwirklichung entgegenstellen. Der Gottsucher, der die sittlichen Gebote übertritt, erntet nicht nur jetzt großes Elend, sondern verursacht auch lang andauernde karmische Wirkungen, die ihm viel Leid bringen und ihn an diese Erde fesseln.

Dhrishtaketu, Geistige Widerstandskraft, kämpft gegen solche Wünsche an, die mit den geistigen Gesetzen in Widerspruch stehen, und verhilft dem Yogi dazu, die karmischen Wirkungen früherer Fehler aufzuheben.

8. Shaibya – die Kraft geistiger Beharrlichkeit (Niyama)

»Shaibya«, oft auch *Shaivya* geschrieben, bezieht sich auf »Shiva«, und dieses Wort leitet sich wiederum aus der Sanskritwurzel *śī* ab: »in dem alles enthalten ist«. »Shiva« bedeutet auch »günstig, wohlwollend, glücklich; Wohlergehen«. Die metaphorische Ableitung von Shaibya: *Śivaṁ maṅgalaṁ tat-sambandhī-yam iti maṅgala-dāyakaṁ* ist: »Jemand, der an dem Guten und Glückbringenden – an dem, was seinem eigenen Wohlergehen dient – festhält«. Shaibya entspricht Patanjalis *Niyama*, den religiösen Geboten. Es bedeutet, dass der Gottsucher die Kraft hat, die geistigen Gebote von *Niyama* zu befolgen, das, »was man tun soll«: Reinheit des Körpers und Geistes, Zufriedenheit in allen Lebenslagen, Selbstdisziplin, Innenschau (Kontemplation) und Hingabe an Gott.

Shaibya, die Kraft geistiger Beharrlichkeit, bringt dem Yogi eine

Streitmacht positiver geistiger Selbstdisziplin, mit der er die Bataillone der niederträchtigen, unglückbringenden Gewohnheiten und die Wirkungen früher erworbenen schlechten Karmas besiegen kann.

Yama-Niyama bildet die Grundlage, auf welcher der Yogi sein geistiges Leben aufbauen muss. Sie bringen Körper und Geist mit den göttlichen Naturgesetzen, oder der Schöpfung, in Einklang und schenken dem Gottsucher inneres und äußeres Wohlergehen, Glück und die Kraft, sich tiefer mit geistigen Übungen zu befassen und sich empfänglich zu machen für den Segen, der ihm durch den vom Guru gewiesenen *Sadhana* (geistigen Weg) zuteil wird.

9. Kuntibhoja – Richtige Haltung (Asana)

Bhoja in dem Wort »Kuntibhoja« stammt von *bhuj* = »in Besitz nehmen, herrschen, regieren«. Kuntibhoja ist der Adoptivvater von Kunti. Die metaphorische Ableitung von *Yena kuntiṁ kunā āmantraṇā daivavibhūtī ākarṣikā śaktiṁ bhunakti pālayate yaḥ saḥ* ist: »Jemand, der Besitz von der geistigen Kraft – Kunti – ergreift und sie unterstützt, wodurch göttliche Kräfte angerufen und herbeigezogen werden«. Kunti ist die Gemahlin Pandus und die Mutter der drei ältesten Pandavabrüder – Yudhisthira, Bhima und Arjuna – und die Stiefmutter der beiden jüngeren Zwillingsbrüder – Nakula und Sahadeva. Sie besaß die Kraft, die Götter anzurufen (die kosmisch-schöpferischen Kräfte), und auf diese Weise wurden die fünf Söhne geboren. Metaphorisch gesehen ist Kunti (aus *ku* = rufen) die feurige geistige Kraft des Gottsuchers, mit der er die schöpferische Lebenskraft für sein *Sadhana* um Hilfe anruft. Kunti (wie auch Drupada) symbolisieren die Wunschlosigkeit des Gottsuchers in Bezug auf die Welt und seine Sehnsucht nach Gott, die während der Meditation den nach außen gerichteten Strom der Lebenskraft umkehrt, so dass sich seine Konzentration nach innen wendet. Wenn sich Lebenskraft und Bewusstsein mit Pandu, *Buddhi* (der Urteilskraft), vereinen, offenbaren sich dem Yogi die *Tattvas*, die Elemente in den feinstofflichen Zentren der Wirbelsäule (die der mikrokosmische Leib – die Zentren des Körpers – von den makrokosmischen oder universalen schöpferischen Kräften empfängt); das heißt, sie werden von Kunti geboren.

Kuntibhoja entspricht Patanjalis *Asana*, einer Fähigkeit, die man durch körperliche Balance oder Körperbeherrschung erlangt; denn die richtige Haltung ist wichtig für den Yogi, wenn er sich darin übt, die Lebenskraft unter seine Herrschaft zu bringen. So wie Kuntibhoja Kunti »adoptierte und aufzog«, so »unterstützt« *Asana* die Fähigkeit des Yogis, die göttliche Lebenskraft anzurufen, wenn er sich auf das Üben von *Pranayama*, Herrschaft über die Lebenskraft, vorbereitet (jene Stufe des Achtstufigen Weges, die dem *Asana* folgt).

Asana schreibt die notwendige richtige Haltung für die Yoga-Meditation vor. Obgleich es viele Variationen davon gibt, sind dies die wichtigsten Punkte: ein ruhiger Körper mit gerader, aufrechter Wirbelsäule; Kinn parallel zum Erdboden; Schultern zurückgezogen, Brust vorgewölbt, Unterleib flach; Augen auf das *Kutastha*-Zentrum zwischen den Augenbrauen gerichtet. Der Yogi muss den Körper ruhig und unbewegt halten, ohne dass er sich dabei anstrengt oder verspannt. Wenn man *Asana*, die richtige Haltung, gemeistert hat, fühlt sie sich, wie Patanjali sagt, »fest und bequem« an. Sie gibt ihm Herrschaft über den Körper sowie geistige und körperliche Ruhe, so dass er, wenn er es wünscht, stundenlang meditieren kann, ohne müde oder ruhelos zu werden.

Es leuchtet also ein, warum *Asana* notwendig für die Beherrschung der Lebenskraft ist: Es fördert die innere Losgelöstheit von den Bedürfnissen des Körpers – und ebenfalls das glühende Verlangen nach den Lebensenergien, die das Bewusstsein nach innen auf die Welt des GEISTES richten.

Kuntibhoja, die Richtige Haltung, beruhigt Körper und Geist; und das ist nötig, wenn man gegen die körperlichen Neigungen zur Trägheit, Ruhelosigkeit und Sinnlichkeit ankämpfen will.

10. Yudhamanyu – Herrschaft über die Lebenskraft (Pranayama)

»Yudhamanyu« leitet sich ab aus *yudh* = »kämpfen« und *manyu* = »großer Mut oder Eifer« und bedeutet: »Jemand, der mit großem Eifer und voller Entschlossenheit kämpft.« Die metaphorische Ableitung von *Yudhaṁ caitanya-prakāśayitum eva manu-kriyā yasya saḥ* ist: »Jemand, der vor allem darum kämpft, göttliches Bewusstsein zu erlangen.« Die Lebenskraft ist das Bindeglied zwischen Materie und GEIST. Wenn sie nach außen fließt, lässt sie die trügerische, verlockende Welt der Sinne sichtbar werden; wird sie nach innen gelenkt, führt sie das Bewusstsein zur ewig befriedigenden Glückseligkeit Gottes. Der meditierende Gottsucher befindet sich zwischen diesen beiden Welten; er bemüht sich, in das Reich Gottes zu gelangen, liegt aber noch im Kampf mit den Sinnen. Mit Hilfe einer wissenschaftlichen *Pranayama*-Technik [wie dem *Kriya-Yoga*] gelingt es dem Yogi schließlich, den Fluss der nach außen strömenden Lebenskraft umzukehren, so dass sie sein Bewusstsein nicht mehr durch den Atem, den Herzschlag und die sinnenbetörenden Lebensströme nach außen richtet. Er tritt in die natürliche innere Ruhe der Seele und des GEISTES ein.

Yudhamanyu, Herrschaft über die Lebenskraft, ist der unübertreffliche Krieger im Heer der Pandavas, der die Armee des blinden Sinnesbewusstseins entwaffnet und machtlos macht.

11. Purujit – Verinnerlichung (Pratyahara)

»Purujit« heißt, wörtlich übersetzt, »viele besiegen« – aus *puru* (Wurzel *pṛ*) = »viele« und *jit* (Wurzel *ji*) = »erobern, entfernen (in der Meditation)«. Die metaphorische Ableitung von *Paurān indriya-adhiṣṭhātṛ-devān jayati iti* ist: »Jemand, der die Festungen der astralen Kräfte, welche die Sinne regieren, erobert hat.« Das Sanskritwort *Pur* (Wurzel *pṛ*) bedeutet »Festung« und bezieht sich hier auf die Hochburgen des Sinnesbewusstseins *(Manas)* und seiner Sinnesorgane, deren Funktionen von den astralen Kräften in den feinstofflichen zerebrospinalen Zentren regiert werden. In der Sanskritwurzel *ji* liegt die Bedeutung »unterwerfen, meistern«. »Purujit« bezeichnet in diesem Zusammenhang der Gita jemanden, der die vielen (die Krieger der Sinne) in der Sinnesfestung des Körpers besiegt und sich untertan macht. Das heißt, Purujit versinnbildlicht Patanjalis *Pratyahara*, das Zurückziehen des Bewusstseins von den Sinnen; das erreicht man, wenn man erfolgreich *Pranayama* übt und Herrschaft über die Lebenskraft, die astralen Kräfte, erlangt, welche den Sinnen Leben verleihen und deren Botschaften an das Gehirn weiterleiten. Wenn der Gottsucher *Pratyahara* erreicht hat, kann er die Lebenskraft von den Sinnen abschalten und seinen Geist und sein Bewusstsein beruhigen und verinnerlichen.

Purujit, die Verinnerlichung, verleiht dem Yogi Standhaftigkeit und innere Ruhe, so dass es den in früheren Leben erworbenen Gewohnheiten der Sinnesarmee nicht mehr gelingt, den Geist plötzlich zu zerstreuen und in die materielle Welt zu locken.

12. Saubhadra – Sohn von Subhadra (Abhimanyu) – Selbstbeherrschung (Samyama)

Subhadra ist die Gemahlin Arjunas. Der Name ihres Sohnes ist »Abhimanyu«, abgeleitet von *abhi* = »intensiv; hin, hinein« und *manyu* = »geistige Haltung, Stimmung, Geist; Eifer«. Abhimanyu versinnbildlicht den intensiven geistigen Zustand (die geistige Stimmung, *Bhava*), in dem das Bewusstsein »dorthin« oder »dorthinein« gezogen wird, nämlich zur Vereinigung mit dem Gegenstand der Konzentration oder des glühenden Verlangens, was ihm vollkommene Herrschaft über das Selbst verschafft. In Patanjalis *Yoga-Sutras*, III, 1–4, wird dies *Samyama* genannt, ein Sammelbegriff, der die letzten drei Stufen des Achtstufigen Weges umfasst.

Die ersten fünf Stufen sind die Vorbereitungsstufen des Yoga. *Samyama*, aus *sam* = »zusammen« und *yama* = »haltend«, besteht aus dem okkulten Trio: *Dharana* (Konzentration), *Dhyana* (Meditation) und *Samadhi* (Vereinigung mit Gott); und das ist der eigentliche Yoga. Wenn sich der Geist von den Ablenkungen der Sinne zurückgezogen hat *(Pratyahara)*, dann führen *Dharana* und *Dhyana* gemeinsam die verschiedenen Stufen des *Samadhi* herbei: die ekstatische Erleuchtung und schließlich die Vereinigung mit Gott. *Dhyana*, Meditation, besteht darin, die befreite Aufmerksamkeit auf den GEIST zu richten. Das schließt den Meditierenden, den Vorgang der Meditation (oder die Meditationstechnik) und den Gegenstand der Meditation ein. *Dharana* ist Konzentration oder beständige Ausrichtung auf eine innere Vorstellung, das heißt auf den Gegenstand der Meditation. Diese Art der Kontemplation führt dann zur Wahrnehmung der Gegenwart Gottes. Zuerst nimmt man Ihn in sich selbst wahr; dann entwickelt sich daraus die kosmische Wahrnehmung des unermesslichen GEISTES, der innerhalb und außerhalb aller Schöpfung – also allgegenwärtig – ist. Der höchste Zustand der *Samyama*-Herrschaft über das Selbst ist erreicht, wenn der Meditierende, der Vorgang des Meditierens und der Gegenstand der Meditation eins werden; das ist die höchste Verwirklichung oder die Vereinigung mit dem GEIST.

Wenn im Gita-Text Abhimanyus mütterlicher Name, »Saubhadra«, erwähnt wird, so weist das auf die Bedeutung von »Subhadra« = »ruhmreich, herrlich« hin. Abhimanyu bedeutet daher jene Selbstbeherrschung, die Licht oder Erleuchtung verleiht. Die metaphorische Bedeutung von *Abhi sarvatra manute prakāśate iti* ist: »Jemand, dessen sich tief konzentrierender Verstand Licht auf alles wirft«, das heißt, der alles erhellt oder enthüllt, der den erleuchteten Zustand der Selbst-Verwirklichung verkörpert.

Abhimanyu, Herrschaft über das Selbst, ist jener große Pandava-Krieger, dessen Siege den Yogi dazu befähigen, dem Ansturm des ruhelosen, täuschenden Egobewusstseins, der Sinne und der Gewohnheiten Widerstand zu leisten und so immer länger im Zustand göttlichen Seelenbewusstseins zu verharren – sowohl während als auch nach der Meditation.

13. Söhne der Draupadi – fünf Zentren der Wirbelsäule, die durch Kundalini erweckt werden

Draupadi ist die Tochter Drupadas (der Höchsten Gemütsruhe). Sie versinnbildlicht die geistige Kraft oder das Gefühl der *Kundalini*, die aufgrund von Drupadas tiefer göttlicher Sehnsucht und Gemütsruhe erweckt oder geboren wird. Wenn die *Kundalini* aufwärtsgeführt wird, »vermählt« sie sich mit den fünf Pandavas (den schöpferischen Schwingungselementen und dem Bewusstsein in den fünf Zentren der Wirbelsäule) und gebiert dadurch fünf Söhne.[3]

Die Söhne Draupadis sind die Manifestationen der fünf geöffneten oder erweckten Zentren der Wirbelsäule, d.h. die besonderen Symbole,

---

[3] Einen Teil der Geschichte von Draupadi im *Mahabharata* erzählt Paramahansa Yogananda wie folgt: »Bei dem prachtvollen Fest – genannt *Svayamvara* –, das von König Drupada veranstaltet wurde und auf dem für seine Tochter Draupadi ein Ehemann gewählt werden sollte, hatte Drupada die Bedingung gestellt, dass er seine Tochter nur einem Prinzen geben würde, der einen gigantischen Bogen spannen – den man eigens für diesen Anlass besorgt hatte – und mit ihm das Zentrum einer aufgehängten und geschickt verhüllten Zielscheibe treffen könne. Von fern und nah kamen Prinzen herbei, die sich darin versuchten; doch sie konnten nicht einmal den Bogen heben. Arjuna aber schaffte alles mühelos. Als die fünf Pandus heimkehrten, hörte ihre Mutter Kunti sie schon von weitem kommen und nahm an, dass sie einen Preis gewonnen hätten; deshalb rief sie ihnen zu, dass sie ihren Gewinn gleichmäßig miteinander teilen müssten. Da das Wort einer Mutter in Ehren gehalten werden muss, wurde Draupadi die Gemahlin aller fünf Brüder. Sie gebar jedem von ihnen einen Sohn.«

Lichterscheinungen und Laute, die für jedes Zentrum charakteristisch sind; auf diese konzentriert sich der Yogi, um göttliche Unterscheidungskraft zu erlangen und das Sinnesbewusstsein sowie dessen Nachkommen zu bekämpfen.

KAPITEL 4

Die psychologischen Kräfte, die der Seele entgegenstehen

Die Bhagavad-Gita – eine ausführliche metaphysische und psychologische Abhandlung – beschreibt alle Erfahrungen, die dem geistigen Wanderer auf dem Weg zu seiner Befreiung begegnen. Bisher lag der Schwerpunkt hauptsächlich auf den positiven Zuständen, die der Sucher anstreben muss. In den nachfolgenden Versen ... wird vor den negativen Zuständen gewarnt, die den Sucher einzuschüchtern und von seinem Ziel abzuhalten versuchen. »Warnung ist Wappnung!« Der Gottsucher, der den Weg, den er beschreiten muss, klar vor sich sieht, wird nie unsicher werden oder sich durch die unvermeidlichen Widerstände erschrecken lassen.

[In den Versen 8 und 9 aus dem ersten Kapitel der Gita sagt Duryodhana (Materielle Begierde), dass er auf folgende Verbündete rechnet, um die Herrschaft über sein körperliches Königreich zu erhalten:]

> *Zu diesen Kriegern zählst du selbst (Drona), Bhishma, Karna und Kripa – alles kampferprobte Sieger; Ashvatthaman, Vikarna, der Sohn Somadattas, und Jayadratha.*
>
> *Und zahlreiche andere Krieger, alle erfahren im Kampf und mit verschiedenen Waffen ausgerüstet, stehen hier – bereit, ihr Leben für mich zu lassen.*

So wie die Pandavas, die in Vers 4–6 aufgezählt worden sind, die nötigen Grundsätze für den Yogi versinnbildlichen, der Verwirklichung oder Vereinigung mit Gott anstrebt, so stellen die Kauravas, die von Duryodhana hier in Vers 8 genannt werden, die charakteristischen Grundsätze dar, die den geistigen Fortschritt behindern.

In den *Yoga-Sutras* I, 24 des Patanjali heißt es: »Der Herr (Ishvara) ist unberührt von *Klesha* (Sorgen), *Karma* (Tätigkeit), *Vipaka* (Gewohnheit) und *Ashaya* (Wünschen).«

In den *Yoga-Sutras* II, 3 wird *Klesha*, Sorgen, als fünffach bezeichnet: als *Avidya* (Unwissenheit), *Asmita* (Ego), *Raga* (Zuneigung), *Dvesha* (Abneigung), *Abhinivesha* (Anhänglichkeit an den Körper). Da der Herr frei von diesen acht Unvollkommenheiten ist, die der Schöpfung innewohnen, muss der Yogi, der Vereinigung mit Gott ersehnt, sein Bewusstsein zuerst von diesen Hindernissen befreien, wenn er den geistigen Sieg erringen will.

Wenn sich das Ego- oder Ichbewusstsein mit den materialistischen Kräften der Schöpfung verbündet hat, sagt man, dass es sechs Makel *(Doshas)* habe: 1. *Kama* (Wollust); 2. *Krodha* (Zorn); 3. *Lobha* (Gier); 4. *Moha* (Täuschung); 5. *Mada* (Stolz); und 6. *Matsarya* (Neid).

[In *Gott spricht mit Arjuna – Die Bhagavad-Gita* wird jeder dieser »psychologischen Feinde« und ebenso die Entsprechung des Sanskritnamens eines jeden Kriegers mit der Eigenschaft, die er symbolisiert, genau beschrieben. Es folgenden einige grundsätzliche Gesichtspunkte zu den wichtigsten Feinden des geistigen Fortschritts:]

Egoismus (symbolisiert durch Bhishma)

Der Name »Bhishma« stammt aus der Sanskritwurzel *bhī* oder *bhīṣ* = »erschrecken«. ... In dem hier beschriebenen psychologisch-metaphysischen Kampf ist Bhishma-Ego der machtvollste Gegner der Pandavas und erweckt in den Herzen der geistigen Kräfte, die sich in den Zentren der Wirbelsäule befinden, große Furcht; denn diese Kräfte bemühen sich, dem GEIST näherzukommen, um ihr Königreich, das göttliche Seelenbewusstsein, wiederzugewinnen.

Patanjalis *Asmita*, das zweite der *Kleshas*, leitet sich aus dem Sanskritwort *asmi* ab = »ich bin« (aus *as* = sein). Es bedeutet daher Egoismus, genauso wie der allegorische Bhishma in der Gita. ...

Patanjali beschreibt das *Klesha* des individuellen Daseinsgefühls wie folgt: »*Asmita* (Egoismus) ist die Identifizierung des Sehenden mit den Werkzeugen des Sehens.« Wenn die Seele – das heißt der Seher, das Ebenbild Gottes im Menschen – ihr wahres göttliches SELBST vergisst und sich mit den körperlichen und geistigen Kräften der Wahrnehmung und des Handelns identifiziert, so bezeichnet man dies mit Ego. *Asmita* ist daher jenes Bewusstsein, in dem sich der Seher (die Seele oder ihre Pseudo-Natur, das Ego) und seine unterscheidungsfähigen Kräfte für untrennbar, ja für ein und dasselbe halten.

Bei dieser Identifizierung hängt der Grad der Unwissenheit oder der Grad der Erleuchtung von der Beschaffenheit des jeweiligen Werkzeugs ab, durch das sich das Ichgefühl oder die Individualität kundtut. Wenn sich das Ichgefühl mit den groben Sinnen und ihren Gegenständen (dem physischen Körper und der Welt der Materie) identifiziert, wird es zum physischen Ego, das die Weisheit zunichte macht. Identifiziert es sich mit den feinstofflichen Werkzeugen der Wahrnehmung und Erkenntnis im Astralkörper, entwickelt es ein klareres Daseinsgefühl; es wird zum astralen Ego. Dessen wahres Wesen kann von dem täuschenden Einfluss des physischen Wesens beeinträchtigt werden; andererseits kann es sich auf das weise Bewusstsein des Kausalkörpers einstellen und zu einem urteilsfähigen Ego werden.

Wenn sich das Ichgefühl nur noch durch reine, intuitive Weisheit ausdrückt und als Werkzeug des Kausalkörpers dient, wird es zum reinen, urteilsfähigen Ego (dem göttlichen Ego), zur höchsten Ausdrucksform – zur Seele –, zur individualisierten Widerspiegelung des GEISTES. Die Seele, das reinste individuelle Daseinsgefühl, weiß um ihre Identität mit dem GEIST der Allwissenheit und Allgegenwart und gebraucht die Werkzeuge des Körpers und Geistes nur als Verständigungsmittel, um in der stofflichen Schöpfung mitwirken zu können. Daher heißt es in den heiligen Schriften der Hindus: »Wenn das Ich stirbt, werde ich wissen, wer ich bin.«

Im Zusammenhang mit diesem Vers, in dem die inneren metaphysischen Kräfte des Kaurava-Heeres beschrieben werden, ist die tiefere Bedeutung von »Bhishma-Ego-Bewusstsein« das astrale oder nach innen schauende Ego – das Bewusstsein, das sich mit den feinstofflichen Werkzeugen des Sinnesbewusstseins *(Manas)*, der Intelligenz *(Buddhi)* und des Gefühls *(Chitta)* identifiziert. In diesem fortschrittlichen Stadium des Gottsuchers wird das astrale oder nach innen schauende Ego stark vom Sinnesbewusstsein beeinflusst, das ihn nach außen zu ziehen versucht; und das bedeutet: Es hat sich mit den Kurus verbündet. Im Sieg des *Samadhi* wird dieses Ichgefühl *(Asmita)*, das nach innen schauende Ego, transzendenter; es wird zum urteilsfähigen Ego des Astral- und Kausalkörpers und schließlich zum reinen individualisierten Daseinsgefühl der Seele.

Bhishma (*Asmita*, das der Täuschung entspringende Egobewusstsein) ist der Oberbefehlshaber aller Einheiten der Sinnesarmee. Das Ziel Bhishmas, des Ego oder der Pseudo-Seele, besteht darin, das Bewusstsein ständig mit Meldungen und Handlungen aus der Sinnenwelt beschäftigt zu halten, indem er die Scheinwerfer der Aufmerksamkeit nach außen auf den Körper und die Welt der Materie richtet – und nicht nach innen auf Gott und die wahre Natur der Seele. Dieses irregeführte, körpergebundene Bewusstsein hat die Aufgabe, die zahllosen Krieger der Versuchungen und Bindungen wachzurufen, die sich im menschlichen Körper verbergen.

Ohne Egobewusstsein schwindet das gesamte Heer des Bösen und der Versuchungen wie ein vergessener Traum dahin. Wenn die Seele im Körper weilt, ohne sich mit ihm zu identifizieren, wie es bei den Seelen der Heiligen der Fall ist, können keine Versuchungen oder Bindungen sie an den Körper fesseln.

Die Schwierigkeiten eines Durchschnittsmenschen sind der Tatsache zuzuschreiben, dass die Seele, wenn sie in den Körper hinabsteigt, ihr individualisiertes, ewig bewusstes Wesen, das von ewig neuer Glückseligkeit durchpulst wird, ins Fleisch projiziert und sich danach mit den Begrenzungen einer körperlichen Gestalt identifiziert. Dann hält sich die Seele für das jämmerliche Ego, das so vielen Versuchungen ausgesetzt ist.

Ihrem wahren Wesen nach ist die Seele ewig rein. Durchschnittliche Sterbliche erlauben ihrer Seele, wie ein körperverhaftetes Ego zu leben, nicht wie eine Widerspiegelung des Geistes – die wahre Seele.

Kama (Wollust), symbolisiert durch Duryodhana (Materielle Begierde)

Das Ego verlockt den Menschen dazu, ständig sein Selbst zufriedenzustellen, und zwar unter dem Vorwand, dass er seinen Bedarf decken müsse; und das führt zu Leid und Verdruss. Das, was die Seele zufriedenstellen würde, ist vergessen, während das Ego endlos fortfährt, seine unersättlichen Wünsche zu befriedigen. *Kama* (Wollust) ist daher das zwingende Verlangen, den Versuchungen der Sinne nachzugeben.

Die zwanghaften materiellen Wünsche sind die Ursache des falschen menschlichen Denkens und Handelns. Sinnliche Lust – in Wechselwirkung mit anderen Kräften, unter deren Einfluss sie steht und die auch von ihr beeinflusst werden und das göttliche Wesen des Menschen überschatten – ist der ärgste Feind. Das beste Beispiel dafür ist Duryodhana, der keinen Zoll seines Sinnen-Territoriums oder Sinnenvergnügens hergeben wollte und dadurch den Krieg von Kurukshetra heraufbeschwor. Erst nach und nach, mit fester Entschlusskraft und feurigem Kampfeseifer, konnten die Pandavas ihr Königreich zurückerobern.

Kama, Wollust, unterstützt von den anderen Kaurava-Streitkräften, kann die Sinneswerkzeuge des Menschen so verderben, dass sie nur noch ihren niedersten Instinkten folgen. In den heiligen Schriften der Hindus heißt es, dass unter dem starken Einfluss von *Kama* sogar gescheite und gelehrte Menschen sich wie Esel, Affen, Ziegen und Schweine benehmen.

Wollust bezieht sich auf den Missbrauch irgendeines Sinnes oder auch aller Sinne bei der Befriedigung eines Verlangens. Der Gesichtssinn des Menschen mag nach materiellen Gegenständen verlangen; der Gehörsinn nach dem süßen, langsam wirkenden Gift der Schmeichelei, nach Stimmen und Melodien, die an sein materielles Wesen appellieren; lustvolle Düfte verlocken ihn zu falschem Umgang und falschen Handlungen; gewisse Speisen und Getränke kitzeln seinen Gaumen auf Kosten der Gesundheit; und sein Tastsinn verlangt nach übermäßigem körperlichem Komfort und missbraucht den Zeugungstrieb.

Wollust sucht auch Befriedigung in Wohlstand, Rang, Macht, Herrschaft – in allem, was das Ich des Egoisten befriedigt.

Lustvolle Wünsche bedeuten Egoismus, und das ist die niederste

Die Kraft des Pranayama beim Gewinnen des geistigen Kampfes

[In Kapitel 1, Vers 10 macht Duryodhana/Materielle Begierde – Anführer der Kräfte der Unwissenheit – die Feststellung:]

»Die Zahl unserer Streitkräfte, von Bhishma beschirmt, ist unbegrenzt (mag aber nicht ausreichen); während deren Heer, von Bhima verteidigt, nicht zahlreich ist (aber ausreichend scheint).«

Duryodhana, Materielle Begierde, weiß, dass sein Königreich schwer bedroht ist, wenn der strebsame Gottsucher durch regelmäßige Meditationsübungen sein inneres geistiges Heer zum Kampf antreten lässt. Bhima, die von der Seele geleitete Lebenskraft, ist der Oberbefehlshaber dieses Heeres, denn die Lebenskraft ist das Bindeglied zwischen Materie und GEIST. Verwirklichung ist nicht eher möglich, als bis man diese Energie unter seine Herrschaft gebracht hat und sie zum GEIST hinlenkt.

Wenn der meditierende Gottsucher die richtigen *Pranayama*-Techniken meistert [wie z.B. den *Kriya-Yoga*], vermittelt Bhima, die nach innen gerichtete Lebenskraft – welche die Herrschaft über sich selbst und den Atem erreicht hat –, diesem siegreichen Yogi einen göttlichen Bewusstseinszustand. ... Wird die Lebenskraft von den Sinnesorganen abgeschaltet, können die materiellen Wahrnehmungen das Gehirn nicht mehr erreichen und die Aufmerksamkeit des Meditierenden von Gott ablenken. Deshalb müssen Bhima, Herrschaft über die Lebenskraft, und weitere starke Krieger – Konzentration, Intuition, innere Wahrnehmung, Ruhe, Selbstbeherrschung und andere (wie in Vers 4–6 beschrieben) – erweckt werden, um die Streitkräfte der Pseudo-Seele, des Ego, zu besiegen.

Bhima, die von der Seele gelenkte Lebenskraft, steht an der Spitze des geistigen Heeres und ist der hauptsächliche Feind des Ego, Bhishmas; denn die Seele wird automatisch aus der Gefangenschaft des körpergebundenen Egobewusstseins befreit, wenn die Invasion der fünf Sinne durch die Herrschaft über die Lebenskraft aufgehalten wird. Erlangt die Seele dann die Oberherrschaft über das Bewusstsein, sagt sie sich: »Ich war nie irgendetwas anderes als freudiger GEIST; ich habe mir nur vorübergehend eingebildet, dass ich ein sterbliches Wesen sei, das von den täuschenden Begrenzungen und Sinnesverlockungen gefangen genommen wurde.«

Dieses »Erwachen« der Seele im Zustand der Selbst-Verwirklichung macht sich zuerst vorübergehend in tiefer *Samadhi*-Meditation bemerkbar – nachdem man erfolgreich *Pranayama* geübt und Herrschaft über die Lebenskraft erlangt hat. Dadurch werden Lebenskraft und Bewusstsein von den Sinnen zurückgezogen und nach innen gelenkt, wo man sich der Seele und Gottes bewusst wird. Wenn der Yogi höhere Zustände des *Samadhi* erreicht, wird diese Verwirklichung zu einem immerwährenden Bewusstseinszustand.

Nur im Zustand des *Samadhi*, der Vereinigung mit Gott, kann man das Egobewusstsein völlig besiegen.

Stufe auf der Leiter der Charakterentwicklung. *Kama* trachtet durch die Kraft ihrer unersättlichen Leidenschaft danach, das Glück, die Gesundheit, die Geisteskraft, die Klarheit des Denkens, das Erinnerungsvermögen und die Unterscheidungskraft zu zerstören.

Der gute und der schlechte Einfluss von Gewohnheiten (symbolisiert durch Drona)

Nur selten erkennt der Mensch, dass seine Gesundheit, seine Erfolge und seine Weisheit zum größten Teil vom Ausgang des Kampfes abhängen, der zwischen seinen guten und schlechten Gewohnheiten ausgefochten wird. Wer sich von der Seele regieren lassen will, darf das Reich seines Körpers nicht von schlechten Gewohnheiten in Besitz nehmen lassen. Alles Böse muss man austreiben, indem man eine Anzahl guter Gewohnheiten heranbildet, die in einem psychologischen Krieg den Sieg davontragen.

Der Name Drona stammt aus der Sanskritwurzel *dru* = »schmelzen«. Drona bedeutet daher »das, was in einem geschmolzenen Zustand verharrt«. Ein Gedanke oder eine körperliche Handlung, die man einmal begangen hat, hört nicht auf zu existieren, sondern verbleibt in subtiler oder »geschmolzener« Form im Bewusstsein – als Eindruck, den die gröbere Prägung eines Gedankens oder einer Handlung hervorruft. Diese Eindrücke werden *Samskaras* genannt. Sie erzeugen einen starken inneren Drang, eine ausgeprägte Neigung oder Vorliebe, die den Verstand dazu anregt, diese Gedanken und Handlungen zu wiederholen. Wenn man solchen Impulsen oft nachgibt, entwickeln sie sich zu zwingenden Gewohnheiten. In diesem Zusammenhang können wir daher die Übersetzung von *Samskara* vereinfachen und mit diesem Begriff die innere Neigung, den Drang oder die Gewohnheit bezeichnen. Der Lehrer Drona versinnbildlicht *Samskara*, was im weiteren Sinne einen inneren Drang oder eine Gewohnheit bedeutet.

In dem historischen Epos *Mahabharata* ist Drona der meisterhafte Lehrer, der sowohl die Kurus als auch die Pandavas im Bogenschießen unterwies. Während der Schlacht zwischen den beiden Kriegsparteien stand Drona jedoch auf Seiten der Kurus.

Die guten, unterscheidungsfähigen Neigungen der reinen Intelligenz der Seele *(Buddhi)* und die lasterhaften mentalen Neigungen des Sinnesbewusstseins *(Manas)* haben beide von Drona, der »inneren Neigung«, die Kriegskunst gelernt, so dass sie einerseits die Waffen der seelenerweckenden Weisheit und andererseits die des wahrheitsverdunkelnden Sinnesbewusstseins handhaben können.

Wenn in einem Menschen die unterbewussten Neigungen seiner *Samskaras* gut sind, helfen sie ihm, gegenwärtig gute Gedanken und Gewohnheiten zu bilden und richtig zu handeln. Wenn der angeborene Drang aber schlecht ist, führt er zu lasterhaften Gedanken, die wiederum zu bösen Handlungen und Gewohnheiten werden. Wie ein Vogel seinen Kopf immer so wendet, dass er mit nur einem Auge einen bestimmten Gegenstand erfasst, so hat auch Drona (die von Gewohnheiten geleitete Intelligenz, *Samskara*) nur eine einseitige Sicht und unterstützt die dominierenden Neigungen. Wenn daher die lasterhaften mentalen Gewohnheiten (die Kurus) im Menschen vorherrschen, stellt sich Drona, der innere Drang, auf ihre Seite. Ehe daher *Samskara*, die sinnenhafte Gewohnheit, nicht durch Weisheit geläutert worden ist, folgt sie Duryodhana, dem König Materielle Begierde. Deshalb schlägt sich Drona (die von schlechten Gewohnheiten beeinflusste Intelligenz) in solchen Gottsuchern, die den Sieg in der Schlacht von Kurukshetra noch nicht gewonnen haben, auf die Seite der Kurus – der lasterhaften mentalen Neigungen – und hilft ihnen, ihre spitzen Pfeile des Bösen auf die unterscheidungsfähigen Kräfte zu richten.

Um es zusammenzufassen: Das hauptsächliche Übel, das im Zusammenhang mit dem Egobewusstsein und seinen sechs Lastern in Erscheinung tritt, ist der zunehmende Zwang, sein SELBST – die Seele – mit ihrer Ausdruckskraft, ihren Offenbarungen und Bedürfnissen zu vergessen und stattdessen hartnäckig danach zu trachten, die »Notwendigkeiten« des unersättlichen Ego zu erwerben.

Vom psychologischen Standpunkt aus ist das Egobewusstsein das Übertragen oder Aufpfropfen einer falschen Persönlichkeit. Es ist wichtig, dass man die Beschränkungen, die das Egobewusstsein auferlegt, und die Dinge, für die es eine Vorliebe hat, versteht und beseitigt, denn diese verhindern die Erkenntnis des wahren Selbst.

Der strebsame Yogi sollte sich immer sagen, wenn er ärgerlich wird: »Das bin nicht ich!« Immer wenn seine Selbstbeherrschung von Lust oder Gier überwältigt wird, sollte er sich sagen: »Das bin nicht ich!« Immer wenn Hassgefühle sein wahres Wesen mit der Maske feindseliger Gefühle verdecken wollen, sollte er diese energisch zurückweisen und sich sagen: »Das bin nicht ich!« So lernt er, die Türen seines Bewusstseins gegen alle unerwünschten Besucher, die sich bei ihm einnisten wollen, zu verschließen. Und immer, wenn der Gottsucher von anderen ausgenutzt oder missbraucht worden ist und dennoch ein heiliges Gefühl der Vergebung und Liebe in sich aufsteigen fühlt, kann er mit Überzeugung sagen: »*Das* bin ich! *Das* ist mein wahres Wesen.«

Die Yoga-Meditation ist ein Vorgang, bei dem man sich durch bestimmte geistige und psycho-physische Methoden und Gesetze um Erkenntnis seiner wahren Natur bemüht und diese Erkenntnis festigt, so dass das begrenzte Ego – das angeborene entstellte menschliche Bewusstsein – vom Bewusstsein der Seele abgelöst werden kann.[1]

Jeder weltliche oder sittliche Mensch, jeder geistig Strebsame und jeder Yogi und echte Gottsucher sollte allabendlich, ehe er sich zur Ruhe begibt, seine Intuition fragen, ob seine geistigen Fähigkeiten oder seine körperlichen Neigungen zur Versuchung die tägliche Schlacht gewonnen haben:

- zwischen guten und schlechten Gewohnheiten;
- zwischen Mäßigkeit und Gier;
- zwischen Selbstbeherrschung und Sinnlichkeit;
- zwischen dem ehrlichen Wunsch nach dem erforderlichen Lebensunterhalt und dem übermäßigen Verlangen nach Gold;
- zwischen Vergebung und Zorn;
- zwischen Freude und Leid;
- zwischen Verdrießlichkeit und Freundlichkeit;

---

[1] Die edlen Eigenschaften, die jemand ausdrückt, der sein Seelenbewusstsein erweckt, werden von Sri Krishna in den ersten Versen des 16. Kapitels der Bhagavad-Gita beschrieben. (Siehe Seite 167)

- zwischen Güte und Grausamkeit;
- zwischen Selbstsucht und Selbstlosigkeit;
- zwischen Verständnis und Eifersucht;
- zwischen Mut und Feigheit;
- zwischen Vertrauen und Angst;
- zwischen Glauben und Zweifel;
- zwischen Demut und Stolz;
- zwischen dem Wunsch, sich in der Meditation mit Gott in Verbindung zu setzen, und dem ruhelosen Drang nach weltlicher Tätigkeit;
- zwischen geistigen und materiellen Wünschen;
- zwischen göttlicher Ekstase und Sinnesreizen;
- zwischen Seelenbewusstsein und Egoismus.

KAPITEL 5

Der Triumph der Seele durch das Üben des Yoga

[In der Bhagavad-Gita VI, 5–6 rät Sri Krishna dem Arjuna:]

»Der Mensch soll das Selbst (Ego) durch das Selbst erheben; das Selbst darf nicht erniedrigt (niedergedrückt) werden. Wahrlich, das Selbst ist sein eigener Freund; und das Selbst ist sein eigener Feind.

Für den Menschen, der sein Selbst (Ego) durch das SELBST (die Seele) besiegt hat, wird das SELBST zum Freund des Selbst; doch einem ungezähmten Selbst gegenüber verhält sich das SELBST wahrhaftig gegnerisch – wie ein Feind.«

Das physische Ego, das aktive Bewusstsein im Menschen, sollte sein körpergebundenes Selbst zur Einheit mit der Seele, seinem wahren Wesen, erheben; es darf nicht zulassen, dass es weiterhin im Sumpfgebiet der niederen, täuschenden Sinne und materiellen Hindernisse umherwatet. Das Ego verhält sich wie sein eigener bester Freund, wenn es sich durch Meditation und Entfaltung seiner ihm innewohnenden seelischen Eigenschaften vergeistigt und schließlich zu seinem eigenen wahren Wesen, der Seele, zurückfindet. Umgekehrt verhält sich das physische Ego wie sein eigener ärgster Feind, wenn es sein wahres Wesen, die ewig glückselige Seele, durch sein trügerisches, materialistisches Verhalten verdunkelt.

Wenn das physische Ego (das aktive Bewusstsein) vergeistigt worden ist und sich mit der Seele vereint hat, ist es fähig, die Intelligenz, den Geist und die Sinne zu beherrschen; denn es lässt sich von der unterscheidungsfähigen Weisheit der Seele leiten – das heißt, das »Selbst (Ego) ist vom SELBST (der Seele) besiegt worden«. Dann ist die Seele der beste Freund, Führer und Wohltäter des aktiven körperlichen Bewusstseins.

Doch solange das niedere, egoistische Selbst nicht bezwungen worden ist und fortfährt, das Bewusstsein auf die Materie zu lenken, ist die Seele der Feind des Ego. Dies bezieht sich auf die in Kapitel I beschriebene Gita-Allegorie: Krishna (die Seele) ist der Freund und Führer des geistig strebsamen Gottsuchers Arjuna und ebenfalls des Pandava-Heeres (der göttlichen Eigenschaften). Krishna (die Seele) ist daher der Feind (Gegner) Duryodhanas und des Kaurava-Heeres (der materialistischen Neigungen), das unter der Leitung Bhishmas (des Ego) steht.

Die Seele, die dem Ego »feindlich« gegenübersteht, hält ihre Segnungen – den Frieden und das bleibende Glück – zurück, solange sich das unwissende Ego wie sein eigener Feind verhält und die unglückbringenden karmischen Kräfte der Natur in Gang setzt. Wenn das Ego in der Welt der *Maya* nicht die Wohltaten und den Schutz der Seele genießt, muss es zu seinem Bedauern erfahren, dass seine eigenen Taten sein wahres Wesen, die Seele, verletzen und zu einem Bumerang werden, der zu ihm zurückkehrt und all seine Illusionen von Glück und Erfolg zerstört.

Im Text dieser beiden kurzen Verse erscheint das Wort *Atman* («Selbst«) zwölfmal in einer doppelsinnigen Konstruktion; es kann sich auf die »Seele« oder auf das »Ego« (die Pseudo-Seele) beziehen – ein typisches Beispiel für die Vieldeutigkeit der heiligen Schriften Indiens. Wie vorher erklärt, ist das geschickte Verweben der Worte *Seele* und *Ego* der rote Faden der Wahrheit, der sich durch den ganzen Stoff der Gita hindurchzieht: Der Mensch soll erhoben, nicht erniedrigt werden; er soll sein Selbst (Ego) in das SELBST (die Seele) verwandeln. Das SELBST ist der Freund des verwandelten Selbst, aber der Feind des unbezwungenen Selbst.

❖ ❖ ❖

[Sri Krishna sagt weiterhin in VI, 46:]

»Der Yogi ist größer als der Asket, der seinen Körper diszipliniert, größer sogar als jene, die dem Weg der Weisheit oder dem Weg des Handelns folgen; deshalb sei du, o Arjuna, ein Yogi!«

Unter den Begriff »Yoga« fallen verschiedene Methoden und Nebenwege: *Karma-Yoga* (der Weg guten Handelns); *Jnana-Yoga* (der Weg der Unterscheidungskraft); *Bhakti-Yoga* (der Weg des Gebets und der

Hingabe); *Mantra-Yoga* (der Weg zu Gott durch das Singen und Be-
schwören von Urlauten); *Laya-Yoga* (der Weg, der einem zeigt, wie man
das Ego im Unendlichen auflöst); und *Hatha-Yoga* (der Weg körperlicher
Disziplin). Der *Raja-Yoga*, und hier im Besonderen der *Kriya-Yoga*, stellt
die Quintessenz aller Yoga-Wege dar, den Weg, den die weisen Könige
und großen Yogis im alten Indien besonders empfohlen haben.

Raja-Yoga – der höchste Weg

Hier preist der Herr selbst den königlichen Yoga-Weg, den Er als den
höchsten aller geistigen Wege bezeichnet; und er preist den wissenschaft-
lich gesinnten Yogi, der größer ist als die Anhänger irgendeines anderen
Weges.

Der echte Weg des *Kriya-Yoga* (Beherrschung der Lebenskraft) ist
kein Nebenweg. Er ist die direkte Schnellstraße, die kürzeste Route, die
zu göttlicher Verwirklichung führt. Er lehrt den Menschen, zum Himmel
aufzusteigen, indem er das Ego, den Geist und die Lebenskraft durch
denselben Kanal in der Wirbelsäule emporführt, durch den die Seele ur-
sprünglich in den Körper hinabgestiegen ist.

Der GEIST ist als Seele durch die feinen zerebrospinalen astralen Zentren in das Gehirn und die Nervengeflechte der Wirbelsäule hinabgestiegen – und von da in das Nervensystem, die Sinne und den übrigen
Körper; und dort hat sie sich als die Pseudo-Seele oder das Ego nieder-
gelassen. Wenn sich das Ego mit dem Körper identifiziert, ist seine Aufmerksamkeit weiterhin auf weltliche Gegenstände gerichtet. Es muss
wieder denselben Weg durch die Wirbelsäule aufwärtsgeführt werden,
bis es sein wahres SELBST als Seele erkennt und eins mit dem GEIST wird.

Der Yoga weist darauf hin, dass dieser Weg durch die Wirbelsäule
die eine direkte Straße für alle zur Erde hinabgestiegenen sterblichen Wesen ist, wenn es sich um ihren letzten Aufstieg – ihre endgültige Befreiung
– handelt. Alle anderen Wege – *Tapasya* (körperliche und geistige Selbstdisziplin) oder theoretische Kenntnis der heiligen Schriften (Erwerb von
Weisheit durch Unterscheidungskraft) oder gute Taten – sind Hilfswege,
die irgendwo in die Schnellstraße des praktischen Yoga einmünden, die
dann unmittelbar zur Befreiung führt.

Äußere Entsagung, Studium der heiligen Schriften und dienendes Handeln sind Nebenwege

Der Asket, der sich darauf konzentriert, den Körper zu disziplinieren, und ihm strenge Enthaltsamkeit auferlegt, mag eine gewisse Herrschaft über den Körper erlangen; doch das bloße Üben von Körperstellungen, das Ertragen von Kälte und Hitze, die Unempfindlichkeit gegenüber Lust und Schmerz, ohne dass man sich gleichzeitig auf das Kosmische Bewusstsein konzentriert, sind Umwege zur erforderlichen Herrschaft über den Geist; und diese braucht man, um eine Verbindung mit Gott herzustellen. Der Yogi wendet sich unmittelbar an den Herrn, indem er sein Bewusstsein von den Sinnen und dem Nervensystem, der Wirbelsäule und dem Gehirn zurückzieht und es mit seiner Seele, die Gott kennt, vereint. Viele Gottsucher sind so sehr damit beschäftigt, die Vorschriften einer äußeren Askese und Entsagung zu befolgen, dass sie den Sinn dieser Selbstdisziplin vergessen – die ekstatische Vereinigung mit dem Unendlichen.

Wenn der Philosoph sich mit den heiligen Schriften befasst und die darin enthaltenen Worte und Gedanken mit dem Skalpell seiner Vernunft seziert, mag er sich so sehr in sein theoretisches Wissen vertiefen und die Weisheit immer weiter zergliedern, dass er schließlich »austrocknet«; denn es mangelt ihm am Erleben der Wahrheit im Zustand göttlicher Ekstase. Wenn jemand sein ganzes Leben lang die Beschaffenheit des Wassers studierte und Wasserproben aus den verschiedenen Quellen vieler Länder untersuchte, könnte er dadurch seinen Durst nicht stillen. Ein durstiger Mensch kümmert sich nicht viel um atomare Zusammensetzungen; er sucht sich ein gutes Wasser, trinkt es und stillt so seinen Durst. Der exoterische *Jnana-Yogi* – Anhänger des Weges der unterscheidungsfähigen Vernunft – mag alle heiligen Schriften lesen und darüber nachdenken, ohne dadurch den Durst seiner Seele zu stillen.

Menschen, die eine theoretische Kenntnis der heiligen Schriften erworben haben, mögen überzeugt davon sein, dass sie die Wahrheit kennen, während das in Wirklichkeit nicht der Fall ist. Nur wenn man sich mit Gott, der »Bibliothek, die alles Wissen enthält«, in Verbindung setzt, hat man genaue Kenntnis aller Wahrheiten; dann braucht man seine Zeit nicht mehr damit zu verschwenden, die Theorie der heiligen Schriften zu verstehen oder misszuverstehen. Deshalb besteht oft eine weite Kluft zwischen Lesern der heiligen Schriften und erleuchteten Menschen, die selbst Verkörperungen der in den heiligen Schriften enthaltenen Wahrheiten sind.

Die Pharisäer waren gewillt, Christus zu kreuzigen, weil sie fürchteten, er könne ihre Autorität untergraben; denn er hatte tatsächlich die Wahrheiten erlebt, von denen jene nur theoretische Kenntnis besaßen.

Und schließlich wird der Yogi für größer gehalten als der Mensch, der den Weg des Handelns geht. Der Missionar, der Sozialarbeiter, der wohlwollende Mensch, der sich im Umgang mit anderen an die »goldene Sittenregel« hält, der Lehrer, der versucht, anderen die Technik zu vermitteln, die zur Gottverbundenheit führt – sie alle handeln zweifellos edel. Doch wenn sie sich nicht ebenfalls mit der inneren Wissenschaft befassen, durch die sie Gott unmittelbar erleben können, wird ihnen keine göttliche Verwirklichung zuteil.

Darum meditiert der Yogi und konzentriert sich, um den Zustand der Ekstase zu erlangen. Solange er diesen Zustand innerer Gottverbundenheit noch nicht erreicht hat, erfüllt er seine Pflichten, lässt sich aber nicht durch viele äußere Beschäftigungen ablenken, auf dass er den Herrn darüber nicht vergesse.

Der Yogi lehrt andere und hilft ihnen auf die bestmögliche Weise, nämlich durch sein inspirierendes Leben; denn das Beispiel ist überzeugender als alle Worte. Bessert euch selbst, und ihr werdet Tausende bessern. Gott zu vergessen ist die größte Sünde. Mit Gott im Einklang zu sein ist die höchste Tugend.

Auf dem Weg des Yoga ist es wünschenswert, ab und zu die heiligen Schriften zu studieren, doch nur mit dem ständigen Wunsch, die darin enthaltenen Wahrheiten anzuwenden. Auch ist es vorteilhaft, allen weltlichen Bindungen zu entsagen, um mehr Zeit für Gott zu erübrigen. Und wenn der Yogi seinen Pflichten nachkommt, um seine eigenen Bedürfnisse zu decken und auch anderen Menschen beizustehen und sie aufzurichten, verschafft ihm das einen guten Ausgleich im Leben.

Raja-Yoga ist der wahre Gipfel aller religiösen Praktiken

Man kann den Weg der Entsagung, der Weisheit und des Handelns auf zweierlei Art beschreiten: äußerlich und innerlich. Wer sich auf die äußere Entsagung konzentriert, ist ein äußerlich Entsagender. Doch der *Tapasvin* [Asket], der alle inneren Wünsche und Bindungen ausgemerzt hat und seinen Geist vor allen sinnlichen Versuchungen bewahrt, ist ein esoterischer Entsagender.

Ähnlich ist derjenige, der dem Weg der Weisheit *(Jnana-Yoga)* äußerlich folgt, damit beschäftigt, schwierige Stellen in den heiligen Schriften zu klären und Wortbildungen zu untersuchen. Der esoterische *Jnanin* ist nach der Vedanta-Philosophie jemand, der sich nicht nur die Wahrheiten der heiligen Schriften anhört und sie verstandesmäßig begreift, sondern auch vollkommen in sich aufnimmt und eins mit ihnen wird. Geistige Verwirklichung besteht also gemäß dem Vedanta darin, die Wahrheit der heiligen Schriften zu hören *(shravanam)*, sie dann zu begreifen *(mananam)* und schließlich eins mit ihr zu werden *(nididhyasanam)*.

Ein Mensch, der gut handelt, ist ein *Karma-Yogi* im gewöhnlichen Sinne des Wortes. Wer sich in Yoga-Meditation übt, vollbringt die wertvollste Handlung; er ist ein esoterischer *Karmin*. Und wer den *Kriya-Yoga*, die höchste Technik der Gottverwirklichung übt, ist ein *Raja-Yogi* – ein königlicher *Kriya-Yogi*. Er gehört zu den höchstentwickelten Yogis, die zum Himmel aufsteigen.

❖ ❖ ❖

Kriya-Yoga – die bedeutendste Technik des Raja-Yoga

Lahiri Mahasaya hat noch eine andere Deutung dieser Strophe gegeben: Wenn ein Yogi *Kriya-Yoga* übt und seinen Geist von den Sinnen zurückzieht, indem er die Lebenskraft von den fünf Sinnestelefonen abschaltet, sagt man, dass er dem Weg des *Karma-Yoga* folge; er ist ein wahrer *Karmin*. Der Yogi, der sich während dieses anfänglichen Stadiums um Gottvereinigung bemüht, muss verschiedene geistige Methoden anwenden: er muss lernen, richtig zu atmen, die Lebenskraft zu beherrschen und Ablenkungen durch Konzentration zu bekämpfen. Daher heißt es, dass er dem esoterischen Weg des *Karma-Yoga* folgt. In diesem Zustand ist der Yogi mit Handlungen beschäftigt; er ist ein *Karmin*.

Wenn es dem Yogi gelingt, das geistige Licht im *Kutastha*- oder

Christuszentrum zwischen den Augenbrauen zu erblicken und seine Lebenskraft vom Nervensystem der fünf Sinnestelefone zurückzuziehen, geht er in den Zustand der esoterischen *Tapasya* (der asketischen Entsagung) ein. Dann ist sein Geist von den Sinnen abgeschaltet, und er befindet sich in einem Zustand esoterischer Entsagung; er ist ein *Tapasvin*.

Gelingt es dem Yogi dann durch weitere Fortschritte, seinen Geist mit der Weisheit und Glückseligkeit der Seele zu vereinen, folgt er dem esoterischen *Jnana-Yoga*. Das ist der *Jnanin*-Zustand eines Yogis.

Im letzten Zustand, wenn die Seele frei von allem körperlichen und weltlichen Bewusstsein ist und sich mit dem seligen Kosmischen GEIST vereint, nennt man den Yogi einen esoterischen *Raja-Yogi*. Dieser endgültige Zustand des Yoga oder der Vereinigung von Seele und GEIST ist der höchste; wer ihn erreicht hat, ist ein wahrer Yogi. Er steht auf einer höheren geistigen Stufe als jemand, der nur den Zustand eines *Tapasvin*, *Karmin* oder *Jnanin* erlangt hat. Der echte Yogi kennt Gott als ewig bestehende, ewig bewusste, ewig neue Glückseligkeit; er schaut die ganze Schöpfung als einen Traum Gottes.

Der Weg des *Kriya-Yoga* ist ein präziser, wissenschaftlicher Weg; denn er lehrt die genaue Methode, mit der man den Geist von den Sinnen zurückziehen kann, indem man die Lebenskraft von den fünf Sinnestelefonen abschaltet. Nur wenn der Meditierende diesen Zustand der Verinnerlichung erreicht hat, kann er den inneren Tempel der Gottverbundenheit betreten. Mit anderen Worten, der *Kriya-Yogi* übt eine zuverlässige, präzise Methode, wodurch er nicht nur seinen Geist, sondern auch seine Lebenskraft durch den Kanal der Wirbelsäule aufsteigen lässt, um sie mit der Seele zu vereinen. In der höchsten Ekstase wird seine Seele eins mit dem GEIST.

Kriya-Yoga, der in den heiligen Schriften indirekt als *Kevali-Pranayama*[1] bezeichnet wird, ist das wahre *Pranayama*, in dem die Einatmung und die Ausatmung unter der vollkommenen Kontrolle des Geistes verinnerlicht und in Lebenskraft umgewandelt werden. Dadurch, dass man aus dem Atem *Prana* destilliert und die Lebensströme, die den Atem regulieren, aufhebt, werden alle Körperzellen durch die verstärkte körperliche

---

[1] Der Begriff wird erklärt in *Gott spricht mit Arjuna – Die Bhagavad-Gita*, Kapitel 4, Vers 29.

Lebenskraft und das Kosmische Leben neu aufgeladen; die physischen Zellen verändern sich nicht und zerfallen auch nicht. *Kriya-Yoga* eignet sich für jeden aufrichtigen Gottsucher, der frei von ernsthaften akuten Krankheiten ist und in seinem täglichen Leben die grundlegenden sittlichen Gebote befolgt.[2]

Die theologischen Systeme aller großen Religionen haben ein gemeinsames Ziel – zu Gott zu gelangen. Ohne praktische Verwirklichung jedoch ist jede religiöse Wahrheit zwangsläufig von begrenztem Wert. Wie kann ein Blinder die Blinden anführen? Nur wenige Menschen verstehen die Bhagavad-Gita so, wie Vyasa die darin enthaltenen Wahrheiten verstanden hat! Nur wenige Menschen verstehen die Worte Christi so, wie er sie verstanden hat!

Vyasa, Christus, Babaji und alle anderen vollkommenen Meister haben dieselbe Wahrheit erkannt. Sie beschrieben sie auf verschiedene Art und in verschiedenen Sprachen. Als ich die Bhagavad-Gita und das Neue Testament studierte, entdeckte ich, dass beide denselben Sinn haben. ...

Wenn der geistige Sucher die Bhagavad-Gita und die Bibel vollkommen verstehen will, muss er lernen, in den Zustand der Ekstase einzugehen und sich durch das Kosmische Bewusstsein mit Vyasa und Christus zu verständigen.

So wie alle Universitäten der Welt dieselben wissenschaftlichen Grundsätze lehren, die praktisch bewiesen werden können, so würden auch alle wahren religiösen Lehranstalten erkennen – wenn sie dem Weg des Yoga folgten –, dass dieser die wissenschaftliche Schnellstraße zum Unendlichen ist. Deshalb sollte jeder Mensch ein Yogi und eins mit Gott werden. In dieser Strophe der Bhagavad-Gita lässt Gott einen Posaunenruf an alle geistigen Sucher ergehen: Werdet Yogis!

Die Herrschaft von Königin Seele im vergeistigten körperlichen Reich

Je tiefer der Yogi meditiert und je mehr er fähig ist, an den Nachwirkungen der erweckten seelischen Tugenden und Wahrnehmungen

---

[2] Diejenigen, die bestimmte vorbereitende geistige Übungen durchgeführt haben, erhalten in den *Lehrbriefen der Self-Realization Fellowship* genaue Anweisung zu den eigentlichen Techniken des *Kriya-Yoga*. Siehe Seite 195.

festzuhalten und täglich danach zu leben, umso mehr vergeistigt er seinen Körper. Seine sich entfaltende Selbst-Verwirklichung bringt die triumphale Rückkehr der wahren Regentin – Königin Seele. Ein erstaunlicher Wandel findet im Durchschnittsmenschen statt, wenn Königin Seele und ihre edlen Hofleute – Intuition, Frieden, Glückseligkeit, Ruhe, Selbstbeherrschung, Herrschaft über die Lebenskraft, Willenskraft, Konzentration, Unterscheidungsvermögen und Allwissenheit – über das Reich des Körpers regieren.

Ein Yogi, der den Kampf in seinem Bewusstsein gewonnen hat, ist auch frei von der Anhänglichkeit des irregeführten Ego an menschliche Titel und Etiketten wie zum Beispiel: »Ich bin ein Mann, ich bin ein Amerikaner, ich wiege soundsoviel, ich bin ein Millionär in meinem Wohnort« usw.; er hat seine gefangene Aufmerksamkeit von aller begrenzenden Täuschung befreit. Nun ist die Aufmerksamkeit, welche die Schöpfung lediglich durch die begrenzten äußeren Scheinwerfer der Sinne wahrnehmen konnte, frei und betritt ein unermessliches Reich, das man nur mit dem Scheinwerfer innerer Wahrnehmung erblicken kann. ... Dem Yogi offenbaren die nach innen gerichteten Scheinwerfer seiner Wahrnehmung das Versteck des ewig herrlichen, ewig freudigen GEISTES in allen erschaffenen Dingen. ...

Wer in vollkommener Reinheit über das göttliche Reich seines Körpers regiert, ist kein menschliches Wesen mit begrenztem Egobewusstsein mehr. Er ist wahrhaftig die Seele: individualisierte, ewig bestehende, ewig bewusste, ewig neue Glückseligkeit – eine reine Widerspiegelung des GEISTES, der kosmisches Bewusstsein verliehen wurde.

Er fühlt durch die Kraft echter Intuition, wie in jedem Teilchen seines kleinen Körpers ewig schäumende Glückseligkeit pulsiert – und ebenso in seinem großen Kosmischen Körper, dem Universum, und in seinem absoluten SELBST, das eins mit dem Ewigen GEIST jenseits aller manifestierten Formen ist. ...

Das ist Selbst-Verwirklichung, der natürliche Zustand der menschlichen Seele, die reine Widerspiegelung des GEISTES. Die Träume vieler Inkarnationen spielen sich auf der täuschenden Leinwand der Individualität ab; in Wirklichkeit aber ist der Mensch keinen einzigen Augenblick von Gott getrennt. Wir sind Seine Gedanken; Er ist unser Dasein. Aus

Ihm sind wir gekommen. In Ihm sollen wir als Ausdrucksformen Seiner Weisheit, Seiner Liebe und Seiner Freude leben. In Ihn muss unser Ich wieder eintauchen – in die ewig wache, traumlose, immerwährende Glückseligkeit.

Wenn das Zwiegespräch der Gita beginnt, ist also die symbolische Szene wie folgt: Das Seelenbewusstsein des Menschen – die Erkenntnis seiner Einheit mit dem ewigen, glückseligen GEIST – ist stufenweise ins sterbliche Körperbewusstsein hinabgestiegen.[3] Im Reich des Körpers regieren sowohl die Sinne und der blinde Verstand als auch die Kraft reiner Unterscheidung. Es kommt zu einem ständigen Konflikt zwischen den Kräften der materialistischen Sinne – die das Bewusstsein zu den äußeren Vergnügen hinziehen – und der reinen Unterscheidungskraft, die versucht, das menschliche Bewusstsein zu seinem ursprünglichen Zustand seelischer Verwirklichung zurückzuführen. ...

Jeder Mensch muss seine eigene Schlacht von Kurukshetra ausfechten. Das ist ein Krieg, den zu gewinnen es sich lohnt; aufgrund des göttlichen Gesetzes des Universums und der ewigen Beziehung zwischen Seele und Gott ist es auch ein Krieg, der früher oder später gewonnen werden muss.

In der heiligen Bhagavad-Gita wird jenem Gottsucher ein schneller Sieg verheißen, der – wie Arjuna – es nie aufgibt, sich in der göttlichen Wissenschaft der Yoga-Meditation zu üben und der inneren Melodie der Weisheit – dem Lied des GEISTES – zu lauschen.

---

[3] Symbolisiert durch Shantanu, seine Gemahlinnen und Nachkommen, wie auf Seite 7 erwähnt.
   Wie im Vorwort zu lesen ist, haben viele Gita-Verse sowohl eine wörtliche wie auch eine tiefere symbolische Bedeutung. Die Symbolik, wie sie auf den vorangegangenen Seiten beschrieben wurde, wird den Leser befähigen, die verborgene metaphorische Bedeutung in vielen Versen zu verstehen, wenn er die Übersetzung im Teil II dieses Buches liest. Andere Verse, die in dieser kurzen Abhandlung nicht erklärt wurden, lassen sich im wörtlichen Sinne leicht verstehen; für ein umfassendes Verständnis sollte aber Paramahansa Yoganandas Kommentar in *Gott spricht mit Arjuna – Die Bhagavad-Gita* herangezogen werden. *(Anmerkung des Herausgebers)*

TEIL II

❖

DIE BHAGAVAD-GITA

Übersetzung des Urtextes von
Paramahansa Yogananda

❖

Hinweis: Im gesamten Gita-Dialog werden für Sri Krishna und seinen Jünger Arjuna zahlreiche Beinamen verwendet, wie z. B. Keshava
(Krishna) oder Partha (Arjuna). Die Bedeutung dieser Beinamen ist in
einer Liste auf den Seiten 188-189 zusammengestellt. Der Grund dafür,
warum ein bestimmter Beiname in einem Vers gebraucht wird (um einen
philosophischen Gesichtspunkt zu betonen), wird im Kommentar zu den
betreffenden Versen in *Gott spricht mit Arjuna – Die Bhagavad-Gita* erklärt. *(Anmerkung des Herausgebers)*

Sanjaya (der die Kraft der unvoreingenommenen Selbstprüfung symbolisiert) berichtet dem blinden König Dhritarashtra (Symbol für das niedere Sinnesbewusstsein) über die Ereignisse des Krieges von Kurukshetra – über die geistige Schlacht zwischen den psychologischen Kräften der materiellen Unwissenheit und den höheren, unterscheidungsfähigen Kräften des Geistes und der Seele.

KAPITEL I

Arjunas Mutlosigkeit

Die sich gegenüberstehenden Armeen der geistigen und materialistischen Kräfte

Dhritarashtra sprach:

Als meine Nachkommen und die Söhne von Pandu auf dem heiligen Feld von Kurukshetra *(Dharmakshetra-Kurukshetra)* kampfbereit versammelt waren, was taten sie, o Sanjaya?   1

Sanjaya sprach:

Nachdem König Duryodhana die kampfbereit aufgestellten Armeen der Pandavas zu Gesicht bekommen hatte, wandte er sich mit folgenden Worten an seinen Lehrer (Drona):   2

O Lehrer, sieh dieses große Heer der Pandu-Söhne, das dein fähiger Jünger, der Sohn Drupadas, zum Kampf aufgestellt hat.   3

Hier sind mächtige Helden, außergewöhnliche Bogenschützen, die ebenso erfahren im Kampfe sind wie Bhima und Arjuna – die kampferprobten Krieger Yuyudhana, Virata und Drupada;   4

der mächtige Dhrishtaketu, Chekitana und Kashiraja; der hervorragende Purujit; und Kuntibhoja und Shaibya;   5

der starke Yudhamanyu, der tapfere Uttamaujas, der Sohn von Subhadra und die Söhne von Draupadi – alles Gebieter großer Streitwagen.[1]   6

---

[1] *Mahāratha*, »großer Streitwagen-Krieger« *(mahā* aus *mahat* = »groß, herrschaftlich, königlich«; *ratha* = »Streitwagen, Krieger«), bezeichnet jemanden, der höchst erfahren in der Kriegskunst ist, der Tausende von Männern befehligen und mit eigener Hand zehntausend Bogenschützen zugleich bekämpfen kann.

Höre nun auch, o Auserkorener aller Zweimalgeborenen (Bester aller Brahmanen), über die hervorragenden Generäle meines Heeres. Über diese spreche ich jetzt, um dich zu unterrichten.   7

Zu diesen Kriegern zählst du selbst (Drona), Bhishma, Karna und Kripa – alles kampferprobte Sieger; Ashvatthaman, Vikarna, der Sohn Somadattas, und Jayadratha.   8

Und zahlreiche andere Krieger, alle erfahren im Kampf und mit verschiedenen Waffen ausgerüstet, stehen hier – bereit, ihr Leben für mich zu lassen.   9

Die Zahl unserer Streitkräfte, von Bhishma beschirmt, ist unbegrenzt (mag aber nicht ausreichen); während deren Heer, von Bhima verteidigt, nicht zahlreich ist (aber ausreichend scheint).[2]   10

Ihr alle, die ihr euren Platz in den aufgestellten Heeresdivisionen eingenommen habt, tut euer Bestes, Bhishma zu beschützen.   11

Der Ahnherr Bhishma, der älteste und mächtigste der Kurus, blies in sein Muschelhorn, um Duryodhana anzuspornen, und es erscholl wie das Gebrüll eines Löwen.   12

Dann erscholl plötzlich (nach Bhishmas erstem Ton) ein gewaltiger Chor von Muschelhörnern, Kesselpauken, Zimbeln, Tamburinen und Trompeten (aus der Richtung der Kurus); der Lärm war schreckenerregend.   13

Dann ließen auch Madhava (Krishna) und Pandava (Arjuna), die in ihrem großen, von weißen Rossen gezogenen Streitwagen saßen, ihre prächtigen, himmlischen Muschelhörner erschallen.   14

Hrishikesha (Krishna) blies sein Panchajanya; Dhananjaya (Arjuna) sein Devadatta; und Vrikodara (Bhima), der Schreckliches vollbringen konnte, blies sein großes Muschelhorn Paundra.   15

König Yudhisthira, der Sohn der Kunti, blies sein Anantavijaya;

---

[2] Die Sanskritwörter *aparyāptaṁ* und *paryāptaṁ* bedeuten nicht nur: unbegrenzt bzw. begrenzt, sondern auch die jeweiligen Gegensätze: unzureichend oder mangelhaft, bzw. ausreichend oder vollständig. Beide Übersetzungen sind vertretbar, wenn man die Absicht versteht. Ein einziger Grundsatz der Wahrheit – die bedingungslos und ewig ist – kann, wenn er richtig verstanden wird, eine Horde böser Neigungen ausrotten, deren relative Existenz von der zeitlich begrenzten Natur der Täuschung abhängt.

Nakula und Sahadeva bliesen jeweils ihr Sughosha und Manipushpaka. 16

Der König von Kashi, der hervorragende Bogenschütze; Sikhandi, der berühmte Krieger; Dhrishtadyumna, Virata, der unbesiegbare Satyaki, 17

Drupada, die Söhne von Draupadi und der schwer bewaffnete Sohn von Subhadra: sie alle bliesen ihre eigenen Muschelhörner, o Herrscher der Erde. 18

Dieser gewaltige Laut, der durch Himmel und Erde widerhallte, ließ die Herzen von Dhritarashtras Stamm erzittern. 19

Der Gottsucher begutachtet die zu vernichtenden Feinde

Als Pandava (Arjuna), dessen Banner das Affen-Emblem trägt, bemerkte, dass das Herrschergeschlecht Dhritarashtras bereit zum Kampf

Die yogische Symbolik für das Erklingen der Muschelhörner

In diesen Versen wird auf die bestimmten Schwingungslaute hingewiesen (die Muschelhörner der verschiedenen Pandavas), die der meditierende Gottsucher von den astralen Zentren der Wirbelsäule und des verlängerten Marks ausgehen hört. *Pranava*, der Laut der schöpferischen Om-Schwingung, ist die Mutter aller Laute. Die von Gott ausgehende intelligente kosmische Energie des Om ist eine Manifestation Gottes; sie ist der Schöpfer und die Substanz der ganzen Materie. Diese heilige Schwingung ist das Bindeglied zwischen Materie und Geist. Wer über das Om meditiert, wird die wahre Geist-Natur der ganzen Schöpfung erkennen. Wenn der Yogi innerlich den *Pranava*-Laut bis zu seiner Quelle verfolgt, wird sein Bewusstsein zu Gott erhoben.

Im mikrokosmischen Universum des menschlichen Körpers bewirkt die Om-Schwingung die lebenswichtige Tätigkeit in den astralen Zentren der Wirbelsäule – mit ihren schöpferischen Schwingungselementen *(Tattvas)* Erde, Wasser, Feuer, Luft und Äther. Durch diese wird der menschliche Körper erschaffen, belebt und erhalten. Diese Schwingungen senden während ihrer Tätigkeit charakteristische Variationen des *Pranava* aus. Wenn sich das Bewusstsein des Gottsuchers auf diese inneren Astrallaute einstellt, erreicht er allmählich höhere Stufen der Verwirklichung.

war, nahm er seinen Bogen zur Hand und wandte sich an Hrishikesha
(Krishna).   20

Arjuna sprach:

O Unwandelbarer Krishna, lenke bitte meinen Streitwagen zwischen die beiden Heere, damit ich diejenigen sehen kann, die sich zum Kampf aufgestellt haben. Lass mich am Vorabend der Schlacht wissen, mit wem ich kämpfen muss.   21–22

Hier auf dem Feld (von Kurukshetra) will ich mir alle anschauen, die sich versammelt haben, um an der Seite von Dhritarashtras niederträchtigem Sohn (Duryodhana) zu kämpfen.   23

Sanjaya sprach (zu Dhritarashtra):

O Nachkomme Bharatas, als Gudakesha (Arjuna) so zu Hrishikesha (Krishna) gesprochen hatte, fuhr dieser den besten aller Streitwagen zwischen die beiden Heere – so dass er Bhishma, Drona und allen Herrschern der Erde gegenüberstand – und sagte dann: »Sieh hier, Partha (Arjuna), all die versammelten Kurus!«   24–25

Partha (Arjuna) sah dort die Krieger beider Heere aufgestellt: Großväter, Väter, Schwiegerväter, Onkel, Brüder und Vettern, Söhne und Enkel und auch Kameraden, Freunde und Lehrer.   26

Arjuna verweigert den Kampf

Als der Sohn der Kunti (Arjuna) alle diese Verwandten vor sich aufgestellt sah, wurde er von tiefem Mitleid erfüllt und sagte niedergeschlagen: 27

O Krishna, wenn ich diese meine Verwandten sehe, die bereit sind, sich in den Kampf zu stürzen, versagen mir die Glieder, und meine Kehle ist wie ausgetrocknet. Ich zittere am ganzen Körper, und meine Haare stehen zu Berge. Der heilige Bogen Gandiva entgleitet meiner Hand, und meine Haut ist glühend heiß. Auch kann ich mich nicht länger aufrecht halten. Mir schwirrt der Kopf; und, o Keshava (Krishna), ich ahne großes Unheil.   28–30

O Krishna, ich sehe auch keinen wirklichen Sinn darin, meine eigenen

Das Wesen von Arjunas Mutlosigkeit

Der Gottsucher, der hofft, auf dem Weg der Meditation völlige Befreiung zu erlangen, erkennt, dass er seine materiellen Neigungen abtöten muss, weil sie gegen das Verlangen nach höheren seelischen Freuden rebellieren. Da er jedoch ein solch vertrautes Verhältnis zu diesen Neigungen gewonnen hat, macht diese Aussicht ihn niedergeschlagen, und er fühlt so etwas wie Mitleid mit diesen lieben psychologischen Verwandten. Welcher Sterbliche kennt nicht das liebe Mitleid mit sich selbst? Schließlich »handelt es sich ja um mich, und so bin ich nun einmal«. Die Gita aber wendet sich an das wahre Selbst, die Seele, und warnt den aufrichtigen Gottsucher davor, Mitleid mit jener Seite seines Wesens zu haben, die sich der Seele widersetzt. Es ist gut, wenn man das Gute in sich gut findet; aber es ist schlecht, wenn man sich schlecht fühlt, weil man das Schlechte in sich vernichten soll.

Verwandten auf dem Schlachtfeld zu töten. Ich sehne mich weder nach einem Sieg noch nach einem Königreich, noch nach Genuss! 31

Wozu nützt uns die Herrschaftsgewalt; wozu das Glück oder sogar ein fortdauerndes Leben, o Govinda (Krishna)? Dieselben, denen wir ein mächtiges Reich, Freude und Genuss wünschen, haben sich hier zum Kampf aufgestellt und sind bereit, ihren Reichtum und ihr Leben preiszugeben: Lehrer, Väter, Söhne, Großväter, Onkel, Schwiegerväter, Enkel, Schwiegersöhne und andere Verwandte. 32–34

Auch wenn diese Verwandten versuchten, mich zu vernichten, o Madhusudana (Krishna), ich könnte sie dennoch nicht schlagen, selbst dann nicht, wenn ich dadurch Herrschaft über die drei Welten erlangte; viel weniger noch, um ein Territorium auf der Erde zu gewinnen![3] 35

Was für ein Glück könnte es uns bringen, o Janardana (Krishna),

---

[3] »Die drei Welten« bezieht sich auf den dreifachen Kosmos: den kausalen (mentalen), den astralen (Energie) und den physischen (Materie). Gott schuf alle Materie zuerst in Gedanken; dann manifestierte Er die kausalen Ideen als ein astrales oder Energie-Universum; und schließlich verdichtete Er die astralen Biotronen zu den Formen des sichtbaren Universums. ... Die physikalische Welt ist in Wirklichkeit nichts anderes als träge Materie. Das Leben und die Bewegung in allen Formen, vom Atom bis zum Menschen, kommen aus den feinstofflichen Kräften der Astralwelt. Diese wiederum haben sich aus den noch feineren Kräften der kausalen oder gedanklichen Schöpfung entwickelt – aus den schöpferischen Gedankenschwingungen, die von Gottes Bewusstsein ausgehen.

wenn wir die Sippe von Dhritarashtra vernichteten? Wenn wir diese
Schurken töten, geraten wir nur in die Fänge der Sünde.   36

Es ist daher nicht zu rechtfertigen, wenn wir unsere eigenen Verwandten – die Nachkommen von Dhritarashtra – ausrotten. O Madhava (Krishna), wie könnten wir je unser Glück finden, wenn wir unsere eigenen Blutsverwandten töten?   37

Selbst wenn diese anderen (die Kurus), deren Verständnis durch
Gier getrübt ist, kein Unheil darin sehen, ihre Familien zu ruinieren,
und nichts Böses daran finden, ihre Freunde zu bekämpfen, sollten
dann wir diese Sünde nicht vermeiden, o Janardana (Krishna) – wir, die
wir so klar erkennen, wie schlimm ein Zerfall der Familie ist?   38–39

Durch die Dezimierung der Familie sterben die überlieferten religiösen Riten aus. Wenn die Religion nicht mehr in Ehren gehalten wird,
fällt die ganze Familie der Sünde anheim.[4]   40

O Krishna, wenn es keine Religion mehr gibt, verderben die Frauen
in der Familie. O Varshneya (Krishna), wenn die Frauen derart unrein
geworden sind, führt das zu Ehebruch zwischen den Kasten.   41

Unzucht des Blutes in der Familie liefert diejenigen, welche die
Sippe – und auch die Familie selbst – zerstören, der Hölle aus. Deren
Vorfahren, denen die Opfergaben von Reis und Wasser versagt sind,
werden erniedrigt.   42

Diese Untaten der Familienzerstörer führen zu einer Vermischung
der Kasten; und die seit alters in der Kaste und Sippe gebräuchlichen
Riten *(Dharmas)* werden ausgerottet.   43

O Janardana (Krishna), wir haben oft gehört, dass Menschen, die
ihre religiösen Familienriten nicht vollziehen, mit Sicherheit auf unbe-
stimmte Zeit in der Hölle bleiben müssen.[5]   44

Ach, angestachelt von Gier, kämpfen wir für die Annehmlichkeit,

---

[4] »Familie«: die verschiedenen Werkzeuge des menschlichen Bewusstseins und Handelns, die sich
von ihren Vorläufern/»Ahnen«, dem Kosmischen Bewusstsein, dem Seelenbewusstsein usw. ablei-
ten. *(Anmerkung des Herausgebers)*

[5] *Narake* (in der Hölle) *'niyatam (aniyatam,* »unbegrenzt«) *vāso bhavati* (in einem Ort oder Haus
sein oder wohnen). Eine andere Lesart des Sanskrit liefert das Wort *niyatam* (gewiss, unvermeid-
bar) anstatt von *aniyatam.* Beide Möglichkeiten sind in dieser Übersetzung berücksichtigt worden.

ein Königreich zu besitzen, und sind bereit, unsere eigenen Angehöri-
gen zu töten – eine Tat, die uns wahrlich in große Sünde verstrickt. 45

Viel lieber wäre es mir und viel nutzbringender für mich, wenn ich
mich in der Schlacht völlig zurückhielte und unbewaffnet bliebe und
die Söhne von Dhritarashtra mich mit ihren Waffen töteten. 46

Sanjaya sprach (zu Dhritarashtra):

Nachdem Arjuna, von Gram erfüllt, diese Worte auf dem Schlachtfeld gesprochen hatte, warf er Pfeil und Bogen von sich und ließ sich
auf dem Sitz seines Streitwagens nieder. 47

O<small>M</small>, *Tat, Sat.*

In der Upanishad der heiligen Bhagavad-Gita – die das Zwiegespräch
zwischen dem Herrn Krishna und Arjuna schildert und die heilige
Schrift des Yoga und die Wissenschaft der Gottverwirklichung darstellt
– ist dies das erste Kapitel, mit dem Titel »Die Mutlosigkeit Arjunas
auf dem Weg des Yoga«.

KAPITEL II

Sankhya und Yoga: Kosmische Weisheit und die Methode, die zu ihr führt

Die Ermahnungen, die der Herr dem Gottsucher gibt, und die Bitte des Gottsuchers um Führung

Sanjaya sprach (zu Dhritarashtra):

Madhusudana (Krishna) wandte sich dann an ihn, dessen Blick von Tränen verschleiert wurde – der sich selbst bemitleidete und mutlos geworden war. 1

Der Herr sprach:

Welch eine Verzweiflung befällt dich in diesem heiklen Augenblick, o Arjuna – welch unpassendes Verhalten für einen Arier, beschämend und hinderlich für einen, der den Himmel gewinnen will? 2

O Partha (»Sohn der Pritha«, Arjuna), verhalte dich nicht so unmännlich; das schickt sich nicht für dich. O Schrecken der Feinde, wirf diese Mutlosigkeit ab und erhebe dich! 3

Arjuna sprach:

O Sieger über Madhu, o Zerstörer aller Feinde (Krishna)! Wie kann ich in diesem Krieg meine Pfeile auf Bhishma und Drona[1] richten – auf Wesen, die man verehren sollte! 4

Selbst ein Leben als Bettler wäre zuträglicher für mich als ein Leben, das durch die Tötung meiner hochgeistigen Lehrer ruiniert wird. Wenn ich diese erfahrenen Berater, die auf Reichtum und Besitz (die Sinnesgegenstände) bedacht sind, wirklich töte, dann wird bestimmt

---

[1] Symbolisch gesehen, das eigene Ego und die Gewohnheiten und Neigungen (siehe Seiten 48 ff.).

mein Leben hier auf Erden und meine künftige Freude an irdischem Glück erschreckend blutbefleckt sein!   5

Es fällt mir schwer zu entscheiden, welcher Ausgang besser wäre – dass sie über uns siegen oder dass wir über sie siegen. Als Gegner stehen uns die Kinder von Dhritarashtra gegenüber – eben die, durch deren Tod unser Leben seinen Wert verlieren würde!   6

Mein inneres Wesen ist von den Schatten trügerischer Sympathie und schwächlichen Mitleids verdunkelt worden, und ich weiß nicht mehr sicher, was meine Pflicht ist. Ich flehe Dich an, mir zu zeigen, welchem Weg ich folgen soll. Ich bin Dein Jünger. Lehre mich, denn Du bist meine Zuflucht.   7

Ich sehe nirgendwo einen Ausweg aus diesem qualvollen inneren Zustand, der meine Sinne bedrängt – nirgendwo! –, nicht einmal in dem Besitz eines unvergleichlichen, blühenden Königreiches auf Erden und in der Herrschaft über die Gottheiten des Himmels!   8

Sanjaya sprach (zu Dhritarashtra):

Nachdem Gudakesha-Parantapa (Arjuna) derart zu Hrishikesha (Krishna) gesprochen hatte, verkündete er Govinda (Krishna): »Ich werde nicht kämpfen!« und verfiel daraufhin in Schweigen.   9

O Bharata (Dhritarashtra), da sprach der Herr über die Sinne (Krishna), wie wenn Er lächelte, zu ihm, der klagend zwischen den beiden Heeren stand: 10

Das ewige, transzendente Wesen der Seele

Der Segensreiche Herr sprach:

Du hast um jene geklagt, die deiner Klagen nicht wert sind. Dennoch zeugen deine Worte von überliefertem Wissen. Die wahrhaft Weisen trauern weder um die Lebenden noch um die Toten.   11

Es stimmt nicht, dass Ich oder du oder diese Prinzen von königlichem Geblüt sich nie zuvor inkarniert hätten! Und in alle Ewigkeit wird keiner von uns je aufhören zu existieren!   12

Genauso wie das verkörperte Selbst in seinem Körper durch Kindheit, Jugend und Alter schreitet, so geht es auch in einen anderen Körper ein; die Weisen beunruhigen sich deswegen nicht.   13

O Sohn der Kunti (Arjuna), die Vorstellungen von Hitze und Kälte, Lust und Schmerz entstehen durch den Kontakt der Sinne mit den Sinnesgegenständen. Solche Vorstellungen sind begrenzt, denn sie haben einen Anfang und ein Ende. Sie sind vergänglich, o Nachkomme Bharatas (Arjuna); ertrage sie mit Geduld!   14

O Zierde der Menschheit (Arjuna)! Wer sich von diesen (den Kontakten der Sinne mit deren Gegenständen) nicht verwirren lässt, wer in Schmerz und Lust ruhig und ausgeglichen bleibt, nur der ist fähig, die Ewigkeit zu erlangen.   15

Das Unwirkliche hat keine Existenz. Das Wirkliche hört nicht auf zu sein. Die Weisen kennen die höchste Wahrheit über beides.   16

Wisse, dass der Eine, der alles erschaffen hat und alles durchdringt, unvergänglich ist. Niemand besitzt die Macht, diesen Wandellosen GEIST zu vernichten.   17

Die Existenz dieser fleischlichen Gewänder, so heißt es, hat ein Ende; doch unveränderlich, unvergänglich und grenzenlos ist das in ihnen wohnende SELBST. Im Besitz dieser Weisheit, o Nachkomme von Bharata (Arjuna), rüste dich zum Kampf!   18

Wer das SELBST als den Mörder ansieht, und wer meint, dass es getötet werden kann, kennt nicht die Wahrheit. Das SELBST tötet nicht, noch wird es getötet.   19

Dieses SELBST wird nie geboren, noch kann es je vergehen; noch kann es, da es einmal besteht, wieder aufhören zu sein. Es kennt keine Geburt, ist ewig, unwandelbar und stets das Gleiche (unberührt vom üblichen Ablauf zeitlicher Vorgänge). Es wird nicht vernichtet, wenn der Körper getötet wird.   20

Wie kann jemand, der weiß, dass das SELBST unvergänglich, ewig bestehend, nie geboren und unwandelbar ist, überhaupt denken, dass dieses SELBST die Vernichtung eines anderen verursachen kann? O Partha (Arjuna), wen sollte es töten?[2]   21

---

[2] [Außer seiner wörtlichen Bedeutung, die auf die Unsterblichkeit der Seele hinweist] enthält dieser

So wie ein Mensch seine zerschlissene Kleidung ablegt und ein neues Gewand anlegt, so verlässt auch die im Körper eingeschlossene Seele ihre zerfallene körperliche Wohnung und betritt eine andere, neue. 22

Keine Waffe kann die Seele durchbohren; kein Feuer kann sie verbrennen; es kann kein Wasser sie benetzen; noch kann sie im Winde verdorren. 23

Die Seele ist unteilbar; sie kann nicht verbrannt, durchnässt und ausgetrocknet werden. Die Seele ist unwandelbar, alldurchdringend, ewig ruhig und fest gegründet – sie bleibt sich ewig gleich. 24

Die Seele, so heißt es, ist unwägbar, unmanifestiert und unwandelbar. Da du dies also weißt, solltest du nicht klagen! 25

Doch selbst, wenn du dir einbildest, dass diese Seele unaufhörlich

---

Symbolische Bedeutung von Vers 30

In der metaphysischen Deutung des inneren geistigen Kampfes, den der Gottsucher Arjuna auszufechten hat, wird in diesem und in den vorangehenden Versen die Unverletzlichkeit der Seele betont. Der Herr erinnert den strebsamen Yogi an die ihm innewohnende seelische Kraft, die ihn befähigt, über sein niederes egoistisches Wesen zu siegen. Gottsuchern, die an den Schwächen ihrer Sinne und schlechten Gewohnheiten hängen, widerstrebt es nicht nur, diese scheinbar freundlichen Feinde zu vernichten; sie meinen auch, dass diese über außerordentliche Kräfte verfügten und die göttlichen Eigenschaften und Bestrebungen der Seele ausrotten könnten. Doch obgleich das Ego, die Gewohnheiten und die sinnlichen Begierden das Bewusstsein des Menschen für einige Zeit verdunkeln mögen, können sie die Seele weder zerstören noch ändern, noch für immer unterdrücken. Jede Seele, wie »tot« sie auch scheinen mag oder wie tief sie unter den schlechten Gewohnheiten des Egobewusstseins vergraben liegt, kann aus dem Grab der Sündhaftigkeit und der vor- und nachgeburtlichen Schwächen wieder auferstehen. Die Seele ist unzerstörbar und wird von ihren angeblichen Feinden weder berührt noch verändert; sie wartet nur auf den anspornenden Ruf des entschlossenen göttlichen Kriegers.

Vers noch eine tiefgreifende metaphysische Lehre. ... Auch wenn du die lasterhafte Anhänglichkeit an die Sinne zerstörst, wäre es närrisch von dir, anzunehmen, dass dadurch die Sinne selbst zerstört werden! Dein höheres SELBST läutert lediglich dein niederes Selbst, es zerstört es nicht!

geboren wird und wieder stirbt, selbst dann, o Starkarmiger (Arjuna), solltest du deswegen nicht bekümmert sein. Denn das, was geboren wird, muss sterben, und das, was tot ist, muss wieder geboren werden. Warum solltest du das Unvermeidliche beklagen?   26–27

Der Anfang aller Geschöpfe ist verborgen, die Mitte ist offenbar, und das Ende ist wiederum unsichtbar, o Bharata (Arjuna). Warum solltest du diese Wahrheit beklagen?   28

Einige staunen über die Seele. Andere beschreiben sie als etwas Wunderbares. Wieder andere lauschen herrlichen Beschreibungen über die Seele. Und dann gibt es noch andere, die zwar alles über die Seele hören, aber sie ganz und gar nicht verstehen.   29

O Bharata (Arjuna), Er, der in den Körpern aller Menschen wohnt, bleibt immer unversehrt. Klage deshalb um keines der erschaffenen Wesen.   30

Ein gerechter Kampf gehört zur religiösen Pflicht des Menschen

Selbst was deinen eigenen *Dharma* (deine wahre Pflicht) betrifft, solltest du innerlich nicht wankend werden! Es gibt nichts Vorteilhafteres für einen *Kshatriya* als einen gerechten Kampf.   31

O Sohn der Pritha (Arjuna), glücklich darf sich der *Kshatriya* schätzen, wenn er in einen solch gerechten Kampf verwickelt wird, ohne ihn herausgefordert zu haben; dadurch öffnet sich ihm ein Tor zum Himmel.   32

Wenn du jedoch diesen gerechten Kampf ablehnst und deinen eigenen *Dharma* und deine Ehre preisgibst, lädst du Sünde auf dich.   33

Immer werden die Menschen von deiner Schmach sprechen. Für einen Menschen von hohem Ansehen ist Unehre wahrhaftig schlimmer als der Tod.   34

Die mächtigen Krieger in ihren Streitwagen werden annehmen, dass du aus Angst diesen Krieg meidest. Folglich werden diejenigen, die dich hoch eingeschätzt haben, keine gute Meinung mehr von dir haben.   35

Deine Feinde werden verächtlich über dich reden (mit Worten, die man nicht aussprechen sollte) und deine Kräfte verleumden. Was könnte schmerzlicher sein als dies? 36

Wenn du (im Kampf gegen deine Feinde) sterben solltest, erwirbst du dir das Himmelreich; wenn du siegst, kannst du dich der Erde erfreuen. Daher fasse Mut, o Sohn der Kunti (Arjuna)! Entschließe dich zum Kampf! 37

Kümmere dich nicht (dank deiner Seelenruhe) um Glück und Leid, Gewinn und Verlust, Triumph und Fehlschlag, und wage dich mutig in die Schlacht! Du wirst keine Schuld auf dich laden. 38

Yoga: Das Heilmittel gegen Zweifel, Verwirrung und intellektuelle Unzufriedenheit

Ich habe dir die höchste Weisheit des Sankhya erläutert. Jetzt aber sollst du die Weisheit des Yoga erfahren; wenn du dir diese zu eigen machst, o Partha (Arjuna), wirst du die Fesseln des Karmas sprengen. 39

Auf diesem Weg (der Yoga-Übungen) sind keine Bemühungen um Verwirklichung verloren, selbst wenn man noch nicht ans Ziel gelangt, noch hat dies irgendwelche nachteiligen Wirkungen. Selbst die kleinste Anstrengung auf diesem richtigen geistigen Weg bewahrt vor großer Furcht (dem ungeheuren Leiden, das mit den sich wiederholenden Zyklen von Geburt und Tod verbunden ist). 40

In diesem Yoga, o Spross des Kuru[3] (Arjuna), ist die innere Entschlossenheit auf ein einziges Ziel gerichtet. Dagegen sind die Gedankengänge eines wankelmütigen Geistes endlos und weit verzweigt. 41

O Partha (Arjuna), solche Menschen, die hartnäckig an Macht und Sinnenlust hängen und deren unterscheidungsfähige Intelligenz von der blumigen Redeweise und Bewunderung der geistig Unwissenden

---

[3] Kuru war der Ahnherr sowohl der Pandavas als auch der Kauravas. Darum wird Arjuna hier als Kurunandana, Nachkomme des Kuru, bezeichnet. Mit *Nandana* verbindet man auch die Vorstellung von etwas Freudigem; auf diese Weise spricht Krishna Arjuna Mut zu, indem er ihn als den »Stolz oder den auserwählten Sohn der Kuru-Dynastie« bezeichnet.

irregeführt wird, können keine feste Entschlossenheit (keine Beständigkeit des Geistes) im meditativen Zustand des *Samadhi* erreichen. Sie meinen, es gäbe nichts Erfreulicheres als die Lobeshymnen der Veden; ihr wahres Wesen wird von ihren weltlichen Neigungen verdunkelt. Und da sie sich den Himmel (die erfreulichen Erscheinungen der Astralwelt) als höchstes Ziel gesetzt haben und die zahlreichen Opferriten vollziehen, um Genuss und Macht zu erlangen, müssen sie sich als Folge dieser (von Wünschen motivierten) Handlungen ständig wiederverkörpern.   42–44

Die Veden behandeln die drei universalen Eigenschaften oder *Gunas*. O Arjuna, mache dich frei von den drei Eigenschaften und von den Gegensatzpaaren! Verankere dich im SELBST, indem du ständig Ruhe bewahrst und nie den Gedanken hegst, etwas empfangen und behalten zu wollen.   45

Dem Kenner Brahmans (des GEISTES) bedeuten alle Veden (heiligen Schriften) nicht mehr als ein Reservoir, das sich inmitten einer aus allen Richtungen strömenden Flut befindet.   46

Die Yoga-Kunst richtigen Handelns vermittelt unendliche Weisheit

Als Mensch hast du nur das Recht zu handeln, doch kein Recht auf die Früchte deines Handelns. Denke nicht, dass du selbst der Schöpfer der Früchte deines Handelns seist; auch hüte dich davor, der Trägheit zu verfallen.   47

O Dhananjaya (Arjuna), vollbringe all deine Handlungen, wobei du dich in den Yoga vertiefst, jede Anhänglichkeit (an die Früchte deines Handelns) vermeidest und angesichts von Erfolg und Misserfolg gleichmütig bleibst. Dieser geistige Gleichmut wird Yoga genannt.   48

Gewöhnliche (von Wünschen motivierte) Handlungen sind den von Weisheit geleiteten Handlungen weit unterlegen; deshalb, o Dhananjaya (Arjuna), suche Zuflucht in der ewig leitenden Weisheit. Armselig sind diejenigen, die nur um der Ergebnisse willen handeln.   49

Wer eins mit der kosmischen Weisheit geworden ist, erhebt sich

– sogar noch in diesem Leben – über die Wirkungen der Tugend und auch des Lasters. Widme dich deshalb dem Yoga, der göttlichen Vereinigung. Yoga ist die Kunst richtigen Handelns.   50

Wer Herrschaft über seinen Geist erlangt hat, lebt im Zustand unendlicher Weisheit; ihn verlangt es nicht mehr nach den Früchten des Handelns. Folglich wird er von der Kette der Wiedergeburten befreit und erreicht den Zustand jenseits allen Leides.   51

Wenn deine Intelligenz über die Dunkelheit der Täuschung hinausgelangt ist, dann wirst du gleichgültig sein gegen Dinge, die du gehört hast, und solche, die du noch hören wirst.   52

Wenn deine Intelligenz, die verwirrt vor der Mannigfaltigkeit offenbarter Wahrheiten steht, fest in der Ekstase seelischer Glückseligkeit verankert sein wird, dann wirst du die endgültige Vereinigung (Yoga) erlangen.   53

Äußere Riten im Gegensatz zur Selbst-Verwirklichung

»Die Veden preisen und verehren die belebenden Naturkräfte, die ihre mannigfaltigen Formen aus dem Tumult der dreifachen Eigenschaften der *Gunas* hervorsprudeln lassen. Doch du, o Sucher, sollst deine Aufmerksamkeit nicht auf die Materie richten, sondern auf den GEIST; halte dich fern von jeder Verwicklung in die Traumfilme der Natur und von ihren guten, ruhelosen und bösen Handlungen. Bleib immer deiner wahren Natur (*Nityasattvastha*) treu – ruhig, unbeeinflusst von den drei Eigenschaften und ihren Gegensatzpaaren aus Licht und Schatten –, lass dich nicht vom täuschenden Netz der Wünsche und Anhänglichkeiten einfangen, und verankere dich für immer in deinem transzendenten SELBST.«

In diesem Vers [II, 45] wird auf die geistige Unzulänglichkeit bloßer äußerlicher Riten hingewiesen, so wie sie in den heiligen Schriften beschrieben werden – auch wenn man sie noch so vollkommen und streng befolgt. Allein eine innere Läuterung kann den Sucher von den drei Eigenschaften der menschlichen Natur befreien, die zur Wiedergeburt führen: sattvisch (erhebend), rajasisch (tatkräftig) und tamasisch (erniedrigend).

Eigenschaften des Erleuchteten

Arjuna sprach:

O Keshava (Krishna)! Nenne mir die Eigenschaften eines Weisen, der ewige Ruhe und Weisheit besitzt, der in *Samadhi* (Ekstase) versunken ist! Wie spricht ein Mensch, der solch unvergängliche Weisheit hat, wie sitzt und wie geht er? 54

Der Segensreiche Herr erwiderte:

O Partha (Arjuna)! Wenn ein Mensch alle Wünsche völlig aus seinem Geist verbannt hat und völlig zufrieden im SELBST und durch das SELBST ist, heißt es, dass er in der Weisheit verankert ist. 55

Wer bei leidvollen Ereignissen nicht von Sorgen erschüttert und bei freudigen Ereignissen nicht von seinem Glück abhängig wird, wer frei von weltlicher Liebe, Angst und Ärger ist – der wird ein *Muni* genannt und besitzt untrügliche Unterscheidungskraft. 56

Wer überall frei von Anhänglichkeit ist, wer sich weder durch gute Erfahrungen freudig erregen noch durch böse beunruhigen lässt, ist fest in der Weisheit verankert. 57

Wenn der Yogi – ähnlich wie eine Schildkröte, die ihre Glieder einzieht – seine Sinne völlig von den Gegenständen der Wahrnehmung zurückziehen kann, ist seine Weisheit von Standhaftigkeit geprägt. 58

Wer den Sinnesgegenständen entsagt, merkt, dass sie für kurze Zeit entschwinden und dass nur noch das Verlangen nach ihnen zurückbleibt. Doch wer den Höchsten erschaut, spürt auch kein Verlangen mehr. 59

O Sohn der Kunti (Arjuna), die leicht erregbaren Sinne ergreifen gewaltsam Besitz vom Bewusstsein eines Menschen, auch wenn er bereits einen hohen Grad der Erleuchtung erlangt hat und sich (um Befreiung) bemüht. 60

Wer seinen Geist mit Mir vereint und all seine Sinne unterjocht, richtet seine Aufmerksamkeit nur noch auf Mich und hält Mich für das höchst Erstrebenswerte. Die intuitive Weisheit eines Yogis, der die Sinne in seiner Gewalt hat, ist unerschütterlich. 61

Wer ständig über den Sinnesgegenständen brütet, beginnt an ihnen zu hängen. Diese Anhänglichkeit ist die Brutstätte der Begierde; die Begierde gebiert den Zorn. Der Zorn gebiert die Täuschung; die Täuschung gebiert den Verlust der Erinnerung (an das SELBST). Der Verlust der richtigen Erinnerung gebiert den Verlust der Unterscheidungskraft. Und der Verlust der Unterscheidungskraft führt zum Untergang (des geistigen Lebens). 62–63

Wer Selbstbeherrschung besitzt und seine Sinne zu zügeln weiß, wer beim Kontakt mit materiellen Gegenständen frei von Zuneigung und Abneigung bleibt, erlangt einen Zustand unerschütterlicher innerer Ruhe. 64

In der Glückseligkeit der Seele[4] ist alles Leid vernichtet. Wahrlich, die Unterscheidungskraft des glückseligen Menschen wird bald fest (im SELBST) verankert. 65

Der Abtrünnige (derjenige, der nicht im SELBST verankert ist), besitzt keine Weisheit, noch ist er mit der Meditation vertraut. Wer nicht meditiert, erlangt keine Ruhe. Und wie kann der Friedlose Glück finden? 66

So wie ein Boot auf dem Wasser von einem Sturm abgetrieben wird, so kommt auch die menschliche Unterscheidungskraft vom eingeschlagenen Kurs ab, wenn der Geist den umherschweifenden Sinnen gehorcht. 67

O starker Held (Arjuna), wer seine Sinne in Bezug auf die Sinnesgegenstände völlig in der Gewalt hat, der ist fest in der Weisheit verankert. 68

Was allen Lebewesen als Nacht (Zeit des Schlafs) erscheint, ist für den Menschen, der Selbstbeherrschung besitzt, (helles) Wachsein. Und was dem Durchschnittsmenschen als Wachsein erscheint, das ist für die göttliche Wahrnehmung des Weisen Nacht (eine Zeit des Schlafs). 69

Wer alle Wünsche in sich aufnimmt, wie der bis zum Rand gefüllte Ozean, der durch die Wasser, die in ihn einmünden, nicht bewegt

---

[4] »In der Glückseligkeit der Seele« = *prasāde:* »Im Zustand innerer Ruhe, der sich durch allumfassende Zufriedenheit auszeichnet (d. h. in jener vollkommenen Ruhe, in der das SELBST von der wahren Natur der Seele – der ewig neuen Glückseligkeit – erfüllt ist)«.

(nicht verändert) wird, der ist voller Zufriedenheit – nicht aber derjenige, der nach der Erfüllung von Wünschen dürstet.   70

Brahmasthiti: Befreiung von den drei Welten der endlichen Schöpfung

Die Erhebung auf den Thron des allgegenwärtigen Bewusstseins des GEISTES [»in
Brahman verankert sein«] wird *Brahmasthiti* genannt; es ist der Zustand, in dem
der Yogi zusammen mit dem Königlichen GEIST regiert. Der vom GEIST geführte Yogi,
der schon zu seinen Lebzeiten frei wird, verfällt nie mehr der Täuschung und sinkt
auch nicht auf einen niedrigeren Bewusstseinszustand hinab. Er lebt im Bewusstsein
Gottes. Seine Seele erweitert sich zum GEIST, und dennoch behält er seine Individualität bei; er ist auf ewig mit dem GEIST vereint.

In Seinem transzendenten Zustand spinnt Gott Seine Träume vom kausalen
(Ideen-), astralen und physischen Universum aus. Der physische Kosmos mit seinen vielen »Milchstraßensystemen«, die in der ewigen Leere schweben, wird von einem Kranz strahlender Energie umgeben, der in die weiter ausgedehnte Astralwelt
hineinreicht und sich in ihr auflöst. Der Astralkosmos ist eine größere Manifestation
der Schöpfung als der physische und erstreckt sich durch ihn hindurch und über
ihn hinaus. ... Das kausale Universum ist der Schoß der Schöpfung. Im Kausalkos-
mos werden durch Gottes feinste schöpferische Bewusstseinskräfte und durch hoch
entwickelte Wesen mit ihren intuitiven Kräften Universen aus den subtilen göttlichen
Gedankenkräften vergegenständlicht. ...

Der Yogi, der vollkommene Herrschaft über sein Bewusstsein erlangt hat, kann die
physischen, astralen und kausalen Welten schauen oder jenseits dieser in den transzendenten, schwingungslosen Bereich Gottes eingehen.

Wenn der Yogi Einlass in die Himmlische Unendlichkeit findet, auch wenn dies
erst in dem Augenblick geschieht, wenn seine Seele aus dem körperlichen Haus in
die Astralwelt gleitet, geht seine Seele in *Brahmanirvana* ein – den Zustand der Aus-
dehnung in den GEIST, den man erreicht, wenn das Ego und alle Wünsche, welche
die Seele zu einer Wiedergeburt zwingen, ausgelöscht sind. Ein allgegenwärtiges Wesen lässt sich nicht mehr hinter den Gittern sterblicher Inkarnationen einkerkern.
Es kann freiwillig einen physischen oder astralen Körper beibehalten, der aber seinen unermesslichen Geist nicht gefangen halten kann.

Frieden erfährt der Mensch, der allen Wünschen entsagt, kein Verlangen mehr hat und der sich nicht mit dem sterblichen Ego und dem damit verbundenen Ichgefühl gleichsetzt. 71

O Partha (Arjuna)! Diesen Zustand nennt man »in Brahman verankert sein«. Jeder, der diesen Zustand erreicht, wird nie wieder der Täuschung verfallen. Auch wenn er sich erst im Augenblick des Übergangs (von der physischen zur Astralwelt) in diesem Zustand verankert, erreicht er endgültige, unwiderrufliche Vereinigung mit dem GEIST. 72

Oм, Tat, Sat.

In der Upanishad der heiligen Bhagavad-Gita – die das Zwiegespräch zwischen dem Herrn Krishna und Arjuna schildert und die heilige Schrift des Yoga und die Wissenschaft der Gottverwirklichung darstellt – ist dies das zweite Kapitel, mit dem Titel »Sankhya-Yoga«.

KAPITEL III

Karma-Yoga: Der Weg geistigen Handelns

Warum ist Tätigkeit auf dem Weg zur Erlösung notwendig?

Arjuna sprach:

O Janardana (Krishna), wenn Du meinst, dass Erkenntnis wichtiger sei als das Handeln, warum dann, o Keshava (Krishna), erlegst Du mir diese furchtbare Tätigkeit auf? 1

Mit diesen scheinbar widersprüchlichen Reden hast Du mein Denken verwirrt. Zeige mir bitte die sichere Methode, mit der ich das Höchste und Beste erreichen kann. 2

Der Segensreiche Herr sprach:

O Sündloser, zu Beginn der Schöpfung gab ich dieser Welt zwei Wege der Erlösung: dem Weisen Vereinigung mit Gott durch Weisheit; dem Yogi Vereinigung mit Gott durch richtige Meditation. 3

Tatenlosigkeit erreicht man nicht einfach dadurch, dass man alle Tätigkeit vermeidet. Keiner, der die Arbeit scheut, erreicht Vollkommenheit. 4

Wahrlich, keiner kann auch nur einen Augenblick untätig sein; alle werden wohl oder übel gezwungen zu handeln, denn die Eigenschaften *(Gunas),* die der Natur (Prakriti) entspringen, treiben sie dazu an. 5

Wer die Organe des Handelns gewaltsam bändigt, während er sinnliche Gedanken hegt, wird als Scheinheiliger angesehen und unterliegt der Selbsttäuschung. 6

Doch derjenige hat höchsten Erfolg, o Arjuna, der die Sinne durch den Geist diszipliniert, frei von Anhänglichkeit ist und seine Organe des Handelns stets auf dem Weg hält, der zu Gott führt. 7

Handle also pflichtgemäß, denn Handeln ist besser als Nichthandeln; in einem Zustand der Untätigkeit könntest du nicht einmal deinen Körper versorgen. 8

Richtiges Handeln besteht darin, alle Werke als Opfergaben (Yajna) darzubringen

Weltliche Menschen sind durch ihre Handlungen, die sich von den *Yajnas* (religiösen Riten) unterscheiden, karmisch gebunden. O Sohn der Kunti (Arjuna), wirke du ohne innere Bindung im Geiste des *Yajna* und bringe all deine Handlungen als Opfergaben dar. 9

Prajapati (Brahma als Schöpfer von *Praja*, den menschlichen Wesen), der die Menschheit am Anfang zusammen mit *Yajna* erschaffen hat, sprach: »Hierdurch sollst du dich vermehren; dies wird die Milchkuh deiner Sehnsucht sein. Meditiere mit diesem *Yajna* über die *Devas*,[1] und mögen jene *Devas* sich deiner erinnern; wenn ihr so miteinander verbunden seid, wirst du den höchsten Schatz erwerben. Wenn du dich durch *Yajna* mit den *Devas* in Verbindung setzt, werden sie dir die ersehnten Gaben des Lebens gewähren.« Wer die Wohltaten der kosmischen Gottheiten genießt, ohne ihnen die gebührenden Opfer zu bringen, ist wahrlich ein Dieb. 10–12

Heilige – welche die Überreste eines pflichtgemäßen Feueropfers *(Yajna)* essen – werden frei von allen Sünden; doch Sünder – die nur für sich selbst Nahrung beschaffen – schwelgen in der Sünde. 13

Aus der Nahrung gehen die Lebewesen hervor; aus dem Regen entsteht die Nahrung. Aus *Yajna* (dem kosmischen Opferfeuer) entspringt der Regen; das kosmische Feuer (kosmische Licht) wird vom *Karma* (der göttlich vibrierenden Tätigkeit) hervorgerufen. 14

Wisse, dass diese göttlich vibrierende Tätigkeit aus Brahma (Gottes Schöpferischem Bewusstsein) hervorgegangen ist; und dieses Schöpferische Bewusstsein entspringt dem Unvergänglichen (dem Ewigen GEIST). Daher wohnt Gottes alldurchdringendes Schöpferisches Bewusstsein

---

[1] *Devas*: astrale Gottheiten; wörtl., »die Strahlenden« – die göttlichen oder engelhaften Kräfte, welche die materielle Welt aufrechterhalten. *(Anmerkung des Herausgebers)*

(Brahma) auch dem *Yajna* inne (dem kosmischen Feuer oder Licht, das wiederum die Substanz aller Bestandteile der aus Schwingungen bestehenden Schöpfung ist) und gehört untrennbar zu ihm.   15

Die wahre Bedeutung von Yajna, dem heiligen Feuerritus

Weltliche Menschen handeln aus selbstsüchtigen Beweggründen, denn sie trachten nach materiellem Gewinn und Glück. Aufgrund dieser Einstellung bleiben sie in vielen aufeinanderfolgenden Inkarnationen karmisch an die Erde gebunden.

Der Yogi jedoch bemüht sich, gut und selbstlos zu handeln, ohne an dem, was er tut, zu hängen. Dadurch beschleunigt er seine seelische Höherentwicklung. All solche befreienden göttlichen Pflichten werden als *Yajna* bezeichnet. ...

Der formelle indische Ritus [*Yajna*], geklärte Butter (*Ghee*) – eine Art durch Feuer geläuterte Materie – in die Flammen zu gießen, versinnbildlicht die Vereinigung der Lebenskraft mit der kosmischen Energie.

Wer vom Guru in die Yoga-Meditation eingeweiht wird, führt den wahren *esoterischen* Feuerritus aus, wie ihn die heiligen Schriften der Hindus vorschreiben. Er zieht seine Lebenskraft von den sensorischen und motorischen Nerven zurück und gießt diese Energie in die heiligen Feuergluten des Lebens, die sich in den sieben okkulten zerebrospinalen Zentren konzentriert haben.

Wenn der Yogi den Lebensstrom von den Nerven zurückzieht, löst er damit seinen Geist von den Sinnen. Diese Handlung – die Lebenskraft aus dem Körper zurückzuziehen und sie mit dem Licht Gottes zu vereinen [*Kriya-Yoga*] – ist der höchste *Yajna*, der wahre Feuerritus, in welchem die kleine Lebensflamme in das Große Göttliche Feuer einmündet und alle menschlichen Wünsche in dem einen Wunsch nach Gott aufgehen lässt. Dann kann der Yogi seinen von den Sinnen befreiten Geist in das Feuer des Kosmischen Bewusstseins werfen und schließlich erkennen, dass seine eigene Seele völlig verschieden vom Körper ist; er wirft dieses SELBST in das Feuer des Ewigen GEISTES.

Der wahre *exoterische* Feuerritus des Lebens – in dem das körperliche Leben sich mit dem Kosmischen Leben vereinigt und der menschliche Geist und die menschliche Seele eins mit der Kosmischen Intelligenz und dem GEIST werden – besteht darin, Gott gute Handlungen darzubringen, ohne an ihnen zu hängen oder Wünsche daran zu knüpfen.

Wer im Geiste des *Yajna* richtig handelt, bleibt nicht an die Erde gebunden, sondern wird befreit.

O Sohn der Pritha (Arjuna), wer sich in dieser Welt nicht mit dem Rad dreht, das durch diesen Prozess in Bewegung gesetzt wurde, wer frevelhaft lebt und den Sinnen frönt, der lebt wahrlich vergebens! 16

Doch für einen Menschen, der die Seele wahrhaft liebt, dem die Seele vollends genügt und der allein in der Seele höchste Befriedigung findet, gibt es keine Pflichten mehr. 17

Ein solcher Mensch trachtet nach keinem Gewinn, wenn er in dieser Welt handelt, noch verliert er etwas, wenn er nicht handelt. Er ist von keinem Menschen in irgendeiner Weise abhängig. 18

Wahre Pflichten innerlich ungebunden zu erfüllen ist göttlich

Vollbringe deshalb gewissenhaft gute materielle Handlungen *(Karyam)* und geistige Handlungen *(Karman)*, ohne an ihnen zu hängen. Wer immer handelt, ohne innerlich gebunden zu sein, gewinnt das Höchste.[2] 19

Allein auf dem Weg richtigen Handelns haben Janaka und andere, die ihm gleichen, Vollkommenheit erlangt. Außerdem solltest du einfach schon deshalb tätig sein, um die Sterblichen richtig zu leiten. 20

Alles, was ein höheres Wesen tut, ahmen die weniger entwickelten Menschen nach. Seine Handlungen werden für die Menschen der Welt zum Maßstab. 21

O Sohn der Pritha (Arjuna), Ich habe keine zwingende Pflicht zu erfüllen; es gibt nichts, was Ich nicht schon erworben habe; in den drei Welten ist nichts für Mich zu gewinnen! Dennoch bin Ich in allen Handlungen bewusst gegenwärtig. 22

O Partha (Arjuna), wenn Ich zu irgendeiner Zeit aufhörte, ohne Unterbrechung zu handeln, würden die Menschen gewiss dasselbe tun. 23

---

[2] Die allgemeine Bedeutung von *Karma*, aus der Wurzel *kṛ* = »tun«, ist »Handeln«. Im Besonderen hat dies Wort auch folgende Bedeutungen: materiell ausgerichtetes oder pflichtbewusstes Handeln; religiöse Riten oder geistiges Handeln – sowie die Folgen des Handelns. Die Varianten des Wortes *Karma* haben ebenfalls unterschiedliche Bedeutungen, deren Sinn sich aus dem jeweiligen Zusammenhang ergibt. So bezieht sich *Karyam* in diesem Vers auf »pflichtgemäßes materielles Handeln« und *Karma* auf »religiöse Riten oder geistiges Handeln (d. h. meditatives Handeln)«. *(Anmerkung des Herausgebers)*

Wenn Ich nicht (in ausgeglichener Weise) handelte, würden diese Universen sich auflösen. Ich wäre der Anlass unheilvoller Verwirrung (»der unrichtigen Vermischung von Pflichten«). Ich wäre dann das Werkzeug, das die Menschen vernichtet.   24

O Nachkomme des Bharata (Arjuna), so wie die Unwissenden aus Anhänglichkeit handeln und auf eine Belohnung hoffen, so sollten die Weisen mit gleichmütiger Losgelöstheit handeln und vielen Menschen gern als Vorbild dienen.   25

Unter keinen Umständen sollten die Weisen das Verständnis unwissender Personen, die an ihren Tätigkeiten hängen, verwirren. Stattdessen sollte der Erleuchtete durch seine gewissenhafte Tätigkeit in den Unwissenden den Wunsch erwecken, immer rechtschaffen zu handeln.   26

Wie selbstloses Handeln den Yogi von der Dualität der Natur und den Fesseln des Karmas befreit

Alle Handlungen werden universell von den Eigenschaften *(Gunas)* der uranfänglichen Natur (Prakriti) hervorgerufen. Ein Mensch, dessen Ich von der Selbstsucht irregeführt worden ist, denkt: »Ich bin der Handelnde.«   27

O Starkarmiger (Arjuna)! Wer die Wahrheit über die Aufteilung der *Gunas* (Eigenschaften der Natur) und deren Tätigkeit kennt – wer weiß, dass es die *Gunas* als Sinneseigenschaften sind, die an den *Gunas* in der Gestalt von Sinnesgegenständen hängen –, der (dessen SELBST) fühlt sich ihnen nicht mehr verbunden.   28

Der Yogi, der vollkommene Weisheit besitzt, sollte nicht den Geist der Menschen verwirren, deren Verständnis noch unvollkommen ist. Die Unwissenden – getäuscht durch die Eigenschaften der uranfänglichen Natur – müssen solche Tätigkeiten ausüben, die den *Gunas* entsprechen.   29

Übergib alle Handlungen Mir! Mach dich von aller Selbstsucht und allen Erwartungen frei und konzentriere dich ganz auf die Seele; wirf alle aufreibenden Sorgen ab und nimm teil an der Schlacht (der Tätigkeit).   30

Die richtige Einstellung zum geistigen Lehrer und zum Sadhana

Menschen, die voller Hingabe sind und sich ständig an Meine Gebote halten, ohne sie zu kritisieren, werden ebenfalls von allem Karma befreit.   31

Wisse aber, dass diejenigen, die Meine Lehre verachten und nicht danach leben, die im Hinblick auf echte Weisheit völlig in die Irre gehen und kein Verständnis haben, verloren sind.   32

Selbst der Weise handelt gemäß seiner eigenen Natur. Alle Lebewesen verhalten sich entsprechend ihrer Natur; was kann daher eine (oberflächliche) Unterdrückung ausrichten?   33

Die Zuneigung und Abneigung der Sinne gegenüber bestimmten Sinnesgegenständen ist naturbedingt. Bleibe frei vom Einfluss dieser Dualität. Wahrlich, diese beiden (psychologischen Eigenschaften) sind die Feinde des Menschen!   34

Es ist wichtiger, die eigene Pflicht (*Svadharma*), wenn auch unvollkommen, zu erfüllen, als die Pflicht irgendeines anderen (*Paradharma*), selbst wenn man diese gut erfüllt. Es ist besser, im *Svadharma* zu sterben; *Paradharma* birgt Furcht und Gefahren in sich.   35

Sieg über die zweifache Leidenschaft: Begierde und Zorn

Arjuna sprach:

O Varshneya (Krishna), was zwingt den Menschen dazu, selbst gegen seinen Willen Böses zu tun – als werde er gewaltsam dazu gezwungen?   36

Der Segensreiche Herr sprach:

Begierde und Zorn gehen (als Triebkräfte) aus der aktivierenden Eigenschaft der Natur *(Rajas-Guna)* hervor und bringen unersättliches Verlangen und großes Unheil mit sich. Wisse, dass diese (zweifache Leidenschaft) hier auf Erden der gefährlichste Feind ist.   37

So wie ein Feuer vom Rauch und wie ein Spiegel vom Staub verdunkelt wird und wie ein Embryo vom Mutterleib umschlossen wird, so wird sie (die Weisheit) durch diese (die Begierde) verhüllt.   38

O Sohn der Kunti (Arjuna)! Der ständige Feind der Weisen ist die unersättliche Flamme der Begierde, denn sie verhüllt die Weisheit.   39

Es heißt, dass Sinne, Geist und Intellekt eine starke Festung der Begierde bilden; mit diesen täuscht die Begierde die verkörperte Seele, indem sie deren Weisheit trübt.   40

Deshalb, o Bester der Bharata-Dynastie (Arjuna), diszipliniere zuerst die Sinne, und dann besiege die Begierde, die lasterhafte Zerstörerin der Weisheit und Selbst-Verwirklichung.   41

Es heißt, dass die Sinne (dem physischen Körper) überlegen sind; dass der Geist den Sinneskräften überlegen ist; dass die Intelligenz dem Geist überlegen ist; doch er (das SELBST) ist der Intelligenz überlegen. 42

O Starkarmiger (Arjuna)! Da du erkannt hast, dass das SELBST der Intelligenz überlegen ist, und da du das Selbst (das Ego) durch das SELBST (die Seele) disziplinierst, vernichte nun den Feind, der schwer zu besiegen ist und das Gewand der Begierde angelegt hat.   43

Wünsche und Zorn: Duryodhana und sein verachtenswerter Bruder

Vereitelte Wünsche führen zu Zorn.[1] Daher ist der erste Sohn des blinden Sinnesbewusstseins, König Dhritarashtras, Duryodhana – Materielle Begierde –, und sein zweiter Sohn (der Duryodhana am nächsten stehende Bruder) ist Duhshasana, der den Zorn versinnbildlicht. Der Name bedeutet »schwer zu zügeln, schwer zu beherrschen«, aus dem Sanskrit *duḥ* = »schwer« und *śās* = »zügeln, beherrschen«.

Im *Mahabharata* kennzeichnet der höchst verachtenswerte Duhshasana das Übel des Zorns. Im zweiten Kapitel der Gita teilt Krishna dem Arjuna mit, dass Zorn den Übeltäter in Täuschung hüllt, was die Erinnerung an das richtige Verhalten des SELBST trübt und das Unterscheidungsvermögen verdunkelt. Diese Umnebelung der Intelligenz hebt das richtige Verhalten auf.

[1] *Krodha*, eines der sechs Makel des materialistischen Ego, wie auf Seite 49 erwähnt.

OM, *Tat, Sat.*

*In der Upanishad der heiligen Bhagavad-Gita – die das Zwiegespräch
zwischen dem Herrn Krishna und Arjuna schildert und die heilige
Schrift des Yoga und die Wissenschaft der Gottverwirklichung darstellt
– ist dies das dritte Kapitel, mit dem Titel »Karma-Yoga«.*

KAPITEL IV

Die höchste Wissenschaft der Gotteserkenntnis

Die historische Grundlage und der esoterische Gehalt des Yoga

Der Segensreiche Herr sprach (zu Arjuna):

Ich unterwies Vivasvat (den Sonnengott) in diesem unvergänglichen Yoga; Vivasvat gab das Wissen an Manu (den Gesetzgeber der Hindus) weiter; Manu vermittelte es Ikshvaku (dem Gründer der Sonnendynastie der *Kshatriyas*). Da es in dieser geordneten Folge überliefert wurde, erfuhren die *Rajarishis* (die königlichen *Rishis*) davon. Aber, o Schrecken der Feinde (Arjuna)! Im Verlauf langer Zeit geriet dieser Yoga auf Erden in Vergessenheit.[1]   1–2

Ich habe dich heute über den altehrwürdigen Yoga unterrichtet, denn du bist Mein Verehrer und Freund. Dieses heilige Mysterium (des Yoga) ist (für die Menschheit) wahrlich von höchstem Wert.   3

Arjuna sprach:

Vivasvat wurde zuerst geboren, und Deine Geburt erfolgte später. Wie soll ich dann Deine Worte verstehen, dass Du diesen Yoga seit Anbeginn (vor Deiner Geburt) weitergegeben hast?   4

Der Segensreiche Herr sprach:

O Arjuna, viele Geburten haben Ich und du schon erlebt. Ich kenne

---

[1] Diese beiden Strophen künden also von dem historischen Alter des *Raja-Yoga* (des »königlichen« Yoga), der ewigen, unveränderlichen Wissenschaft der Vereinigung von Seele und GEIST. Vom esoterischen Standpunkt aus legen sie gleichzeitig sehr knapp diese Wissenschaft dar – die Stufen, auf denen die Seele vom Kosmischen Bewusstsein in den sterblichen Zustand der Identifizierung mit dem menschlichen Körper hinabstieg, und den Weg, den sie einschlagen muss, um wieder zu ihrem Ursprung, dem glückseligen Ewigen GEIST, aufzusteigen. [Siehe Kommentar in *Gott spricht mit Arjuna – Die Bhagavad-Gita*.]

sie alle, während du, o Schrecken der Feinde, dich ihrer nicht erinnerst. 5

Obwohl Ich ungeboren und von unveränderlicher Substanz bin, werde Ich doch zum Herrn aller Schöpfung und wohne in Meiner eigenen Kosmischen Natur (*Prakriti*). Dort verkörpere Ich Mich durch die Täuschung der *Maya*, die aus Mir selbst hervorgegangen ist. 6

O Bharata (Arjuna)! Immer wenn die Tugend (*Dharma*) entartet und das Laster (*Adharma*) vorherrscht, verkörpere Ich Mich als ein Avatar. In jedem Zeitalter erscheine Ich in sichtbarer Gestalt, um die Tugendhaften zu schützen, das Böse auszurotten und die Gerechtigkeit wiederherzustellen. 7–8

Wege, die zur Befreiung vom Kreislauf der Wiedergeburt führen

Wer dank seiner Intuition Meine göttlichen Manifestationen und Meine Schwingungskraft in ihrer wahren, wohlgeordneten Gesetzmäßigkeit erkennt, wird nach dem Tode nicht wiedergeboren; er gelangt zu Mir, o Arjuna! 9

Viele Wesen sind Mir gleich geworden, indem sie sich durch die Askese der Weisheit läuterten, frei von Anhänglichkeit, Furcht und Zorn wurden, sich ganz in Mich versenkten und Zuflucht zu Mir nahmen. 10

O Partha (Arjuna)! Ich offenbare Mich den Menschen je nach der Tiefe ihrer Hingabe an Mich. Alle Menschen, ganz gleich, auf welche Weise (sie Mich suchen), sind auf dem Wege zu Mir. 11

Da die Menschen durch ihr Handeln hier auf Erden Erfolg anstreben, beten sie die Götter (verschiedene Ideale) an; denn in der Welt der Menschen ist es leicht, Erfolg durch Leistungen zu erlangen. 12

Entsprechend den unterschiedlichen Eigenschaften *(Gunas)* und Handlungen *(Karma)* habe Ich die vier Kasten erschaffen. Obgleich Ich auf diese Weise der Handelnde bin, wisse, dass Ich der Nicht-Handelnde bin und über allem Wechsel stehe. 13

Was immer Ich tue, bindet Mich nicht, noch sehne Ich Mich nach den Früchten Meiner Taten. Wer eins mit Mir ist, wer Mein Wesen kennt, ist ebenfalls frei von den karmischen Fesseln seiner Taten.   14

Die Weisen haben dies erkannt; seit alten Zeiten haben sie sich um Erlösung bemüht und pflichtgetreu gehandelt. Darum erfülle auch du deine Pflicht, ebenso wie es die Alten in vergangenen Zeitaltern getan haben.   15

Freisein von Karma: Was richtige Tätigkeit, falsche Tätigkeit und Tatenlosigkeit ist

Selbst die Weisen sind sich nicht klar darüber, was Tätigkeit und was Tatenlosigkeit ist. Deshalb will Ich erklären, worin die wahre Tätigkeit besteht; dieses Wissen wird dich von allem Übel befreien.   16

Das Wesen des Karmas (der Tätigkeit) ist schwer zu erfassen. Wahrlich, um das Wesen der richtigen Tätigkeit vollkommen zu verstehen, muss man auch das Wesen der falschen Tätigkeit und das Wesen der Tatenlosigkeit verstehen.   17

Der Yogi, der in der Tätigkeit die Tatenlosigkeit und in der Tatenlosigkeit die Tätigkeit sieht, besitzt von allen Menschen die größte Unterscheidungskraft. Er hat das Ziel allen Handelns erreicht (und ist frei).   18

Die Erleuchteten betrachten einen Menschen als weise, wenn er seine Ziele ohne jedes selbstsüchtige Verlangen nach eigenen Vorteilen anstrebt und wenn all sein Tun vom Feuer der Weisheit geläutert worden ist (wenn alle karmischen Folgen ausgebrannt sind).   19

Die Weisen, die allen Früchten ihres Handelns entsagt haben, die stets zufrieden und unabhängig (von materiellem Gewinn) sind, begehen auch mitten in ihrer Tätigkeit keine (bindenden) Handlungen.   20

Wer allem Verlangen nach Besitz entsagt hat, wer frei von (täuschenden menschlichen) Hoffnungen ist und wer sein Herz (die Kraft des Gefühls) von der Seele regieren lässt, lädt sich nichts Böses auf, wenn er bloße körperliche Handlungen ausführt.[2]   21

---

[2] *Yata-citta-ātmā*: wörtlich, »dessen Seele Herrschaft über sein Herz (*Chitta*) erlangt hat«. *Chitta* ist ein Oberbegriff für allen Geiststoff, der das intelligente Bewusstsein, die Kraft des Gefühls, erzeugt.

Der Handelnde ist frei vom Karma, wenn er mit allem, was auf ihn zukommt, zufrieden ist; wenn er sich über die Dualität erhebt, keine Eifersucht, keinen Neid und keine Feindschaft hegt und wenn er Gewinn und Verlust gleichmütig hinnimmt. 22

Yajna, der geistige Feuerritus, der alles Karma tilgt

Alles Karma – die Auswirkungen von Handlungen – fällt gänzlich von dem befreiten Wesen ab, das frei von Anhänglichkeit ist, seinen Geist in die Weisheit versenkt und den wahren geistigen Feuerritus *(Yajna)*[3] ausführt. 23

Sowohl das Darbringen des Opfers als auch das Opfer selbst sind GEIST. Das Feuer und derjenige, der sein Opfer hineinwirft, sind andere Formen des GEISTES. Wer dies erkannt hat und während all seiner Tätigkeit in Brahman (dem GEIST) versunken bleibt, wird wahrlich eins mit dem GEIST. 24

Es gibt in Wahrheit Yogis, die den *Devas* opfern; und andere bringen das Selbst als ein Opfer des Selbst im Feuer des GEISTES dar. 25

Einige Wahrheitssucher opfern ihre Fähigkeit des Hörens und andere Sinneswahrnehmungen im Feuer innerer Selbstbeherrschung. Andere opfern die Laute und andere Sinnesgegenstände im Feuer der Sinne. 26

Wieder andere (Anhänger des *Jnana-Yoga*-Weges) verbrennen alle Tätigkeit ihrer Sinne und ihrer Lebenskraft als Opfergaben im Yoga-Feuer innerer Beherrschung durch das SELBST, das sie durch ihre Weisheit entfachen. 27

Andere Gottsucher bieten als Opfer ihren Reichtum, ihre Selbstdisziplin und Yoga-Übungen an; wieder andere, die Selbstbeherrschung besitzen und strenge Gelübde einhalten, bringen die Erforschung des Selbst und das Studium der heiligen Schriften als Opfer dar. 28

Andere Gottsucher opfern den einfließenden Atem des *Prana* in den ausfließenden Atem des *Apana* – und den ausfließenden Atem des *Apana* in den einfließenden Atem des *Prana*, wobei sie durch intensives

---

[3] Wörtlich, *yajñāya*, »zum Zweck des Opfergottesdienstes«; *ācaratas*, »ins Feuer werfen«.

Üben von *Pranayama* (der Technik des *Kriya-Yoga*[4] zur Beherrschung der Lebenskraft) die Ursache der Einatmung und Ausatmung aufheben (das Atmen überflüssig machen).   29

Wieder andere Gottsucher lassen durch eine richtige Ernährungsweise alle verschiedenen Arten von *Prana* und deren Funktionen im Opferfeuer des einen, allumfassenden *Prana* aufgehen.

Alle diese Gottsucher (Meister in allen vorerwähnten *Yajnas*) kennen die wahre Feuerzeremonie (der Weisheit), die ihre karmischen Sünden tilgt.   30

Indem sie (die Yogis) den verbleibenden Nektar einer dieser geistigen Feuerzeremonien zu sich nehmen, gehen sie in den Unendlichen GEIST (Brahman) ein. Doch diese Erkenntnis des GEISTES wird keinem durchschnittlichen weltlichen Menschen zuteil, der sich nicht an die wahren geistigen Riten hält. O Zierde der Kurus (Arjuna), wie könnte es ohne ein echtes Opfer irgendeine bessere Welt (irgendein besseres Dasein oder einen höheren Bewusstseinszustand) geben?   31

Im vedischen Tempel der Weisheit (dem »Mund Brahmans«) findet man also verschiedenartige geistige Zeremonien (*Yajnas*, die im Geiste der Weisheit oder mit materiellen Gegenständen ausgeführt werden). Wisse, dass sie alle der Tätigkeit entspringen; wenn du dies verstehst (und entsprechend handelst), wirst du Erlösung finden.   32

O Schrecken der Feinde (Arjuna)! Die geistige Feuerzeremonie der Weisheit ist jedem äußeren Ritual überlegen. Jede Tätigkeit in ihrer Gesamtheit (die Tat, die Ursache, die karmische Wirkung) wird von der Weisheit verzehrt.   33

Die alles heiligende Weisheit, die ein wahrer Guru vermittelt

Merke dir gut: Indem du dich (dem Guru) völlig anheimgibst, indem du (dem Guru und deiner inneren Wahrnehmung) Fragen stellst und (dem Guru) dienst, werden die Weisen, welche die Wahrheit erkannt haben, dir ihre Weisheit vermitteln.   34

Wenn du die Weisheit des Gurus erfasst hast, o Pandava (Arjuna),

---

[4] Näher erklärt im Begleittext zu V, 27–28 auf Seite 110.

wirst du nicht mehr der Täuschung zum Opfer fallen; denn durch diese Weisheit wirst du die gesamte Schöpfung in dir selbst – und dann in Mir (dem GEIST) schauen. 35

Selbst wenn du der größte aller Sünder bist, wirst du allein schon auf dem Floß der Weisheit sicher das Meer der Sünde überqueren. 36

O Arjuna, so wie eine angefachte Flamme das Brennholz in Asche verwandelt, so verzehrt das Feuer der Weisheit alles Karma und lässt es zu Asche werden. 37

Wahrhaftig, in dieser Welt ist nichts so heiligend wie die Weisheit. Der Gottsucher, der erfolgreich im Yoga ist, wird dies im Laufe der Zeit spontan in seinem inneren SELBST erkennen. 38

Der Mensch, der Hingabe besitzt und sich in das Unendliche vertieft, der seine Sinne beherrschen kann, erlangt Weisheit. Und sobald er Weisheit besitzt, gewinnt er augenblicklich höchsten Frieden. 39

Der unwissende Mensch, der Mensch, dem es an Hingabe fehlt, und der von Zweifeln geplagte Mensch gehen schließlich zugrunde. Der wankelmütige Mensch besitzt weder diese Welt (irdisches Glück) noch die nächste (astrales Glück), noch die höchste Freude Gottes. 40

O Gewinner des Reichtums (Arjuna), wer sich durch Yoga von der Arbeit gelöst und seine Zweifel durch Weisheit überwunden hat, ruht

Wer kann als Guru dienen?

Die *Guru-Gita* (Vers 17) beschreibt den Guru sehr zutreffend als »Vertreiber der Dunkelheit« (aus *gu* = »Dunkelheit«, und *ru* = »das, was vertreibt«). Obgleich das Wort *Guru* heute gemeinhin gebraucht wird, um einfach einen Lehrer oder Erzieher zu bezeichnen, besitzt ein wahrer Guru göttliche Erleuchtung. Er hat Herrschaft über sich selbst erlangt und seine Einheit mit dem allgegenwärtigen GEIST erkannt. Ein solcher Guru ist in höchstem Grade befugt, den Suchenden auf dessen geistigem Weg zu leiten, bis er Erleuchtung und Befreiung erlangt hat.

»Umgang mit dem Guru zu pflegen«, schrieb Swami Sri Yukteswar in *Die Heilige Wissenschaft*, »bedeutet nicht nur, in seiner körperlichen Gegenwart zu weilen (was oft unmöglich ist), sondern hauptsächlich, ihn im Herzen zu fühlen, seinen Ratschlägen zu folgen und sich innerlich auf ihn einzustellen.«

sicher im SELBST; er ist in keine Handlungen mehr verwickelt.　　41

Darum, o Nachkomme von Bharata (Arjuna), erhebe dich! Suche Zuflucht im Yoga und erschlage mit dem Schwert der Weisheit diesen Zweifel am SELBST, diese Ausgeburt der Unwissenheit, die sich in deinem Herzen eingenistet hat!　　42

OM, *Tat, Sat.*

In der Upanishad der heiligen Bhagavad-Gita – die das Zwiegespräch zwischen dem Herrn Krishna und Arjuna schildert und die heilige Schrift des Yoga und die Wissenschaft der Gottverwirklichung darstellt – ist dies das vierte Kapitel, mit dem Titel »Jnana-Yoga (Vereinigung durch Kenntnis des Göttlichen)«.

KAPITEL V

Freiheit durch innere Entsagung

Was ist besser: in der Welt zu dienen oder in der Einsamkeit nach Weisheit zu suchen?

Arjuna sprach:

O Krishna, Du sagst, man solle dem Handeln entsagen; gleichzeitig aber rätst Du zum Handeln. Welches von beiden ist der bessere Weg? Gib mir Gewissheit! 1

Der Segensreiche Herr erwiderte:

Erlösung kann man sowohl durch Entsagung als auch durch Tätigkeit erlangen. Doch besser als der Verzicht auf alles Handeln ist der Yoga der Tätigkeit. 2

O Starkarmiger (Arjuna), derjenige gilt als standhafter *Sannyasi* (Entsagender) und befreit sich von allen Bindungen, der weder Zuneigungen noch Abneigungen kennt, denn er ist nicht mehr an die Dualität (die Gegensatzpaare der Natur) gebunden. 3

Die Unmündigen sehen einen Unterschied zwischen dem Weg der Weisheit (Sankhya) und dem Weg geistiger Tätigkeit (Yoga), nicht aber die Weisen. Wer an einem der beiden Wege aufrichtig festhält, erlangt den Gewinn von beiden. 4

Den Zustand, den die Weisen erlangen (die *Jnana*-Yogis, die erfolgreich den Weg der Weisheit und Unterscheidungskraft – Sankhya – beschreiten), erreichen auch die Handelnden (die *Karma*-Yogis, die erfolgreich die wissenschaftlichen Yoga-Methoden üben). Wer Weisheit und richtiges Handeln als eins betrachtet, ist im Besitz der Wahrheit.[1] 5

---

[1] Siehe Erklärung der esoterischen und exoterischen Bedeutung von *Jnana-* und *Karma-Yoga*, Seite 63-64.

Der Weg der Gita zur Freiheit: Meditation über Gott und selbstlose Tätigkeit

Entsagung, o Starkarmiger (Arjuna), ist ohne Handlungen, die zur Gottvereinigung führen (Yoga), schwer zu verwirklichen. Durch Yoga-Übungen erreicht der Muni (»jemand, dessen Geist in Gott versunken ist«) schnell das Unendliche.   6

Kein Makel (keine karmische Schuld) haftet an einem heiligen Menschen, der tätig ist, sich um göttliche Vereinigung (Yoga) bemüht, sein Ichbewusstsein (durch seelische Wahrnehmung) besiegt, Herr seiner Sinne ist und sein Selbst im SELBST aufgehen fühlt, das alle Wesen durchdringt.   7

Wer die Wahrheit schaut und eins mit Gott ist, hat ganz spontan das Gefühl: »Ich selbst tue nichts« – obgleich er sieht, hört, berührt, riecht, isst, sich bewegt, schläft, atmet, spricht, zurückweist, festhält, die Augen öffnet oder schließt; denn er weiß, dass es die (von der Natur erregten) Sinne sind, die sich mit den Sinnesgegenständen beschäftigen.   8–9

Gleich dem Lotosblatt, das vom Wasser nicht beschmutzt wird, so bleibt der Yogi frei von aller Bindung an die Sinne, wenn er ohne jede Anhänglichkeit handelt und all seine Tätigkeit dem Unendlichen weiht.   10

Um das Ego zu läutern, vollbringen Yogis ihre Handlungen mit Hilfe (der Werkzeuge des Handelns) des Körpers, des Geistes, der Unterscheidungskraft oder sogar der Sinne und geben dabei alle Anhänglichkeit auf (erlauben es dem Ego nicht, sich in Anhänglichkeiten und Wünsche verstricken zu lassen).   11

Der mit Gott vereinte Yogi, der nicht mehr an den Früchten seines Handelns hängt, erlangt unerschütterlichen Frieden (den aus Selbstdisziplin hervorgegangenen Frieden). Wer nicht mit Gott vereint ist, wird von seinen Wünschen regiert; infolge dieser Bindung lebt er weiterhin in Knechtschaft.   12

Das SELBST als transzendenter Zeuge: verankert in Glückseligkeit, unbeeinflusst von der Welt

Die verkörperte Seele, welche Herrschaft über die Sinne erlangt und sich innerlich von aller Tätigkeit gelöst hat, verbleibt glückselig in der Körper-Stadt der neun Tore; sie selbst führt keine Handlungen aus und lässt auch andere (die Sinne) nicht handeln. 13

Der Herrgott flößt den Menschen nicht das Bewusstsein ein, dass sie die Handelnden sind, noch verursacht Er ihre Handlungen, noch verwickelt Er sie in die Früchte ihrer Taten. Es ist die täuschende Kosmische Natur, die all dies verursacht. 14

Der Alldurchdringende rechnet niemandem seine Tugenden oder Sünden an. Die Weisheit wird durch die kosmische Täuschung verdunkelt, welche die Menschheit irreführt. 15

Doch die Weisheit jener Yogis, welche die Unwissenheit durch Selbsterkenntnis verbannt haben, offenbart – gleich einer strahlenden Sonne – das Höchste SELBST. 16

Ihre Gedanken sind ganz in Ihm (dem GEIST) aufgegangen, ihre Seelen sind eins mit dem GEIST geworden, ihre einzige Treue und Hingabe gilt dem GEIST, sie haben sich von der verderblichen Täuschung durch das Gegenmittel der Weisheit befreit – solche Menschen erreichen den Zustand, aus dem sie nicht mehr zurückkehren. 17

Die erleuchteten Weisen sehen in allen Lebewesen dasselbe: im gelehrten und demütigen Brahmanen, in der Kuh, im Elefanten, im Hund und im Kastenlosen. 18

Wer vollkommenen Gleichmut erlangt hat, siegt schon hier in dieser Welt über die Relativität des Daseins (Geburt und Tod, Freude und Leid). Er hat wahrhaftig den Thron des GEISTES erreicht – den makellosen, vollkommen ausgeglichenen GEIST. 19

Wer den GEIST erkannt hat und im Höchsten Wesen aufgegangen ist, wer unfehlbare Urteilskraft besitzt und frei von aller Täuschung ist, der jubiliert nicht bei erfreulichen Erlebnissen, noch lässt er sich von unerfreulichen Erlebnissen niederdrücken. 20

Über die Grenzen der Sinnenwelt hinausgehen und die unvergängliche Glückseligkeit erlangen

Der Yogi, der sich nicht zur Sinnenwelt hingezogen fühlt, erlebt die ewig neue Freude des SELBST. Da sich seine Seele mit dem GEIST vereint hat, erlangt er unvergängliche Glückseligkeit.   21

O Sohn der Kunti (Arjuna)! Da die Sinnenfreuden dem Kontakt mit der Außenwelt entspringen und einen Anfang und ein Ende haben (vergänglich sind), führen sie nur ins Elend. Kein Weiser sucht in ihnen sein Glück.   22

Wer auf dieser Erde bis zum Zeitpunkt seines Todes Herr über all seine Wünsche geworden ist und alle Regungen der Begierde und des Zorns besiegt hat, ist ein wahrer Yogi. Er ist ein glücklicher Mensch!   23

Nur ein Yogi, der von innerer Glückseligkeit erfüllt, fest in seinem Innern verwurzelt und in das innere Licht eingegangen ist, wird eins mit dem GEIST (nachdem er das Karma seines physischen, astralen und kausalen Körpers getilgt hat). Er erlangt (selbst während er noch im Körper lebt) vollkommene Befreiung und geht in den GEIST ein.   24

Die *Rishis* (Weisen), die alle Sünden ausgemerzt, alle Zweifel beseitigt und sich die Sinne untertan gemacht haben und die zum Allgemeinwohl der Menschheit beitragen, gehen befreit in den GEIST ein.   25

Entsagende, die keine Wünsche mehr haben und frei von Zorn sind, die ihre Gedanken beherrschen können und Selbst-Verwirklichung erlangt haben, sind sowohl in dieser Welt als auch in der jenseitigen vollkommen frei.   26

Ein *Muni* – dessen einziges Lebensziel die Befreiung ist und der sich deshalb von Wünschen, Ängsten und Zorn befreit – beherrscht seine Sinne, seine Gedanken sowie seine Intelligenz und bewahrt sie vor äußeren Einflüssen, indem er (mit Hilfe einer Technik) die *Prana*- und *Apana*-Ströme ausgleicht oder neutralisiert, die als Einatmung und Ausatmung durch die Nase ziehen. Er richtet den Blick zwischen die beiden Augenbrauen (wodurch er den zweifachen Strom der physischen Sicht auf den einfachen Strom des allwissenden astralen Auges einstellt). Ein solcher *Muni* erlangt vollkommene Befreiung.[2]   27–28

Frieden findet derjenige Mensch, der weiß, dass Ich der Unendliche Herr der Schöpfung und der Gute Freund aller Lebewesen bin, der sich an den heiligen Riten *(Yajnas)* und an der Entsagung (der Gottsucher) erfreut.   29

OM, *Tat, Sat.*

In der Upanishad der heiligen Bhagavad-Gita – die das Zwiegespräch zwischen dem Herrn Krishna und Arjuna schildert und die heilige Schrift des Yoga und die Wissenschaft der Gottverwirklichung darstellt – ist dies das fünfte Kapitel, mit dem Titel »Gottvereinigung durch Entsagung der Früchte seines Handelns«.

---

[2] Siehe Begleittext auf der nächsten Seite.

Kriya-Yoga: höchste Technik der Gita zur Befreiung

In diesen beiden Versen [V, 27–28] und in IV, 29 lässt die Gita alle Abstraktionen und Verallgemeinerungen beiseite und erwähnt die besondere Technik der Erlösung – den *Kriya-Yoga*. ...

Durch die besondere Technik des *Kriya-Yoga* werden der einfließende Atem als *Prana* und der ausfließende Atem des *Apana* in kühle bzw. warme Ströme verwandelt. Wenn der Gottsucher mit dem Üben des *Kriya-Yoga* beginnt, fühlt er – während des ein- und ausfließenden Atems – den kühlen *Prana*-Strom die Wirbelsäule hinauf- und den warmen *Apana*-Strom die Wirbelsäule hinabfließen. ... Wenn der *Kriya-Yogi* lernt, den ein- und ausfließenden Atem in die Wahrnehmung kühler und warmer Ströme zu verwandeln, die in der Wirbelsäule auf und ab fließen, erkennt er, dass sein Körper von diesen inneren Strömen der Lebenskraft erhalten wird und nicht von ihrem Nebenprodukt, dem Atem. ...

Allmählich stellt er fest, dass diese beiden Ströme in der Wirbelsäule zu einem einzigen Strom der Lebenskraft werden, der, gleich einem Magneten, *Prana* aus allen Körperzellen und Nerven zieht. Dieser verstärkte Lebensstrom fließt zur Stelle zwischen den Augenbrauen empor und wird als das dreifarbige sphärische Astralauge sichtbar: eine leuchtende Sonne, in deren Zentrum sich ein blauer Kreis befindet, der einen hell flimmernden Stern umschließt. Als Jesus die Worte sprach: »Wenn dein Auge einfältig ist, so wird dein ganzer Leib licht sein«, bezog er sich auf dieses »einfältige« Auge in der Stirnmitte und wies auf die Wahrheit hin, dass der Körper im Wesentlichen aus Licht bestehe. ...

Diese Gita-Strophe hebt hervor, wie notwendig es ist, den *Prana*- und *Apana*-Strom zu neutralisieren oder »auszugleichen«. Diese Wirkung erzielt man durch das Üben von *Kriya-Yoga*, das die Körperzellen mit dem inneren kosmischen Leben auflädt, so dass Einatmung und Ausatmung aufgehoben werden – das heißt, dass sie aufhören und überflüssig werden. ... Der Atem setzt aus, die Lebensvorgänge stehen still, die Empfindungen und Gedanken lösen sich auf. Dann wird das göttliche Lebenslicht und Bewusstsein, das der Gottsucher in den zerebrospinalen Zentren wahrnimmt, eins mit dem Kosmischen Licht und Kosmischen Bewusstsein. ...

Mit Hilfe dieser wissenschaftlichen Methode erhebt sich der Yogi tatsächlich stufenweise über die Sinne, das heißt, er versucht nicht nur, dies durch unwirksame geistige Ablenkung zustande zu bringen. ... Er lernt auf wissenschaftliche Weise, die Ströme aus den fünf Sinneskanälen in die Wirbelsäule und das Gehirn zu lenken und sein Bewusstsein mit der Freude höherer geistiger Wahrnehmungen in den sieben Zentren zu erfüllen. Wenn er dann sogar während seiner Tätigkeit im Zustand göttlicher Glückseligkeit verharren kann, hat er nicht mehr das Verlangen, sich an äußeren Dingen zu erfreuen. Er strahlt die Ruhe göttlicher Erkenntnis aus und lässt keine Furcht und keinen Ärger in sich aufsteigen, wenn seine materiellen Wünsche unerfüllt bleiben. Seine Seele ist nicht mehr an die Materie gebunden, sondern für immer in der kosmischen Glückseligkeit des GEISTES aufgegangen.

KAPITEL VI

Dauerhafte Zuflucht im GEIST durch Yoga-Meditation

Wahre Entsagung und wahrer Yoga sind von der Meditation abhängig

Der Segensreiche Herr sprach:

Ein wahrer Entsagender und ein wahrer Yogi vollbringen pflichtgemäße und geistige Handlungen (*Karyam* bzw. *Karma*), ohne nach deren Früchten zu trachten – nicht aber derjenige, der keine Feuerzeremonie (Opfer) vollzieht oder der alles Handeln aufgibt. 1

Wisse, o Pandava (Arjuna), dass das, was die heiligen Schriften als Entsagung bezeichnen, dasselbe ist wie Yoga; denn wer seinen selbstsüchtigen Beweggründen (*Sankalpa*) nicht entsagt hat, kann auch kein Yogi sein. 2

Der Muni, der sich um Höherentwicklung bemüht, erkennt, dass meditatives Handeln (*Karma*) zum Zweck der Gottvereinigung (Yoga) »sein Weg« ist; wenn er diesen Yoga gemeistert hat, dann ist die Tatenlosigkeit »sein Weg«. 3

Wer jede Anhänglichkeit an die Sinnesgegenstände und an sein Handeln überwunden hat und frei von allem egoistischen Streben ist, hat seine Seele für immer mit dem GEIST vereinigt. 4

Verwandlung des kleinen Selbst (des Ego) in das göttliche SELBST (die Seele)

Der Mensch soll das Selbst (Ego) durch das Selbst erheben; das

Selbst darf nicht erniedrigt (niedergedrückt) werden. Wahrlich, das Selbst ist sein eigener Freund; und das Selbst ist sein eigener Feind.   5

Für den Menschen, der sein Selbst (Ego) durch das SELBST (die Seele) besiegt hat, wird das SELBST zum Freund des Selbst; doch einem ungezähmten Selbst gegenüber verhält sich das SELBST wahrhaftig gegnerisch – wie ein Feind.[1]   6

Der friedliche Weise, der sein Selbst (Ego) besiegt hat, ist immer im Höchsten SELBST (dem GEIST) verankert, ob er Kälte oder Hitze, Lust oder Leid, Lob oder Tadel erfährt.   7

Von dem Yogi, der ganz in den seligen Zustand der Wahrheit und Selbst-Verwirklichung versunken ist, sagt man, dass er unauflöslich mit dem GEIST vereint sei. Für ihn, der fest verankert ist und die Sinne besiegt hat, gibt es keinen Unterschied zwischen Erde, Steinen und Gold.   8

Ein hochentwickelter Yogi betrachtet alle Menschen voller Gleichmut – Wohltäter, Freunde, Feinde, Fremde, Vermittler, Scheusale, Verwandte, die Tugendhaften und die Gottlosen.   9

Krishnas Ratschläge zum erfolgreichen Üben des Yoga

Der Yogi, der keine Wünsche mehr hegt, die er zu erfüllen hofft, und sich nicht mehr nach Besitz sehnt, dessen Herz (Wellen der Gefühle) von der Seele regiert wird (durch Yoga-Konzentration), sollte sich an einen ruhigen Platz zurückziehen und sich unaufhörlich bemühen, eins mit seiner Seele zu werden.   10

Der Sitz des Yogis sollte sich an einem sauberen Platz befinden, er sollte stabil (nicht wackelig) und weder zu hoch noch zu niedrig sein und zuerst mit *Kusha*-Gras, dann mit einem Hirsch- oder Tigerfell und zuletzt mit einem Tuch bedeckt werden.   11

Wenn er diesen Sitz eingenommen, den Geist auf einen Punkt gerichtet und Herrschaft über die lebhafte Fantasie (*Chitta*, das Gefühl – die Kraft der Vergegenwärtigung) und die Sinne gewonnen hat, soll er Yoga üben, um sich selbst zu läutern.   12

---

[1] Siehe Erklärung der Verse 5 und 6 auf Seite 58-59.

Was bedeutet Brahmacharya (Vers 14)?

[*Brahmacharya* – meist als Selbstbeherrschung verstanden, besonders als Beherrschung des Geschlechtstriebes – ist eine der fünf *Yamas* (religiösen Vorschriften), die den ersten Schritt auf Patanjalis Achtstufigem Yoga-Weg darstellen. In seinem Kommentar zu Vers 14 schrieb Paramahansa Yogananda:]

»Wer standhaft im *Brahmacharya* ist, wird als ein keuscher Schüler bezeichnet, der gewissenhaft ein heiliges Leben führt, die heiligen Schriften studiert und sich in Selbstdisziplin übt. Den Anweisungen der Veden entsprechend war dies grundsätzlich für alle Sucher der Anfang des geistigen Lebens. ›Brahmachari-vrate‹ hat hier noch eine tiefere Bedeutung: Wörtlich heißt es: ›Jemand, dessen Tätigkeitsbereich oder dessen hingebungsvolle Handlung *(Vrata)* im Üben *(chāra)* des OM *(Brahma:* des heiligen Lautes, *Shabda-Brahman)* besteht.‹ Der vollkommene *Brahmachari* ist also jemand, der durch seine Meditation über OM im Reiche Brahmans umherschweift oder aufwärtsstrebt; Brahman manifestiert sich als Schöpfer oder Heilige Schwingung: als OM, Amen oder als Heiliger Geist.«

Während der Yogi Wirbelsäule, Nacken und Kopf aufrecht und still hält, soll er seine Augen auf die Nasenwurzel richten (die Stelle zwischen den Augenbrauen); er soll den Blick nicht in verschiedene Richtungen umherschweifen lassen.   13

Der Yogi sollte sich friedlich und furchtlos niedersetzen, standhaft im *Brahmacharya* sein, beherrschten Geistes die Gedanken auf Mich richten und über Mich, das Höchste Ziel, meditieren.   14

Der selbstbeherrschte Yogi – der völlige Herrschaft über seinen Geist erlangt hat – vereinigt seine Seele durch unaufhörliche Meditation mit dem GEIST und erlangt Meinen Frieden: das endgültige Nirvana (die Erlösung).   15

O Arjuna! Der Schlemmer, der Hungerkünstler, der Langschläfer und der Schlaflose – keiner von diesen hat Erfolg im Yoga.   16

Wer regelmäßig und maßvoll isst, ruht, arbeitet, schläft und wacht, wird feststellen, dass der Yoga all seinem Leid ein Ende bereitet.   17

Wie man Selbstbeherrschung und Herrschaft über den Geist erlangt

Wenn das *Chitta* (Gefühl) völlig unterworfen und ruhig im SELBST verankert ist, sagt man, dass der Yogi nicht mehr an Wünschen hängt und eins mit Gott geworden ist.   18

Ein Yogi, der seine Gefühle *(Chitta)* beherrscht und regelmäßig über das SELBST meditiert, gleicht einer ruhigen Flamme an einem windstillen Ort.   19

Der Zustand völliger Ruhe des Gefühls *(Chitta)*, den man durch Yoga-Meditation erreicht und in dem das Selbst (Ego) sich als das SELBST (die Seele) wahrnimmt und zufrieden im SELBST ruht (verankert ist);   20

der Zustand, in dem die erwachte, intuitive Intelligenz die unermessliche, alle Sinnenfreuden übertreffende Glückseligkeit wahrnimmt, in welcher der Yogi verankert bleibt und die er nie wieder verliert;   21

der Zustand, den der Yogi, wenn er ihn einmal erreicht hat, für den höchsten aller Schätze hält – denn ist er erst darin verankert, kann ihm selbst der größte Kummer nichts mehr anhaben;   22

dieser Zustand ist als Yoga – der schmerzfreie Zustand – bekannt. Deshalb soll man mit fest entschlossenem Herzen Yoga üben.   23

Gib ausnahmslos alles Verlangen auf, das aus den *Sankalpas* (Zukunftsplänen) entsteht, und herrsche allein kraft deines Geistes über die Sinnesorgane, die Sinneskräfte und die überall vorhandenen Sinnesgegenstände, mit denen jene in Berührung kommen.   24

Wenn der Yogi mit großer Geduld seine intuitive Unterscheidungskraft gebraucht und seinen Geist mit der Seele verschmelzen lässt, kann er den Geist von allen Gedanken befreien und nach und nach den Zustand der inneren Stille erreichen.   25

Wenn der unbeständige, ruhelose Geist umherwandert – aus welchem Grunde auch immer –, soll der Yogi ihn von den Zerstreuungen abwenden und einzig der Herrschaft des SELBST unterstellen.   26

Ein Yogi, der seinen Geist vollständig beruhigt, seine Leidenschaften bezähmt und von allen Unreinheiten[2] befreit hat und der eins mit dem GEIST geworden ist, hat wahrlich den Zustand höchster Seligkeit erlangt. 27

Der Yogi, der frei von allen Unreinheiten ist und das SELBST ständig mit Yoga (der göttlichen Vereinigung) beschäftigt hält, erreicht bald den segensreichen Zustand vollständiger Verschmelzung mit dem GEIST. 28

Wenn der Yogi seine Seele durch Yoga mit dem GEIST vereinigt hat, wenn er in allen Dingen das Gleiche sieht, schaut er sein SELBST (das eins mit dem GEIST ist) in allen Lebewesen und alle Lebewesen im GEIST. 29

Wer Mich überall wahrnimmt und alle Dinge in Mir, der verliert Mich nie aus den Augen, noch verliere Ich ihn je aus den Augen. 30

Der Yogi, der im Zustand göttlicher Vereinigung lebt – was seine Lebensumstände auch sein mögen – und erkennt, dass Ich in allen Dingen gegenwärtig bin, bleibt ewig mit Mir verbunden. 31

O Arjuna, von allen Yogis ist Mir derjenige am liebsten, der die Freude und das Leid anderer so fühlt, als sei es sein eigenes. 32

Das Versprechen des Herrn: Der beharrliche Yogi erringt schließlich den Sieg

Arjuna sprach:

O Madhusudana (Krishna), wegen meiner Ruhelosigkeit spüre ich keine anhaltende, dauerhafte Wirkung des ausgleichenden Yoga, den Du mir dargelegt hast. 33

Der Geist ist wahrlich unbeständig, leicht erregbar, machtvoll und widerspenstig. O Krishna, ich finde den Geist ebenso schwer zu bezähmen wie den Wind! 34

---

[2] Wörtlich, »*er* wird von aller Unreinheit befreit.« Es heißt, dass der Yogi selbst frei von aller Unreinheit wird, wenn er zuerst durch Konzentration die Tätigkeit des Denkens und die daraus erwachsenden Leidenschaften beruhigt und auf diese Weise seinen Geist dem verderblichen Einfluss der Dualität entzieht.

Der Segensreiche Herr sprach:

O Mahabaho (»starkarmiger« Arjuna), zweifellos ist der Geist wankelmütig und widerspenstig; doch durch Yoga-Übungen und Gleichmut, o Sohn der Kunti (Arjuna), lässt sich der Geist dennoch bezwingen.   35

Höre auf Mein Wort: Der unbeherrschte Mensch wird schwerlich Erfolg im Yoga haben; demjenigen jedoch, der Selbstbeherrschung besitzt und die richtigen Methoden anwendet, wird es gelingen.   36

Arjuna sprach:

O Krishna! Was geschieht mit einem Menschen, der keine Ergebnisse im Yoga erzielt – der zwar hingebungsvoll versucht hat zu meditieren, aber keine Herrschaft über sich erlangt hat, weil ihm die Gedanken während der Yoga-Übungen immer davonlaufen?   37

Wenn der Yogi seinen Weg zu Brahman (zum GEIST) nicht findet, wenn er nicht unter Seinem Schutz steht, sondern der Täuschung verfällt und von beiden Wegen abirrt (dem Weg der Gottvereinigung und dem Weg richtigen Handelns), geht er dann nicht zugrunde wie eine vereinzelte Wolke, die verdunstet?[3]   38

Nimm bitte alle Zweifel für immer von mir, o Krishna! Denn kein anderer als Du kann mich von dieser Ungewissheit befreien.   39

Der Segensreiche Herr sprach:

O Arjuna, mein Sohn! Wer Gutes tut, geht nie zugrunde. Weder in dieser Welt noch in der jenseitigen verfällt er dem Elend!   40

Ein gefallener Yogi geht in die Welt der Tugendhaften ein und verbleibt dort viele Jahre; danach wird er in einem guten und wohlhabenden Hause auf Erden wiedergeboren.   41

---

[3] Dies bezieht sich auf die beiden Wege, die im ersten Vers dieses Kapitels angeführt worden sind. Als einen Yogi bezeichnete man dort jemanden, der überwiegend dem Weg ekstatischer Meditation folgt, um Vereinigung mit Gott zu erlangen, und als einen Entsagenden jemanden, der dem Weg innerer Entsagung folgt, indem er seine Pflichten erfüllt und meditiert, ohne jedoch an den Früchten seines Handelns zu hängen oder Ergebnisse zu erwarten. Sowohl der meditierende Yogi, der frei von jeder Anhänglichkeit ist, als auch der tätige Gottsucher, der innerlich allem entsagt und meditiert, sind vorbildliche Yogis, deren Weg zur Vereinigung mit Gott führt. In diesem Vers hier geht es jedoch um das Schicksal jener Yogis, die in ihren Bemühungen nicht ganz erfolgreich gewesen sind.

Oder er mag sich in einer Familie erleuchteter Yogis wiederverkörpern; wahrlich, eine solche Geburt ist auf Erden viel schwerer zu erreichen. 42

Dort, o Arjuna, gewinnt er wieder die Unterscheidungskraft des Yoga, die er sich in seinem früheren Leben erworben hat, und bemüht sich eifriger um geistigen Fortschritt. 43

Die Kraft, die sich der Yogi durch frühere Yoga-Übungen erworben hat, genügt also, um ihn auf seinem Weg voranzutreiben. Selbst wenn ein Schüler nur eifrig die Theorie des Yoga studiert, ist er weiter fortgeschritten als einer, der äußere religiöse Riten vollzieht. 44

Wenn der Yogi seinem Weg gewissenhaft folgt und sich durch seine Bemühungen in vielen Leben vervollkommnet, wird er von aller Sünde (jeglichen karmischen Makeln) gereinigt und geht schließlich in die Höchste Seligkeit ein. 45

Der Yogi ist größer als der Asket, der seinen Körper diszipliniert, größer sogar als jene, die dem Weg der Weisheit oder dem Weg des Handelns folgen; deshalb sei du, o Arjuna, ein Yogi![4] 46

Wer sich voller Hingabe in Mich versenkt und seine Seele ganz in Mir aufgehen lässt, den betrachte Ich als den ausgeglichensten aller Yogis. 47

OM, *Tat, Sat.*

In der Upanishad der heiligen Bhagavad-Gita – die das Zwiegespräch zwischen dem Herrn Krishna und Arjuna schildert und die heilige Schrift des Yoga und die Wissenschaft der Gottverwirklichung darstellt – ist dies das sechste Kapitel, mit dem Titel »Dhyana-Yoga (Vereinigung durch Meditation)«.

---

[4] Siehe Erklärung dieses Verses auf den Seiten 59 ff.

KAPITEL VII

Die Natur des GEISTES und der GEIST der Natur

»Vernimm, wie du Mich erkennen kannst«

Der Segensreiche Herr sprach:

O Partha (Arjuna), wenn du deinen Geist in Mich versenkst, in Mir deine Zuflucht suchst und dem Weg des Yoga folgst, dann wisse, dass du Mich zweifellos erreichen wirst – und zwar in Meiner Ganzheit (indem du Mich und all Meine Eigenschaften und Kräfte erkennst).   1

Ich will dir ausführlich die theoretische Weisheit enthüllen und auch jene Weisheit, die man nur durch intuitive Verwirklichung erlangt und der nichts in dieser Welt verborgen bleibt.   2

Unter Tausenden von Menschen gibt es vielleicht einen, der sich um geistigen Fortschritt bemüht; und unter den gesegneten wahren Suchern, die sich beharrlich bemühen, Mich zu erreichen, erkennt Mich vielleicht einer so, wie Ich bin.   3

Prakriti: die dualistische Natur des GEISTES in der Schöpfung

Mein Wesen (Prakriti) offenbart sich in acht verschiedenen Ausdrucksformen: Erde, Wasser, Feuer, Luft, Äther, Sinnesbewusstsein (*Manas*), Intelligenz (*Buddhi*) und Egoismus (*Ahamkara*).   4

Das also ist Meine niedrigere Natur (Apara-Prakriti). Wisse aber, o Starkarmiger (Arjuna), dass Meine andere und höhere Natur (Para-Prakriti) der *Jiva* ist, jenes Ichbewusstsein und Lebensprinzip, das den Kosmos erhält.   5

Wisse, dass Meine dualistische Natur, die reine und unreine Prakriti, der Mutterschoß aller Lebewesen ist. Ich bin der Erzeuger und auch der Auflöser des gesamten Kosmos.   6

Wie der Schöpfer die manifestierte Schöpfung aufrechterhält

O. Arjuna! Es gibt nichts Höheres als Mich, es gibt nichts jenseits von Mir. So wie Perlen auf eine Schnur, so sind alle Dinge (Lebewesen und Gegenstände) auf Mich aufgereiht. 7

O Sohn der Kunti (Arjuna), Ich bin die Flüssigkeit des Wassers; Ich bin die Strahlung des Mondes und der Sonne; Ich bin das OM (*Pranava*) in allen Veden, der Klang im Äther und die Mannhaftigkeit im Menschen. 8

Ich bin der heilsame Duft, der von der Erde aufsteigt; Ich bin die Leuchtkraft des Feuers, das Leben aller Kreatur und die Selbstdisziplin der Einsiedler. 9

Wisse, dass Ich der ewige Same aller sterblichen Wesen bin, o Sohn der Pritha (Arjuna)! Ich bin das Verständnis der Scharfsinnigen, der strahlende Glanz der Lebewesen. 10

Unter den Machtvollen, o Bester der Bharatas (Arjuna), bin Ich die Kraft, die frei von Sehnsucht und Anhänglichkeit ist. In den Menschen bin Ich der Wunsch, der im Einklang mit *Dharma* (der Rechtschaffenheit) steht. 11

Wisse, dass alle Manifestationen des *Sattva* (des Guten), des *Rajas* (der Tätigkeit) und des *Tamas* (des Bösen) aus Mir hervorgehen. Obwohl sie in Mir enthalten sind, bin Ich nicht in ihnen. 12

Die Kosmische Hypnose (Maya) und wie man sie überwindet

Die Welt der Sterblichen erkennt Mich nicht, der Ich unwandelbar und jenseits aller Eigenschaften bin, weil sie durch die dreifache Erscheinungsform der Natur getäuscht wird. 13

Es ist wahrlich schwierig, sich dem Einfluss Meiner göttlichen kosmischen Hypnose zu entziehen, die mit den dreifachen Eigenschaften durchwoben ist. Nur wer in Mir (dem Kosmischen Hypnotiseur) Zuflucht sucht, wird von dieser Macht der Täuschung befreit. 14

Die niederste Art von Menschen, die Übeltäter und irregeführten Narren, denen die *Maya* (Täuschung) ihre Unterscheidungskraft geraubt hat, folgen dem Weg dämonischer Wesen und versäumen es, in Mir Zuflucht zu suchen.   15

Die Leidtragenden, die Wahrheitssucher, diejenigen, die hier und im Jenseits[1] nach Erfolg streben, und die Weisen – diese, o Arjuna, sind die vier Arten rechtschaffener Menschen, die Mich suchen.   16

Am höchsten unter ihnen steht der Weise – beharrlich und unbeirrbar in seiner Hingabe ist er. Denn Ich bin dem Weisen unsagbar lieb, und er ist Mir unsagbar lieb.   17

All diese (vier Arten von Menschen) sind edel, doch den Weisen betrachte Ich wahrlich als Mein eigenes SELBST. Er ist unerschütterlich in Mir allein verankert und betrachtet Mich als sein höchstes Ziel.   18

Der Weise erreicht Mich nach vielen Inkarnationen und erkennt: »Der Herr ist allgegenwärtig!« Solch ein Erleuchteter ist schwer zu finden.   19

Welchen »Gott« soll man anbeten?

Wenn die Menschen ihren eigenen Neigungen folgen und ihre Unterscheidungskraft durch dieses oder jenes Verlangen einbüßen, wenn sie sich dieser oder jener kultischen Vorschrift unterwerfen, suchen sie die niedrigeren Gottheiten auf.   20

Welche Verkörperung (welche göttliche Inkarnation, welchen Heiligen oder welche Gottheit) ein Sucher auch getreulich anzubeten versucht, Ich bin es, der seine Hingabe festigt.   21

Ein Gottsucher, der tiefe Hingabe besitzt und diese Verkörperung unentwegt anbetet, empfängt die Frucht seiner Sehnsucht. Doch wahrlich, Ich allein bin es, der solche Erfüllung schenkt.   22

Doch Menschen mit ungenügendem Wissen (welche die niedrigeren Gottheiten anbeten) ernten nur magere Ergebnisse. Wer die Götter

---

[1] *Artharthi*, wörtl., »jemand, der das starke Verlangen hat, sein Ziel zu erreichen oder seine Wünsche zu erfüllen«; d. h. jemand, der im Diesseits und im Jenseits die Fähigkeit ersehnt, sich alle Wünsche zu erfüllen.

sucht, gelangt zu ihnen; wer Mich sucht, gelangt zu Mir.   23

Menschen, die keine Weisheit besitzen, meinen, dass Ich, der Unmanifestierte, eine sichtbare Gestalt hätte (wie ein sterbliches Wesen, das einen Körper annimmt). Sie können Meinen unvergleichlichen Bewusstseinszustand, Mein unveränderliches, unbeschreibliches Wesen nicht erfassen.   24

Wie man den GEIST hinter den Traumschatten der Natur erkennt

Dem Anschein nach werde Ich durch Meine eigene *Yoga-Maya* verdunkelt (die Täuschung, die den dreifachen Eigenschaften der Natur entspringt), so dass die Menschen Mich nicht sehen können. Die verwirrte Welt kennt Mich, den Ungeborenen, den Unsterblichen, nicht.   25

O Arjuna, Ich bin Mir der Lebewesen der Vergangenheit, Gegenwart und Zukunft bewusst; Mich aber kennt niemand.   26

O Nachkomme von Bharata, Schrecken der Feinde (Arjuna)! Bei ihrer Geburt werden alle Lebewesen durch die Täuschung der paarweisen Gegensätze, die aus Verlangen und Widerwillen entstehen, in täuschende Unwissenheit (*Moha*) getaucht.   27

Doch die rechtschaffenen Menschen, deren Sünden getilgt sind und die nicht mehr unter dem Einfluss der gegensätzlichen Täuschungen stehen, beten Mich unentwegt an.   28

Wer von Zerfall und Tod erlöst werden will und an Mir festhält, kennt Brahman (das Absolute), den alles einschließenden *Adhyatma* (die Seele als Reservoir des GEISTES) und alle Geheimnisse des Karmas.   29

Wer Mich im *Adhibhuta* (dem Physischen), im *Adhidaiva* (dem Astralen) und im *Adhiyajna* (dem Geistigen) wahrnimmt, wer Herz und Seele miteinander vereint, wird Mich auch im Augenblick seines Todes schauen.   30

OM, Tat, Sat.

In der Upanishad der heiligen Bhagavad-Gita – die das Zwiegespräch
zwischen dem Herrn Krishna und Arjuna schildert und die heilige
Schrift des Yoga und die Wissenschaft der Gottverwirklichung darstellt
– ist dies das siebente Kapitel, mit dem Titel »Der Yoga der Erkenntnis
und der urteilsfähigen Weisheit«.

KAPITEL VIII

Das Unvergängliche Absolute: jenseits der Zyklen von Schöpfung und Auflösung

Die Manifestationen des GEISTES im Makrokosmos und Mikrokosmos

Arjuna sprach:

O Bester der Purushas (Krishna)! Sage mir bitte, was ist Brahman (der GEIST)? Was ist *Adhyatma* (das *Kutastha*-Bewusstsein, das allen Manifestationen zugrunde liegt und in allen Lebewesen des Kosmos als Seele existiert)? Und was ist Karma (die aus dem OM hervorgehenden kosmischen und meditativen Handlungen)? Was ist *Adhibhuta* (das Bewusstsein, das den körperlichen Lebewesen und dem physischen Kosmos innewohnt)? Und was ist *Adhidaiva* (das Bewusstsein, das sich in den Astralkörpern und im Astralkosmos manifestiert)?   1

O Vernichter des Dämons Madhu (Krishna)! Was ist *Adhiyajna* (der Höchste Schöpferische und Erkennende GEIST), und auf welche Weise ist *Adhiyajna* (als die Seele) in diesem Körper gegenwärtig? Und wie kann der disziplinierte Yogi Dich im Augenblick des Todes erkennen?   2

Der Segensreiche Herr sprach:

Brahman ist der Unzerstörbare und Höchste GEIST. Seine ungeteilte Manifestation (als *Kutastha-Chaitanya* und als individuelle Seele) wird *Adhyatma* genannt. Das OM (die Kosmische Schwingung oder *Visarga*), welches die Geburt, die Erhaltung und die Auflösung der Lebewesen und ihrer verschiedenen Charaktere verursacht, wird Karma (kosmische Handlung) genannt.   3

O Höchster der Verkörperten (Arjuna)! *Adhibhuta* ist die Grundlage des körperlichen Daseins; *Adhidaiva* ist die Grundlage des astralen Daseins; und Ich, der GEIST innerhalb des Körpers und des Kosmos, bin *Adhiyajna* (der Ursprung, der Große Opfernde, der Schöpfer von allem und der Allwissende).   4

Was der Yogi im Augenblick des Todes erlebt

Und schließlich geht der in Mich ein, der im Augenblick seines Todes, wenn er den Körper verlässt, nur an Mich denkt. Das ist die unanfechtbare Wahrheit.   5

O Sohn der Kunti (Arjuna), der Gedanke, mit dem ein Sterbender seinen Körper verlässt und an dem er lange festgehalten hat, bestimmt seinen nächsten Daseinszustand.   6

Denke deshalb ständig an Mich und bewähre dich im Kampf der Tätigkeit! Weihe Mir deinen Geist und dein Verständnis! Dann wirst du zweifellos zu Mir gelangen.   7

Wessen Gedanken durch Yoga still geworden und unverwandt auf den Höchsten, Glanzvollen Gott gerichtet sind, o Partha (Arjuna), der erreicht Ihn.   8

Der Yogi gelangt zum Höchsten, Glanzvollen Herrn, wenn er in der Stunde des Todes seine Lebensenergie voller Liebe und mit der durch Yoga erworbenen Kraft tief auf die Stelle zwischen den Augenbrauen (den Sitz des geistigen Auges) konzentriert und seinen Geist unverwandt auf jenes Wesen richtet, das jenseits aller täuschenden Dunkelheit besteht und hell wie die Sonne erstrahlt – auf den Einen, dessen Gestalt unvorstellbar ist, feiner als das feinste Atom, auf den Lebenserhalter, den Großen Herrscher, der ewig und allwissend ist.   9–10

Der Weg, der zum Allerhöchsten führt

Das, was die vedischen Seher als das Unveränderliche bezeichnen, das, was die Entsagenden durch das Aufgeben jeder Anhänglichkeit erreichen und um dessentwillen sie ein Leben der Selbstdisziplin führen, will Ich dir kurz erklären – und auch die Methode, mit der man Es erreicht.   11

Wer die neun Tore[1] des Körpers verschließt, seinen Geist ins Herz-zentrum zurückzieht, seine ganze Lebenskraft im Großhirn zentriert und auf diese Weise beharrlich Yoga übt – wer sich in das OM, das Hei-lige Wort Brahmans, vertieft und bei seinem endgültigen Scheiden vom Körper an Mich (den GEIST) denkt, erreicht das Höchste Ziel.   12–13

O Partha (Arjuna)! Der zielbewusste Yogi, der täglich und fort-während an Mich denkt und seinen Geist mit tiefer Konzentration nur auf Mich richtet, wird leicht zu Mir gelangen.   14

Meine edlen Gotteskinder, die Mich (den GEIST) gefunden haben, sind in höchstem Grade erfolgreich. Sie werden nicht auf dieser Ebene des Kummers und der Unbeständigkeit wiedergeboren.   15

Die Zyklen der Kosmischen Schöpfung

Yogis, die sich noch nicht von der Welt gelöst haben, kehren (zur Welt) zurück – selbst aus der hohen Sphäre Brahmas (der Vereinigung mit Gott im *Samadhi*). Doch wenn sie in Mich (den transzendenten GEIST) eingehen, gibt es keine Wiedergeburt mehr, o Sohn der Kunti (Arjuna)![2]   16

Wer das weiß, dass der Tag Brahmas tausend Zyklen (*Yugas*) währt und die Nacht Brahmas ebenfalls tausend Zyklen, ist ein wah-rer Kenner von »Tag« und »Nacht«.   17

Wenn der Tag Brahmas dämmert, erhebt sich die ganze Schöpfung aus dem Zustand der Nicht-Manifestation und wird wiedergeboren; wenn die Nacht Brahmas anbricht, sinkt die ganze Schöpfung in den Schlaf der Nicht-Manifestation zurück.   18

O Sohn der Pritha (Arjuna), hilflos verkörpert sich dieselbe Menge

---

[1] *Sarvadvārāṇi deham* = »alle Tore des Körpers«. In V, 13 wurden diese als neun an der Zahl be-zeichnet, als »Körper-Stadt der neun Tore«. Diese bestehen aus den zwei Augen, zwei Ohren, zwei Nasenlöchern, den Organen der Ausscheidung und Fortpflanzung sowie dem Mund.

[2] Das Sanskritwort *Lokas*, in diesem Vers als »menschliche Wesen« (d. h. solche, die noch sterb-liches Bewusstsein besitzen) übersetzt, kann auch als »Welten« wiedergegeben werden. Dann lau-tet die Übersetzung des Verses, der schon die kommenden Verse einleitet, wie folgt:

»Alle Welten, von der hohen Sphäre Brahmas (bis zur grobstofflichen Erde), sind (dem be-grenzenden Gesetz) der Wiederkehr unterworfen. Doch jene Gottsucher, o Arjuna, die in Mich eingehen, sind von Wiedergeburt befreit.«

Menschen immer wieder. Die Reihe ihrer Wiedergeburten endet beim Anbruch der Nacht und beginnt von Neuem beim Dämmern des Tages.   19

Wer jedoch über das Unmanifestierte (die Zustände der Erscheinungen) hinausgelangt, erreicht das Wahre Unmanifestierte, das Unwandelbare, Absolute, das von den Zyklen kosmischer Auflösung nicht berührt wird.   20

Das zuvor erwähnte Unmanifestierte, das Unveränderlich Absolute, wird daher als das Höchste Ziel betrachtet. Wer diesen Meinen höchsten Zustand erreicht, wird nicht mehr wiedergeboren.   21

Durch unentwegte Hingabe, o Sohn der Pritha (Arjuna), erreicht man dieses Höchste Unmanifestierte. Er allein, der Allgegenwärtige, ist die Heimat aller Lebewesen.   22

Der Weg, der zur Befreiung vom Zyklus der Wiedergeburten führt

Ich will dir nun erklären, o Bester der Bharatas (Arjuna), auf welchem Weg die Yogis zur Stunde des Todes Freiheit erlangen – und auch, welcher Weg zur Wiedergeburt führt.[3]   23

Wer zur Zeit seines Hinscheidens den Weg nimmt, der durch Tag, Feuer und Licht erhellt wird, wer in der mondbeschienenen Hälfte des Monats und während der sechs Monate, da die Sonne sich nach Norden bewegt, scheidet – diese Kenner Gottes gehen zu Gott.   24

Wer den Weg nimmt, der durch Rauch führt, wer bei Nacht, in der dunklen Hälfte des Monats und während der sechs Monate, da die Sonne sich nach Süden bewegt, scheidet, empfängt nur das Mondlicht und kehrt zur Erde zurück.   25

Diese beiden Wege des Scheidens von dieser Welt haben ewige Geltung. Der Weg des Lichts führt zur Erlösung, der Weg der Dunkelheit zur Wiedergeburt.   26

---

[3] Wie im ausführlichen Kommentar in *Gott spricht mit Arjuna – Die Bhagavad-Gita* erklärt wird, enthalten die Verse 23–28 tiefe symbolische Hinweise zur Wissenschaft des Yoga und dürfen nicht wörtlich aufgefasst werden.

Kein Yogi, der diese beiden Wege kennt, wird je der Täuschung verfallen (den Weg der Dunkelheit zu beschreiten). Deshalb, o Arjuna, folge jederzeit beharrlich dem Weg des Yoga. 27

Wer die Wahrheit über diese beiden Wege erkannt hat, erwirbt dadurch größeres Verdienst als durch irgendein Studium der heiligen Schriften oder Opfergaben oder Bußübungen oder Geschenke. Ein solcher Yogi kehrt zu seinem wahren Ursprung zurück. 28

OM, Tat, Sat.

In der Upanishad der heiligen Bhagavad-Gita – die das Zwiegespräch zwischen dem Herrn Krishna und Arjuna schildert und die heilige Schrift des Yoga und die Wissenschaft der Gottverwirklichung darstellt – ist dies das achte Kapitel, mit dem Titel »Vereinigung mit dem Absoluten Geist«.

KAPITEL IX

Das Königliche Wissen,
das Königliche Mysterium

Direkte Wahrnehmung Gottes durch »leicht zu übende« Yoga-Methoden

Der Segensreiche Herr sprach:

Dir, dem Makellosen, will Ich nun das höchste Mysterium offenbaren (das immanente und transzendente Wesen des GEISTES). Wenn du diese Weisheit intuitiv erfasst, wirst du dem Bösen entrinnen.   1

Diese Erkenntnis ist die Königin der Wissenschaften, das königliche Geheimnis, die einzigartige Läuterung und die Essenz des *Dharma* (der rechtmäßigen Pflicht des Menschen). Es ist das unmittelbare Erkennen der Wahrheit – die immerwährende Erleuchtung –, die man durch leicht zu übende Methoden (des Yoga) erreichen kann.   2

Menschen, die nicht an diesen *Dharma* glauben (die sich nicht mit den Übungen beschäftigen, die zur Erleuchtung führen), erreichen Mich nicht, o Schrecken der Feinde (Arjuna)! Wieder und wieder beschreiten sie den vom Tode verdunkelten Weg des Samsara (des Kreislaufs der Wiedergeburten).   3

Der Herr durchdringt die ganze Schöpfung und bleibt dennoch transzendent

Ich, der Unmanifestierte, durchdringe das ganze Universum. Alle Wesen wohnen in Mir, doch Ich wohne nicht in ihnen.   4

Schau Mein Göttliches Mysterium, in dem es so scheint, als seien alle Wesen nicht in Mir enthalten, noch wohne Mein S E L B S T in ihnen; und dennoch bin Ich allein ihr Schöpfer und Erhalter!   5

Verstehe es so: Wie sich die Luft frei in der Unendlichkeit des Raumes (*Akasha*) bewegt und ihr Dasein im Raume hat (obgleich die Luft sich vom Raum unterscheidet), so haben alle Wesen ihr Dasein in Mir (doch sie sind nicht Ich).   6

Am Ende eines Zyklus (*Kalpa*), o Sohn der Kunti (Arjuna), kehren alle Lebewesen in den unmanifestierten Zustand Meiner Kosmischen Natur (Prakriti) zurück. Zu Beginn des nächsten Zyklus stoße Ich sie wieder aus.   7

Indem Ich Prakriti, Meine eigene Ausstrahlung, immer wieder erneuere, erschaffe Ich eine Menge von Lebewesen, die alle den vergänglichen Gesetzen der Natur unterworfen sind.   8

Doch diese Tätigkeiten behindern Mich nicht, o Gewinner von Schätzen (Arjuna), denn Ich stehe darüber, abseits und ungebunden.   9

O Sohn der Kunti (Arjuna), es ist allein Meine befruchtende Gegenwart, welche die Mutter Natur dazu veranlasst, beseelte und unbeseelte Wesen zu gebären. Ich bin es, der (durch Prakriti) die Welten in abwechselnden Zyklen (der Schöpfung und Auflösung) kreisen lässt.   10

Die Unwissenden, die vergessen, dass Mein transzendentes Wesen der Schöpfer aller Kreatur ist, verleugnen auch Meine Gegenwart in der menschlichen Gestalt.   11

Da es ihnen an Einsicht mangelt und all ihre Wünsche, Gedanken und Handlungen vergebens sind, haben solche Menschen das irregeführte Wesen von Unholden und Dämonen.   12

Doch die *Mahatmas* (die »großen Seelen«), o Sohn der Pritha (Arjuna), die göttliche Eigenschaften zum Ausdruck bringen, widmen Mir voller Ehrfurcht ihr ganzes Denken; sie kennen Mich als den unvergänglichen Quell allen Lebens.   13

Sie sind ständig in Mich versunken, neigen sich anbetend vor Mir, verfolgen entschlossen ihr hohes Ziel, verehren Mich und preisen immerfort Meinen Namen.   14

Auch andere, die das *Yajna* des Wissens darbringen, beten Mich, den im Kosmos verkörperten Herrn, auf verschiedene Weise an – zuerst als Viele, und dann als den Einen.   15

Ich bin der Ritus, das Opfer, die Opfergaben an die Ahnen, das Heilkraut, der heilige Gesang, die geschmolzene Butter, das geheiligte Feuer und die Opferhandlung.   16

In dieser Welt bin Ich der Vater, die Mutter, die Ahnen, der Erhalter, der Segnende, der alles umfassende Gegenstand der Erkenntnis, das Kosmische OM und auch das überlieferte Wissen der Veden.   17

Ich bin das Endgültige Ziel, der Erhalter, der Meister, der Zeuge, das Obdach, die Zuflucht und der Eine Freund. Ich bin der Ursprung, die Auflösung, die Gründung, der Kosmische Speicher und der Unzerstörbare Same.   18

Ich spende die Sonnenhitze, o Arjuna, und Ich schenke den Regen oder verweigere ihn. Ich bin die Unsterblichkeit und auch der Tod; Ich bin das Sein *(Sat)* und das Nichtsein *(Asat)*.   19

Die richtige Methode, Gott anzubeten

Wer die vedischen Riten befolgt, reinigt sich durch den Soma-Ritus von seinen Sünden; er betet Mich durch *Yajna* (Opferung) an und erfüllt sich dadurch seinen Wunsch, in den Himmel zu gelangen. Dort, im heiligen Reich astraler Gottheiten, genießt der Gottsucher die höheren himmlischen Freuden.   20

Doch nachdem solche Wesen in den Genuss der herrlichen höheren Sphären gekommen sind, kehren sie, wenn ihr gutes Karma aufgebraucht ist, zur Erde zurück. Sie befolgen die Gebote der heiligen Schriften, sehnen sich nach Freuden (den versprochenen himmlischen Belohnungen) und beschreiten auf diese Weise den zyklischen Weg (zwischen Himmel und Erde).   21

Wer über Mich meditiert und Mich für sein Eigen erklärt, wer sich durch unaufhörliche Anbetung mit Mir vereint, dessen Mängel behebe Ich und dessen Verdienste mache Ich dauerhaft.   22

O Sohn der Kunti (Arjuna), selbst diejenigen, die andere Götter anbeten und ihnen gläubig opfern, beten Mich allein an, wenn auch nicht auf die richtige Weise.	23

Ich bin wahrlich der einzige Empfänger und Herr aller Opfergaben. Doch sie (die Meine niedrigeren Ausdrucksformen anbeten) erkennen nicht Mein wahres Wesen; deshalb fallen sie herab.	24

Gottsucher, welche die astralen Gottheiten anbeten, gehen zu diesen; wer die Ahnen anbetet, geht zu den Seelen der Verstorbenen; zu den Naturgeistern gehen solche, die diese suchen; doch wer Mich sucht, der kommt zu Mir.	25

Wenn Mir jemand reinen Herzens und voller Ehrfurcht ein Blatt, eine Blume, eine Frucht oder Wasser darbringt, so nehme Ich das als liebevolle Opfergabe an.	26

Welche Tätigkeiten du auch ausübst, o Sohn der Kunti (Arjuna), ob du Nahrung zu dir nimmst oder geistige Riten vollziehst oder Geschenke verteilst oder dich in Selbstdisziplin übst – opfere sie alle Mir.	27

Dann kann keine Handlung dich durch gutes oder schlechtes Karma binden. Wenn dein SELBST durch Yoga und Entsagung ganz in Mir verankert ist, wirst du Freiheit erlangen und zu Mir kommen.	28

Ich bin allen Wesen gegenüber gleich unvoreingenommen. Keinen betrachte Ich als hassenswert und keinen als liebenswert. Doch jene, die Mir ihr Herz in Liebe schenken, leben in Mir, und Ich lebe in ihnen.	29

Selbst ein schlimmer Übeltäter, der sich von allem anderen abwendet und Mich allein anbetet, kann unter die Guten gezählt werden, weil er die richtige Entscheidung getroffen hat.	30

Er wird schnell zu einem tugendhaften Menschen werden und endlosen Frieden erfahren. Versichere es allen, o Arjuna, dass Meine Anhänger nie zugrunde gehen!	31

Alle Lebewesen können höchste Erfüllung finden, wenn sie bei Mir Schutz suchen – auch wenn sie von niedriger Geburt, wenn sie Frauen, Vaishyas oder Shudras sind.	32

Wie leicht ist es deshalb für die heiligen Brahmanen (die Gott oder Brahman kennen) und für die frommen, königlichen Weisen (die *Raja-Rishis*), zu Mir zu gelangen! Du, der du in diese vergängliche und unglückliche Welt hineingeboren worden bist, bete nur Mich (den GEIST) an.   33

Richte deinen Geist auf Mich, sei Mein Jünger, verneige dich ehrfurchtsvoll und in steter Anbetung vor Mir. Wenn du dich auf diese Weise mit Mir, deinem Höchsten Ziel, vereinigst, wirst du Mein Eigen sein.   34

OM, *Tat, Sat.*

In der Upanishad der heiligen Bhagavad-Gita – die das Zwiegespräch
zwischen dem Herrn Krishna und Arjuna schildert und die heilige
Schrift des Yoga und die Wissenschaft der Gottverwirklichung darstellt
– ist dies das neunte Kapitel, mit dem Titel »Vereinigung durch das
Königliche Wissen und das Königliche Mysterium«.

KAPITEL X

Die unendlichen Manifestationen des unmanifestierten GEISTES

Das Ungeborene und Anfanglose, jenseits von Form und Vorstellung

Der Segensreiche Herr sprach:

O Starkarmiger (Arjuna), höre jetzt mehr über das Höchste, das Ich zu sagen habe. Zu deinem Wohl werde Ich dir Weiteres mitteilen, denn du hörst Mir freudig zu.　　　　　　　　　　　　1

Weder die Engelscharen noch die großen Weisen kennen Mein Unerschaffenes Wesen, denn selbst die *Devas* und *Rishis* (sind erschaffene Wesen und) haben ihren Ursprung (daher) in Mir.　　　2

Doch ein Mensch, der Mich sowohl als den Ungeborenen und Anfanglosen wie auch als den Obersten Herrn der Schöpfung erkennt – dieser hat die Täuschung besiegt und den sündenlosen Zustand erreicht, auch wenn er noch das Gewand eines sterblichen Körpers trägt.　　　　　　　　　　　　　　　　　　　3

Die Differenzierungen des Wesens Gottes

Unterscheidungsvermögen, Weisheit, Sieg über die Täuschung, Vergebung, Wahrheit, Beherrschung der Sinne, geistiger Frieden, Freude, Leid, Geburt, Tod, Furcht, Mut, Arglosigkeit, Gleichmut, Heiterkeit, Selbstdisziplin, Nächstenliebe, Ruhm und Schande – diese verschiedenen Daseinszustände entspringen Mir allein und sind Differenzierungen Meines Wesens.　　　　　　　　　　　4–5

Die sieben Großen Rishis, die Ursprünglichen Vier und die (vier-
zehn) Manus sind ebenfalls Differenzierungen Meines Wesens, die aus
Meinen Gedanken geboren und mit (schöpferischen) Kräften wie den
Meinen begabt wurden. Von diesen Vorfahren stammen alle Lebewesen auf Erden ab.   6

Wer durch Yoga die Wahrheit über Meine vielfältigen Manifestationen und die erschaffende und auflösende Macht Meines Göttlichen
Yoga erkannt hat, ist unauflöslich mit Mir vereint. Darüber besteht
kein Zweifel.   7

Ich bin der Quell aller Dinge; aus Mir geht die ganze Schöpfung
hervor. Die Weisen, die dies erkannt haben, beten Mich voller Ehrfurcht an.   8

Meine Verehrer, die ständig an Mich denken, die sich Mir völlig
anheimgegeben haben, die sich gegenseitig zur Erleuchtung verhelfen
und immer von Mir künden, sind zufrieden und glücklich.   9

Wer sich Mir immer anvertraut und von Liebe erfüllt zu Mir betet, dem verleihe Ich jene weise Unterscheidungskraft (*Buddhi-Yoga*),
durch die sie sich ganz mit Mir vereinigen.   10

Aus reiner Barmherzigkeit zünde Ich, der in ihrem Innern wohnt,
die helle Lampe der Weisheit in ihnen an, welche die Dunkelheit der
Unwissenheit verbannt.   11

Der Gottsucher betet darum, aus Gottes eigenem Munde die Antwort auf seine Frage zu hören: »Was sind Deine vielen Ausdrucksformen und Gestalten?«

Arjuna sprach:

Du bist der Höchste GEIST, die Höchste Zuflucht, die Höchste
Reinheit! Alle großen Weisen – der göttliche Seher Narada sowie Asita,
Devala und Vyasa – haben Dich als das Ewige Wesen bezeichnet, das
sich selbst erschaffen hat, als die Ursprüngliche Gottheit, die ursach-
los und allgegenwärtig ist. Und jetzt sagst Du es mir selbst!   12–13

O Keshava (Krishna), ich betrachte alles, was Du mir offenbart hast, als ewige Wahrheit! Es stimmt, o Herr, dass weder die Devas (Götter) noch die Danavas (Titanen) Deine unendlichen Erscheinungsformen kennen. 14

O Göttlicher Purusha, o Ursprung allen Seins, o Herr aller Lebewesen, o Gott der Götter, o Erhalter der Welt! Wahrlich, Du allein kennst Dich durch Dich selbst. 15

Deshalb nenne mir bitte all Deine göttlichen Kräfte und Eigenschaften, mit denen Deine Allgegenwart den Kosmos erhält. 16

O Großer Yogi (Krishna)! Auf welche Weise soll ich stets meditieren, um Dich wahrhaft erkennen zu können? In welcher Ausdrucksform und Gestalt, o Segensreicher Herr, kann ich Dein Wesen erfassen? 17

O Janardana (Krishna), erzähle mir mehr, und ganz ausführlich, über Deine Yoga-Kräfte und Deine Manifestationen; nie kann ich genug von Deinen köstlichen Worten hören! 18

»Ich will dir Meine Erscheinungsformen beschreiben«

Der Segensreiche Herr sprach:

Nun gut, o Bester der Prinzen (Arjuna), Ich will dir wahrhaftig Meine Erscheinungsformen nennen – doch nur Meine hervorstechendsten, denn Meiner Vielfalt gibt es kein Ende. 19

O Sieger über den Schlaf (Arjuna)! Ich bin das Selbst im Herzen aller Lebewesen: Ich bin ihr Ursprung, ihr Dasein und ihr Ende. 20

Unter den Adityas (den zwölf leuchtenden Wesen) bin Ich Vishnu; unter den Gestirnen bin Ich die strahlende Sonne; unter den Maruts (den neunundvierzig Windgöttern) bin Ich Marichi; unter den Himmelskörpern bin Ich der Mond. 21

Unter den Veden bin Ich der Sama-Veda; unter den Göttern bin Ich Vasava (Indra); unter den Sinnen bin Ich der Verstand (*Manas*); in den Lebewesen bin Ich die Intelligenz. 22

Unter den Rudras (den elf leuchtenden Wesen) bin Ich (ihr Anführer) Shankara (»der Wohltäter«); unter den Yakshas und Rakshasas (den astralen Halbkobolden) bin Ich Kubera (Herr über die Reichtümer); unter den Vasus (den acht lebenspendenden Wesen) bin Ich Pavaka (der Feuergott, die läuternde Kraft); und unter den Berggipfeln bin Ich Meru.   23

Und dann, o Sohn der Pritha (Arjuna), wisse, dass Ich Brihaspati bin, der höchste unter den Priestern; unter den Generälen bin Ich Skanda; unter den großen Gewässern der Ozean.   24

Unter den Maharishis (machtvollen Weisen) bin Ich Bhrigu; unter den Worten bin Ich die eine Silbe OM; unter den *Yajnas* (heiligen Zeremonien) bin Ich *Japa-Yajna* (schweigendes, überbewusstes Singen); unter den festen Formen bin Ich der Himalaja.   25

Unter den Bäumen bin Ich Ashvattha (der heilige Feigenbaum); unter den *Devarishis* (göttlichen Weisen) bin Ich Narada; unter den Gandharvas (Halbgöttern) bin Ich Chitraratha; unter den *Siddhas* (den vollkommen befreiten Wesen) bin Ich der *Muni* (der Heilige) Kapila.   26

Wisse, dass Ich unter den Hengsten der aus dem Nektar geborene Uchchaihshravas bin; unter den Elefanten Airavata, der weiße Elefant Indras; und unter den Menschen der Kaiser.   27

Unter den Waffen bin Ich der Donnerkeil; unter den Rindern bin Ich Kamadhuk (die himmlische Kuh, die alle Wünsche erfüllt). Ich bin Kandarpa (das personifizierte schöpferische Bewusstsein), der Urheber der Geburten; und Ich bin Vasuki unter den Schlangen.   28

Ich bin Ananta (»der Ewige«) unter den Naga-Schlangen; Ich bin Varuna (der Gott des Ozeans) unter den Wasserwesen; Ich bin Aryama unter den Pitris (den Ahnen); Ich bin Yama (der Todesgott) unter all den Aufsehern.   29

Unter den Daityas (Dämonen und Riesen) bin Ich Prahlada; unter den Messenden bin Ich die Zeit; unter den Tieren bin Ich der König der Tiere (der Löwe); und unter den Vögeln bin Ich Garuda (»Herr der Himmel«, das Reittier Vishnus).   30

Unter den Reinigern bin Ich die Brise; unter den Waffenträgern bin Ich Rama; unter den Wassertieren bin Ich Makara (Reittier des Meeresgottes); unter den Flüssen bin Ich Jahnavi (der Ganges).   31

Von allen Manifestationen, o Arjuna, bin Ich der Anfang, die Mitte und das Ende. Unter allen Wissenszweigen bin Ich die Weisheit des SELBST; für die Debattierenden bin Ich die unterscheidungsfähige Logik *(Vada)*. 32

Unter allen Buchstaben bin Ich der Buchstabe A; in allen zusammengesetzten Wörtern bin Ich Dvandva (das verbindende Element). Ich bin die Unwandelbare Zeit; und Ich bin der Allgegenwärtige Schöpfer (der alldurchdringende Überbringer des Schicksals), dessen Antlitz nach allen Seiten blickt. 33

Ich bin der alles auflösende Tod; und Ich bin die Geburt, der Ursprung all dessen, was kommen wird. Unter den weiblichen Manifestationen (Eigenschaften der Prakriti) bin Ich der Ruhm, der Erfolg, die erleuchtende Kraft der Rede, das Gedächtnis, die unterscheidungsfähige Intelligenz, die Fassungskraft der Intuition und die nie versiegende göttliche Geduld. 34

Unter den Samas (Hymnen) bin Ich Brihat-Saman; unter den Metren der Poesie bin Ich Gayatri; unter den Monaten bin Ich Margashirsha (ein günstiger Wintermonat); unter den Jahreszeiten bin Ich Kusumakara, der Blütentragende (der Frühling). 35

Ich bin das Glücksspiel der Betrüger; Ich bin der Glanz der Glänzenden; Ich bin der Sieg und die strebende Kraft; Ich bin die *Sattva*-Eigenschaft in den Guten. 36

Unter den Vrishnis bin Ich Vasudeva (Krishna); unter den Pandavas bin Ich Dhananjaya (Arjuna); unter den *Munis* (Heiligen) bin Ich Vyasa; unter den Weisen bin Ich der weise Ushanas. 37

Ich bin die Zuchtrute der Zuchtmeister; Ich bin die Kunst derer, die den Sieg erringen; Ich bin auch das Schweigen in allen verborgenen Dingen und die Weisheit aller Wissenden. 38

Ferner bin Ich der fortpflanzungsfähige Samen in allen Lebewesen. Es gibt nichts, o Arjuna, sei es beweglich oder unbeweglich, das ohne Mich bestehen kann. 39

O Schrecken der Feinde (Arjuna), zahllos sind die Manifestationen Meiner göttlichen Eigenschaften; Meine knappe Erklärung vermittelt nur eine vage Vorstellung von Meinen sich ständig ausbreitenden wunderbaren Kräften.   40

Wisse, dass jedes Wesen, das Wunder vollbringt, das wahren Wohlstand besitzt und das große Tapferkeit zeigt – dass sie alle manifestierte Funken Meiner Strahlen sind.   41

Doch was nützen dir, o Arjuna, die mannigfachen Einzelheiten über diese Weisheit? (Merke dir einfach:) Ich, der Unwandelbare und Immerwährende, erhalte und durchdringe den ganzen Kosmos mit nur einem Bruchteil Meines Wesens!   42

OM, *Tat, Sat.*

In der Upanishad der heiligen Bhagavad-Gita – die das Zwiegespräch
zwischen dem Herrn Krishna und Arjuna schildert und die heilige
Schrift des Yoga und die Wissenschaft der Gottverwirklichung darstellt
– ist dies das zehnte Kapitel, mit dem Titel »Vibhuti-Yoga (Göttliche
Manifestationen)«.

KAPITEL XI

Die Vision der Visionen: Der Herr offenbart Seine kosmische Gestalt

Arjuna sprach:

Du hast mir barmherzig das geheime Wissen des wahren SELBST offenbart und meine Täuschung vertrieben.   1

O Lotosäugiger (Krishna)! Du hast mir ausführlich den Anfang und das Ende aller Wesen und Deine ewige Herrschaft über sie beschrieben.   2

O Unermesslicher! Du hast mir wahrlich erklärt, was Du bist. Mich verlangt jedoch danach, o Purushottama, Dich in Göttlicher Verkörperung zu erblicken (in Deiner Gestalt als Ishvara).   3

Gott als Ishvara: Herrscher des Kosmos

Die heiligen Schriften der Hindus enthalten tausend Namen für Gott, von denen jeder eine feine philosophische Bedeutungsnuance aufweist. Purushottama (XI, 3) oder »Höchster GEIST« ist ein Name für die Gottheit in ihrer höchsten Ausdrucksform – als Unmanifestierter Herr jenseits der Schöpfung. Ishvara (XI, 3) ist die Erscheinungsform Gottes als Kosmischer Herrscher (hergeleitet aus der Verbalwurzel *īś* = herrschen). Durch Ishvaras Willen werden alle Universen in geordneten Zyklen erschaffen, erhalten und aufgelöst.

Obgleich Arjuna die Wahrheit, dass der Herr »Purushottama« ist, voll anerkennt, sehnt sich sein menschliches Herz danach, Ihn als Ishvara zu erblicken, als den Göttlichen Herrscher, dessen Körper das Universum ist. ...

Der Herr hat keinen Körper, doch in Seiner Ausdrucksform als Ishvara nimmt Er jede Gestalt an. Dank Seiner gewaltigen Kraft im Yoga wird das Unmanifestierte zum Wunder des sichtbaren Universums.

O Meister, o Herr der Yogis! Wenn Du mich für würdig erachtest, dies zu schauen, so zeige mir Dein Unendliches SELBST! 4

Der Segensreiche Herr sprach:

O Sohn der Pritha (Arjuna), schau Hunderte und Tausende von Meinen vielfarbigen und mannigfaltigen göttlichen Formen! 5

Schau die Adityas, die Vasus, die Rudras, die Ashvin-Zwillinge, die Maruts und viele bisher unbekannte Wunder! 6

O Sieger über den Schlaf (Arjuna), sieh hier und jetzt in Meinem Kosmischen Körper alle Welten vereint – alles, was sich bewegt oder bewegungslos ist, und alles andere, was du zu sehen wünschst. 7

Du kannst Mich jedoch nicht mit deinen sterblichen Augen erblicken. Deshalb gewähre Ich dir die göttliche Schau. Sieh Meine Höchste Kraft des Yoga! 8

Sanjaya sprach (zu König Dhritarashtra):

Mit diesen Worten offenbarte Hari (Krishna), der erhabene Meister im Yoga, Arjuna die Vollkommene Verkörperung, die Gestalt Ishvaras in Seinem Kosmischen Körper. 9

Da erblickte Arjuna die mannigfaltige wunderbare Gegenwart der Gottheit, die mit ihren unendlichen Formen jeden Teil des Raumes erhellte – allmächtig und alldurchdringend, gehüllt in zahllose himmlische Gewänder, mit Girlanden und Juwelen geschmückt, himmlische Waffen tragend, unnennbar süße Düfte verströmend, und überall Seine Münder und Seine Augen! 10–11

Wenn tausend Sonnen zugleich am Himmel erschienen, so wäre ihr Licht doch nur ein schwacher Abglanz der Herrlichkeit, die dieses Allschöpferische Wesen ausstrahlt! 12

Dort schaute Arjuna das ganze Universum und all seine mannigfaltigen Manifestationen, die in der unendlichen Gestalt des Gottes der Götter ruhen. 13

Da neigte der Schatzgewinner (Arjuna) überwältigt und mit gesträubten Haaren und gefalteten Händen ehrfürchtig sein Haupt vor dem Herrn und sprach zu Ihm. 14

Arjuna sprach: 15–34
Geliebter Herr,
Dem alle Götter huldigen!
Sieh nur, Dein Körper umfasst
Alle fleischlichen Formen,
Die edlen Seher und
Verschiedene himmlische Götter.
Tief in geheimnisvoller Höhle
Verbirgt sich die Schlange Natur,
Doch ihre wilden und listigen Triebe[1]
Sind endlich gezähmt,
Vergessen hat sie ihr tödliches Spiel,
Und der Erhabene Brahma, der Gott der Götter,
Sitzt wohlbehalten im Lotoskelch.

O Herr der Welten, verkörpert im Kosmos,
Ich schaue Dich immer wieder
In allen Dingen und überall,
Ich seh Deine zahllosen Arme und Rümpfe,
Deine Münder und Augen!
Doch liegt mein Wissen in völligem Dunkel,
Was Deine Geburt, Deine Herrschaft, Dein Ende betrifft.

An diesem Tag,
O Lodernde, Wilde Flamme,
O Blendender Strahl,
Wird Deine geballte Kraft zur feurigen Glut.
Dein Name[2] dringt überallhin,
Erreicht den finstersten Abgrund.
O Glühender Phöbus,
Dich schmückt eine goldene Krone von Sternen,

---

[1] *Uragan divyan* = »himmlische Schlangen«; ein Hinweis auf die schöpferischen Kräfte, die ihren Ursprung in der *Kundalini*, der zusammengerollten Lebensenergie im untersten Zentrum der Wirbelsäule, haben. Diese belebt die Sinnenkräfte, wenn sie abwärts und nach außen in den Körper fließt; sie schenkt aber Erleuchtung, wenn sie »gezähmt« und durch die höheren Zentren geistiger Wahrnehmung emporgeführt wird.

[2] Die kosmische Lichtschwingung des OM, der heilige »Name« Gottes.

Du schwingst das Zepter
Der höchsten Macht und schleuderst
Den kreisenden Diskus der Evolution.

Unsterblicher Brahma, o Allerhöchster,
Du Kosmische Zuflucht, Künder der Weisheit,
Wahrer Beschützer des Ewigen Dharma,
Nie wirst Du sterben, das ist gewiss!

O Du, der Du keinen Körper hast,
Der keine Geburt kennt und keinen Tod,
Ich seh Deine unendlichen, tätigen Arme,
Ich seh Deine Augen als Sonnen und Monde
Als Sterne am Himmel,
Die ewig auf mich herabschauen.
Dein Mund speit lodernde Flammen aus,[3]
Wenn Du das OM, Deinen Kosmischen Namen, sprichst.
Dein selbst erschaffener Glanz bewahrt vor Gefahr,
Erwärmt die fernsten Winkel der Schöpfung.

O Höchste Seele! Von Dir durchdrungen
Sind alle Welten, vom Erdental
Bis zur Heimstatt der Götter,
Bis zu den fernsten Sphären,
Die alles, was nah und fern liegt, umfangen.
Vor Ehrfurcht bebend, beten Dich an
Die drei Welten,
Die Deine schreckenerregende,
Herrliche Form bewundern.

In Dich gehen alle Götter ein.
Doch einige sind noch voll Furcht,
Sie falten die Hände und suchen Zuflucht in Dir.
Die großen Seher, die Eifrigen,
Die auf dem Wege zum Himmel sind,

---

[3] *Hutasha* = »Feuer« und *vaktra* = »Mund oder Sprechorgane« aus *vach* = »Stimme, Lautäuße-rung«.

Sie singen herrliche Friedenshymnen
Und beten Dich an – nur Dich allein.

Die elf Lampen des Himmels,
Die zwölf hellen Sonnen,
Die grauhaarigen Acht,
Der helle Glanz der Sterne,
Strebsame Klausner, schützende Götter,
Die Helfer der kosmischen Herren,
Die starken, fürstlichen Zwillinge,
Durch Tapferkeit lang schon berühmt,
Die neunundvierzig Kräfte der Winde,
Die das Atom zusammenhalten,
Schutzgeister aus vergangenen Zeiten,
Halbkobolde und Halbgötter auch
Und die gigantischen Dämonen,
Die Mächtigen auf dem Weg zum GEISTE,[4]
Sie erstarren in Ehrfurcht
Vor Deinem feurigen Glanz.

Ich schaue Dich, mit riesenhaften Armen,
Mit Sternenaugen, unzähligen Wangen,
Mit zahllosen Händen,
Mit Beinen, von Lotosfüßen geschmückt.
Dein Mund, einem Abgrund gleich,
Mit Zähnen des Jüngsten Gerichts,
Der alle hilflosen Welten
Droben und drunten verschlingt,

---

[4] *»Elf Lampen«* = die Rudras. *»Zwölf Sonnen«* = die Adityas. *»Die grauhaarigen Acht«* = die Vasus. *»Strebsame Klausner«* = Vishvedevas (göttliche Wesen im Himalaja, die aufgrund ihres asketischen Lebens verehrt werden). *»Schützende Götter«* = Sadhyas (eine Klasse niedrigerer Gottheiten). *»Fürstliche Zwillinge«* = die Ashvins (»Ärzte des Himmels«, die Götter der Morgendämmerung, die den Anbruch des Tages verkünden – welche die Mischung von Licht und Dunkelheit, d. h. die Dualität versinnbildlichen und als solche die mythischen Väter der Pandu-Prinzen Nakula und Sahadeva waren). *»Neunundvierzig Kräfte der Winde«* = die Maruts. *»Schutzgeister aus vergangenen Zeiten«* = die Manen (Ushmapas). *»Halbkobolde, Halbgötter, gigantische Dämonen«* = Yakshas, Gandharvas bzw. Asuras. *»Die Mächtigen auf dem Weg zum GEIST«* = *Siddhas* (»vollkommene Wesen«).

Erfüllt mich mit scheuer Ehrfurcht;
Voll Staunen betrachten wir alle
Deine erschreckende Größe!

Ich schau in die Tiefen des leeren Raumes
Und sehe sie ganz von Dir erfüllt –
Ich schau Deinen weit geöffneten Rachen
Und Deine lodernde Feuergestalt
In schillernden Farben.
O Vishnu, mit Deinem Flammengesicht
Überwältigst Du mich, zerstörst meine Ruh'.

Mit grimmigen Zähnen droht mir Dein Mund
Und speit verderbliche Flammen aus.
Ach, Nord und Süd und Ost und West,
Sie sind entschwunden auf immerdar.
Erbarme Dich, Herr, ich find keinen Frieden;
O Kosmischer Wächter, Herr aller Götter,
Erhöre meinen flehenden Ruf!

Von königlichem Stolz gebläht,
Verharren die Söhne der Sinne
Im Ego, in karmischen Banden,
In der verlockenden Welt.
Sie können es kaum erwarten,
Sich auf die Herrscher der Weisheit zu stürzen.[5]
Und dennoch rennen sie alle
Im Wettlauf dem Tod entgegen.
Dein Rachen verschlingt sie,
Von Deinen grausamen Zähnen
Werden sie alle zermalmt.
Die Sieger und auch die Besiegten
(All Deine braven und gottlosen Kinder)

---

[5] »*Söhne der Sinne*« = Nachkommen des Kuru-Königs Dhritarashtra (symbolisch: das blinde Sinnesbewusstsein mit seinen hundert Sinnesneigungen, die von materieller Begierde geleitet werden); »*Ego*« = Bhishma; »*in karmischen Banden*« = Drona; »*Verlockende Welt*« = Karna (materielle Anziehung und Verhaftung). »*Die Herrscher der Weisheit*« = die Pandavas (symbolisch: die unterscheidungsfähigen göttlichen Kräfte).

Verlangen schließlich nach Deiner Liebe.
Doch alle werden sie letztlich zu Staub
Und schlafen gemeinsam auf harter Erde.
Manch einen Schädel sieht man zerbrochen,
Von Deinen gierigen Zähnen gepackt.

So wie die vielen, rastlosen Wellen
Der Nebenflüsse sich ihren Weg
Gewaltsam durch wilde Strudel bahnen,
Um schließlich wieder dort einzumünden,
Wo ehemals Neptun sein Reich regierte.
So tauchen die heldischen Ströme des Lebens
Nach zähem, verbissenem Kampf
In Deinen schäumenden Mund,
Der einem flammenden Meere gleicht,
Wo Lebensfunken sprühen und tanzen.

So wie Insekten, von Schönheit trunken,
Sich blindlings in eine Flamme stürzen,
So täuschen die Feuer der Leidenschaft
Das himmlische Licht vor und locken
Die Sterblichen zu dem Ort,
Wo des Todes Posaunenruf laut erschallt.

Aus Deinem feurigen Mund
Seh ich die Flammen züngeln;
Sie lecken das zornige Blut
Der Starken und auch der Schwachen.
Du, Unersättlicher Gott, isst
Mit niemals endendem Hunger.
O Vishnu, mit Deiner Fackel,
Die alles in Brand setzt,
Vernichtest Du alle Welten.

O Höchster Gott, gib Dich zufrieden,
Ich möchte Dich, Du König der Götter,
Wahrhaft so schauen, wie Du bist;

Voll feuriger Launen bist Du
Und dennoch gut und voller Gnaden.
O nenne mir Deinen hohen Willen,
Den ich noch nicht erkenne.

Da sprach der Segensreiche Herr:
Im Maskenzug des Jüngsten Gerichts
Erscheine Ich als die geizige Zeit,
Die alles ergreift und in Meinen
Feurigen Rachen wirft –
Den ehrfurchtsvollen Schwächling
Und all das sterbliche Fleisch
Der müden, dem Tode geweihten Welten.
Dann flöße Ich ihnen allen
Mein nektarsüßes Leben ein,
Damit sie furchtlos und besser gerüstet
Von Neuem den Kampf beginnen.
Auch wenn du dich weigerst,
Die listigen Feinde zu schlagen,
So werd Ich dennoch diese Krieger,
Die aufgereiht so stolz hier stehen,
Mit Sicherheit zur rechten Zeit
Mit Meinen scharfen Zähnen packen,
So wie es das Gesetz verlangt.

Erhebe dich, wach auf!
Erhebe dich, wach auf!
Bestürme deinen Feind
Und nimm das Fleisch gefangen.[6]
Erwirb den Ruhm des Siegers
Im kriegerischen Spiel; dein sei
Der Schatz des Friedensfürsten,
Der Schatz des Himmelreichs.

[6] Hinweis auf die Schlacht von Kurukshetra, eine Allegorie des Krieges zwischen den Kräften von Gut und Böse, der nicht nur im Makrokosmos, sondern auch innerhalb des menschlichen Körpers und Bewusstseins stattfindet.

Ich weiß bereits, was nun geschehen soll,
Was im geheimen Schoß der Zukunft liegt.
Vor langer, langer Zeit bereits
Hab deine Feinde Ich und all
Die tapfern Krieger schon erschlagen,
Noch ehe deine Hand es tut,
Die Mir als Werkzeug dient.
(Denn Ich bin es, der deine Feinde
Ans düstre Todesufer führt.)
So musst du es verstehen!

O du, der du Mein Bote bist,
So führe Ich durch Meine Werkzeuge
Die Pläne für das Universum aus.
Ich bin es, der das Heer der Sinne schlägt[7]
Und der es schlagen wird durch dich.
Ihr Meine braven Krieger,
So war es, und so wird es sein!

Sanjaya sprach (zu König Dhritarashtra):

Nachdem der Diademträger (Arjuna, der vom Glanz der kosmischen Vision umgeben war) die Worte Keshavas (des *Maya*-Überwinders

---

Die Vision der Visionen – eine lyrische Übersetzung

Dieser Lobgesang war das Tor, durch das ich oft in den Tempel des Kosmos trat, um vor dem dortigen Altar den Manifestierten Herrn anzubeten. Vor vielen Jahren, nach einem solchen Erlebnis im kosmischen Bewusstsein, schrieb ich die »Vision der Visionen«, eine lyrische Wiedergabe dieser Verse [15–34], in die ich auch eine Deutung ihres tieferen Sinnes mit einweben konnte. Ich habe mich hier für diese lyrische Fassung entschieden, die ich einer sachlicheren und wörtlicheren Übersetzung eines jeden Verses vorziehe; denn ich bin überzeugt, dass die Poesie einzigartige inspirierende Gefühle vermitteln kann, die diesen ausdrucksstarken Sanskrit-Lobgesang getreuer wiederzugeben vermögen.

---

[7] »*Das Heer der Sinne*« = Hinweis auf »Drona, Bhishma, Jayadratha (Anhänglichkeit an das sterbliche Dasein), Karna und andere«. Siehe Erklärung der Allegorie auf den Seiten 48 ff.

Krishna) gehört hatte, verneigte er sich vor Ihm, faltete in demütig fle-
hender Geste zitternd und ehrfurchtsvoll die Hände und wandte sich
mit bebender Stimme an Krishna.   35

Arjuna sprach:

O Hrishikesha (Krishna)! Mit Recht sind die Welten stolz darauf,
freudig Deinen Ruhm zu verkünden! Die Dämonen suchen erschrocken
das Weite, um sich in Sicherheit zu bringen, während die Menge der *Sid-*
dhas (die vollkommenen Wesen) sich anbetend vor Dir verneigt.   36

Und warum sollten sie Dir nicht Ehrfurcht erweisen, o Unermesslicher GEIST? Denn Du bist größer als der Schöpfer Brahma, der aus
Dir hervorging. O Unendlicher, o Gott der Götter, o Zuflucht des Universums, Du bist das Unvergängliche – das Manifestierte, das Unmanifestierte, und Das, was jenseitig ist (das Höchste Mysterium).   37

Du bist der Ursprüngliche Gott, der Ursächliche GEIST, die Letzte
Zuflucht der Welten, der Wissende und das Wissen, die Höchste Erfüllung! Deine Allgegenwart erleuchtet die Universen, o Du, dessen Formen unerschöpflich sind!   38

O Blühendes Leben der Kosmischen Ströme (Vayu), o König des
Todes (Yama), o Gott der Flammen (Agni), o Herrscher über das Meer
und den Himmel (Varuna), o Herr der Nacht (der Mond), o Göttlicher
Vater der Zahllosen Nachkommen (Prajapati), o Ahnherr von Allem!
Dir sei Lob, Lob ohne Ende! Dich grüße ich tausendmal!   39

O Endlose Macht, o Unbesiegbare Allwissende Allgegenwart, o Alles in Allem! Ich neige mich vor Dir nach vorn und nach hinten, ich
neige mich vor Dir zur Linken und zur Rechten, ich neige mich vor Dir
nach oben und nach unten, ich neige mich vor Dir, der Du mich überall umgibst!   40

Weil ich mir Deiner Kosmischen Herrlichkeit nicht bewusst war,
habe ich Dich als vertrauten Gefährten betrachtet und Dich oft verwe-
gen als »Freund«, als »Krishna« und als »Yadava« angeredet. Für all
diese Worte, die ich leichthin oder mit Zuneigung gesprochen,   41

und für alle Unehrerbietigkeit, die ich Dir gegenüber gezeigt habe,
o Unerschütterlicher Herr, wenn ich in heiterer Stimmung beim Mahle

mit Dir saß, mit Dir spazieren ging und allein mit Dir oder mit anderen an Deiner Seite ruhte – für all diese unbeabsichtigten Kränkungen, o Du Unermesslicher, bitte ich um Vergebung.   42

Du bist der Vater aller Wesen, der lebenden und der unbelebten. Kein anderer als Du ist der Anbetung würdig, o Erhabener Guru! In den drei Welten ist niemand Dir gleich. Wer könnte Dich übertreffen, o Allmächtiger und Unvergleichlicher?   43

Darum, o Angebeteter, werfe ich mich Dir ehrfürchtig zu Füßen und flehe Dich um Vergebung an. So wie ein Vater seinem Sohn, wie ein Freund seinem engen Freund und wie ein Liebhaber seiner Geliebten vergibt, o Herr, so vergib auch mir!   44

Ich bin außer mir vor Freude, dass ich eine Vision geschaut habe wie nie zuvor, und dennoch ist mein Geist nicht frei von Schrecken. Sei mir gnädig, o Herr der Götter, o Zuflucht der Welten! Zeige mir nur noch Deine Deva-Gestalt (als gütiger Vishnu).   45

Ich sehne mich danach, Dich so zu erblicken wie zuvor, als Vierarmigen Vishnu mit dem Diadem, der die Keule und den Diskus hält. Erscheine mir wieder in dieser Gestalt, o Du Tausendarmiger, dessen Körper das Universum ist!   46

Der Segensreiche Herr sprach:

Ich habe gnädig Meine eigene Yoga-Kraft gebraucht, um dir, o Arjuna – und keinem anderen! – Meine Höchste Uranfängliche Gestalt zu offenbaren: den Strahlenden und Unendlichen Kosmos!   47

Kein Sterblicher außer dir, o großer Held der Kurus, ist fähig, Meine Kosmische Gestalt zu schauen; weder durch Opfer noch Nächstenliebe, noch Arbeit, noch strenge Enthaltsamkeit, noch Studium der Veden kann man eine solche Vision erlangen.   48

Fürchte dich nicht und erstarre nicht, wenn du Meine Schreckliche Ausdrucksform erblickst. Wirf alle Furcht ab und schaue freudigen Herzens wieder Meine vertraute Gestalt!   49

Sanjaya sprach (zu König Dhritarashtra):

Nachdem Vasudeva, »der Herr der Welt«, so gesprochen hatte,

nahm er wieder die Gestalt Krishnas an. Er, die Große Seele, erschien Arjuna in der gnadenvollen Gestalt und tröstete Seinen vor Furcht zitternden Jünger.   50

Arjuna sprach:

O Du, der Du alle Wünsche erfüllst (Krishna)! Jetzt, da ich Dich erneut in Deiner liebevollen menschlichen Gestalt sehe, beruhigt sich mein Geist, und ich komme wieder zu mir.   51

Der Segensreiche Herr sprach:

Es ist sehr schwer, die Vision des Kosmos zu schauen, die Dir gewährt wurde. Selbst die Götter sehnen sich immerfort danach.   52

Sie kann aber nicht aufgrund von Bußübungen oder Kenntnis der heiligen Schriften oder Geschenken oder formeller Anbetung offenbart werden. O Schrecken der feindlichen Sinne (Arjuna)! Nur durch ungeteilte Hingabe (durch Yoga, Auflösung aller Gedanken in der Einzigen Göttlichen Wahrnehmung) kann Ich so geschaut werden, wie du Mich in Meinem Kosmischen Körper geschaut und wahrhaftig erkannt und schließlich in der Vereinigung umfangen hast!   53–54

Wer für Mich allein tätig ist, wer Mich zu seinem Ziel macht, wer sich Mir voller Liebe anheimgibt, wer an nichts (an Meinen täuschenden kosmischen Traumwelten) hängt, wer niemandem Böses wünscht (wer Mich in allen sieht) – der wird eins mit Mir, o Arjuna!   55

OM, *Tat, Sat.*

In der Upanishad der heiligen Bhagavad-Gita – die das Zwiegespräch zwischen dem Herrn Krishna und Arjuna schildert und die heilige Schrift des Yoga und die Wissenschaft der Gottverwirklichung darstellt – ist dies das elfte Kapitel, mit dem Titel »Die Vision der Kosmischen Gestalt«.

KAPITEL XII

Bhakti-Yoga: Vereinigung durch Hingabe

Soll der Yogi den unmanifestierten oder einen persönlichen Gott anbeten?

Arjuna sprach:

Welche Gottsucher sind erfahrener im Yoga – jene, die Dich unentwegt anbeten, oder jene, die den Unzerstörbaren, den Unmanifestierten verehren?[1]   1

Der Segensreiche Herr sprach:

Jene, die ihren Geist unaufhörlich auf Mich gerichtet halten, die Mich verehren und sich in tiefster Hingabe mit Mir vereinigen, besitzen in Meinen Augen vollkommene Kenntnis des Yoga.   2

Doch jene, die den Unzerstörbaren, den Unbeschreiblichen, den Unmanifestierten, den Alldurchdringenden, den Unerfassbaren, den Unwandelbaren, den Unbewegten, den Gleichbleibenden anbeten; die Herr über ihre Sinne, in jeder Lebenslage ausgeglichenen Geistes sind und für das Wohl der ganzen Menschheit wirken – wahrlich, auch sie erreichen Mich.   3–4

Diejenigen, deren Ziel das Unmanifestierte ist, begegnen größeren Schwierigkeiten; denn steil ist der Weg zum Absoluten für die körperlichen Wesen.   5

---

[1] Arjuna bezieht sich hier auf den Gottsucher, der im letzten Vers des 11. Kapitels beschrieben wird (er betrachtet Gott, der allen Manifestationen innewohnt, als den Kosmischen Herrn und ist deshalb nur für Ihn tätig, ohne persönlich an etwas zu hängen; er sieht niemanden als seinen Feind an und macht Gott zu seinem höchsten Ziel); diesem stellt er den anderen gegenüber, der Gott als den gestaltlosen, unmanifestierten GEIST verehrt (der also Gott und die Natur als zwei Wesenheiten ansieht). Welcher Gottsucher ist mit der besseren Technik vertraut, die Seele mit dem GEIST zu vereinigen?

Doch diejenigen, die Mich verehren, die all ihr Tun Mir anheimgeben (die Mich als den Einzig Handelnden betrachten), die sich durch konzentrierte Yoga-Übungen in Mich versenken und auf diese Weise mit Mir verbunden bleiben, o Sohn der Pritha (Arjuna), diejenigen, deren Bewusstsein fest auf Mich gerichtet ist, werde Ich bald erlösen und sie aus dem Meer der irdischen Geburten in die Freiheit führen. 6–7

Die Stufen geistigen Übens und die Stadien der Verwirklichung

Versenke deinen Geist in Mich allein. Konzentriere dich mit weiser Unterscheidungskraft auf Mich, dann wirst du ohne Zweifel Unsterblichkeit in Mir erlangen. 8

O Dhananjaya (Arjuna), wenn es dir nicht gelingt, den Geist ganz in Mich zu versenken, dann versuche, Mich zu finden, indem du unermüdlich Yoga übst. 9

Doch wenn du nicht beharrlich Yoga üben kannst, bemühe dich, gute Werke im Gedanken an Mich zu vollbringen. Selbst wenn du nur in Meinem Namen tätig bist, wirst du höchsten göttlichen Erfolg erringen. 10

Wenn du auch hierzu nicht fähig bist, so bleibe Mir ergeben, suche Zuflucht in Mir, verzichte auf die Früchte all deiner Handlungen und bemühe dich um Selbstbeherrschung.[2] 11

Wahrlich, Weisheit (ein Ergebnis der Yoga-Übungen) ist den (mechanischen) Yoga-Übungen überlegen; Meditation ist wünschenswerter als (theoretisches) Wissen; Verzicht auf die Früchte des Handelns ist besser als (die anfänglichen Stadien der) Meditation. Wer den Früchten des Handelns entsagt, erfährt sofortigen Frieden. 12

Eigenschaften des Gottsuchers, die Gott lieb sind

Wer frei von Hass ist gegen alle Wesen, sich freundlich zeigt und gütig gegen alle, wer frei ist vom Ichbewusstsein und frei von Habgier,

---

[2] *Yata-ātma-vān* = wörtl., »wie ein bezwungenes Selbst«; d. h., eifere jenen nach, die Herrschaft über sich selbst erlangt haben; bemühe dich unablässig, dieses Ziel zu erreichen.

wer ausgeglichenen Geistes bleibt in Freud und Leid, wer stets vergeben kann und stets zufrieden ist, wer regelmäßig Yoga übt und sich um Kenntnis seines SELBST bemüht, damit er mit dem GEIST verschmelzen kann, wer fest entschlossen ist und seinen Geist und seine Unterscheidungskraft Mir ganz anheimgibt – der ist ein echter Suchender und Mir lieb. 13–14

Wer die Welt nicht stört und wen die Welt nicht stören kann, wer frei von Überschwang und Eifersucht, von Argwohn und von Sorge ist – wahrlich, der ist Mir lieb. 15

Wer frei von weltlichen Wünschen ist, wer rein ist an Körper und Geist, wer stets zur Tätigkeit bereit ist, wer sich von den Geschehnissen der Welt nicht erregen und bekümmern lässt, wer jedem eigennützigen Wunsch entsagt hat – der ist Mein Jünger und Mir lieb. 16

Wer bei frohen und traurigen Ereignissen (Aspekten in der Welt der Erscheinungen) weder übermäßige Freude noch Abscheu empfindet, wer frei von Kummer und Begierden ist und den relativen Zustand des Bewusstseins von Gut und Böse überwunden und sich Mir ganz ergeben hat – der ist Mir lieb. 17

Wer sich ruhig und gelassen verhält gegenüber Freund und Feind, bei Bewunderung und Beleidigung, bei Hitze und Kälte, bei Lust und Leid; wer keine Bindungen mehr hat, wem Lob und Tadel nichts bedeuten, wer ruhig bleibt und leicht zufrieden ist, an keiner Häuslichkeit hängt, von friedlicher Gesinnung und voller Andacht ist – der ist Mir lieb. 18–19

Doch wer, wie oben beschrieben, hingebungsvoll nach dieser unvergänglichen Religion (*Dharma*) lebt, wer Mir treu ist und sich ganz in Mich versenkt – ein solcher Gottsucher ist Mir über alles lieb. 20

OM, *Tat, Sat.*

In der Upanishad der heiligen Bhagavad-Gita – die das Zwiegespräch zwischen dem Herrn Krishna und Arjuna schildert und die heilige Schrift des Yoga und die Wissenschaft der Gottverwirklichung darstellt – ist dies das zwölfte Kapitel, mit dem Titel »Bhakti-Yoga (Vereinigung durch Hingabe)«.

KAPITEL XIII

Das Schlachtfeld und der Kenner
des Schlachtfeldes

Die göttlichen Kräfte, die den Körper erschaffen – das Feld, auf dem Gutes und Böses gesät und geerntet wird

Arjuna sprach:

O Keshava (Krishna), mich verlangt danach, mehr zu erfahren über Prakriti (die intelligente Mutter Natur) und Purusha (den transzendenten Gottvater); über *Kshetra* (»das Feld« des Körpers) und *Kshetrajna* (die Seele, die das körperliche Feld bestellt und kennt); über Erkenntnis und Das, was erkannt werden muss.   Vorwort[1]

»Mich verlangt danach, mehr zu erfahren ...«

Nachdem Arjuna Krishnas Worte über die Vereinigung von Seele und GEIST durch Hingabe gehört hat, ist er verwirrt und will wissen, auf welche Weise die verschiedenen kriegerischen Elemente des Geistes (*Manas*, des Sinnesbewusstseins) und der Unterscheidungskraft (*Buddhi*, der reinen göttlichen Intelligenz) in ihm selbst vorhanden sind und wie ihr Konflikt die Vereinigung mit Gott verhindert. Der Gottsucher sehnt sich danach, das Geheimnis über die nach außen, auf die Materie gerichtete Kosmische Natur und über die nach innen gerichtete Anziehungskraft des transzendenten GEISTES zu erfahren; ferner das Geheimnis über das Feld des Körpers (*Kshetra*), das sich mit den Sinnen und der Natur identifiziert, und über die Seele (*Kshetrajna*), die sich mit dem GEIST identifiziert. Er möchte alles über sie wissen, auch über den GEIST in Seinem unmanifestierten Zustand – der angestrebten allerhöchsten Erkenntnis.

---

[1] Dieser einleitende Vers ist in einigen Gita-Fassungen nicht enthalten. In manchen Ausgaben ist er als Vers 1 aufgenommen worden. Allgemein aber ist er ohne Nummerierung aufgeführt, so dass die traditionelle Gesamtsumme von 700 Versen unverändert bleibt und sich nicht auf 701 erhöht.

Der Segensreiche Herr erwiderte:

O Sohn der Kunti (Arjuna), die Kenner der Wahrheit nennen diesen Körper *Kshetra* (»das Feld«, auf dem gutes und schlechtes Karma gesät und geerntet wird); und das, was das Feld erkennt, nennen sie *Kshetrajna* (die Seele). 1

O Nachkomme Bharatas (Arjuna), du sollst auch wissen, dass Ich *Kshetrajna* (der Wahrnehmende) in allen *Kshetras* bin (in den Körpern, die sich durch das kosmische Gesetz der Schöpfung und durch die Natur entwickelt haben). Das Erkennen von *Kshetra* und *Kshetrajna* betrachte Ich als wahre Weisheit. 2

Das wahre Wesen von Materie und GEIST, von Körper und Seele

Lass Mich nun kurz das *Kshetra* erklären, seine Eigenschaften, sein Prinzip von Ursache und Wirkung und seinen verzerrenden Einfluss. Und vernimm auch, wer Er (der *Kshetrajna*) ist und was Seine Kräfte sind – Wahrheiten, die von den *Rishis* auf verschiedene Weise verherrlicht wurden: in den Veden durch verschiedene Gesänge und in den klar umrissenen Darlegungen der Aphorismen über Brahman. 3–4

Kurz gesagt, setzen sich *Kshetra* und seine Modifikationen aus Folgendem zusammen: aus dem Unmanifestierten (Mula-Prakriti, der ungeteilten Natur), den fünf kosmischen Elementen, den zehn Sinnen und dem einen Sinnesbewusstsein, der Intelligenz (Unterscheidungskraft), dem Egoismus, den fünf Sinnesgegenständen; Verlangen, Hass, Lust, Schmerz, der Ansammlung (dem Körper, der eine Kombination verschiedener Kräfte ist), dem Bewusstsein und der Beharrlichkeit. 5–6

Merkmale der Weisheit

(Der Weise zeichnet sich aus durch) Demut, Freisein von Heuchelei, Arglosigkeit, Versöhnlichkeit, Rechtschaffenheit, Dienst am Guru, Reinheit des Geistes und Körpers, Beharrlichkeit und Selbstbeherrschung; 7

Gleichgültigkeit gegenüber den Sinnesgegenständen, Freisein von

Egoismus, Verständnis für die Schmerzen und Übel (des sterblichen Lebens): Geburt, Krankheit, Alter und Tod;   8

innere Unabhängigkeit, Freisein von der Identifizierung des SELBST mit den eigenen Kindern, der Ehefrau und dem eigenen Heim; ständigen Gleichmut in allen erwünschten und unerwünschten Lebenslagen;   9

unentwegte Hingabe an Mich durch den Yoga der Vereinigung, Aufsuchen einsamer Orte, Vermeiden weltlicher Gesellschaft;   10

Beharrlichkeit im Erforschen des SELBST; meditatives Erfassen des wahren Inhalts oder der Bedeutung alles Gelernten. Dies sind die Eigenschaften der Weisheit; die gegenteiligen Eigenschaften sind Merkmale der Unwissenheit.   11

Der GEIST, wie Ihn die Weisen erkannt haben

Ich will dir Das enthüllen, das es zu erkennen gilt, weil solches Wissen Unsterblichkeit verleiht. Höre nun, was der anfanglose Höchste GEIST ist – Er, von dem es heißt, dass Er weder bestehe *(Sat)* noch dass Er nicht bestehe *(Asat)*.   12

Er weilt in der Welt und umfasst alles – überall sind Seine Hände und Füße; allenthalben Seine Augen und Ohren, Seine Münder und Häupter;   13

Er leuchtet durch alle Kräfte der Sinne und steht dennoch über den Sinnen; Er haftet nicht an der Schöpfung, doch alles Erschaffene besteht in Ihm; Er ist frei von den *Gunas* (den Erscheinungsformen der Natur), und dennoch erfreut Er sich ihrer;   14

Er ist innerhalb und außerhalb all dessen, was besteht – sei es belebt oder unbelebt; nahe ist Er und dennoch fern; in Seiner Feinheit nicht wahrnehmbar.   15

Er, der Unteilbare Eine, erscheint als zahllose Lebewesen; Er erhält und zerstört diese Formen und erschafft sie dann aufs Neue.   16

Er ist das Licht aller Lichter, jenseits der Dunkelheit; als Höchstes

Wissen, als Das, was es zu erkennen gilt, als Ziel allen Lernens, wohnt Er in allen Herzen.   17

Ich habe kurz das Feld, das Wesen der Weisheit und den Gegenstand der Weisheit beschrieben. Wenn ein Gottsucher diese erkannt hat, wird er eins mit Mir.   18

Purusha und Prakriti (GEIST und Natur)

Wisse, dass sowohl Purusha als auch Prakriti anfanglos sind; und wisse, dass alle Modifikationen und Eigenschaften (*Gunas*) von Prakriti geboren werden.   19

Es heißt, Prakriti erschaffe das Ergebnis (den Körper) und das Werkzeug (die Sinne) – und Purusha verursache das Erleben von Freude und Leid.   20

Purusha erlebt die von der Natur erschaffenen *Gunas*, und zwar unter dem Einfluss von Prakriti. Anhänglichkeit an die drei Eigenschaften der Prakriti veranlasst die Seele, sich in einem für sie förderlichen oder hinderlichen Mutterschoß zu verkörpern.   21

Der Höchste GEIST, der jenseits und innerhalb des Körpers besteht, ist der objektive Beobachter, der Zustimmende, der Erhalter, der Erlebende, der Oberste Herr und auch das Höchste SELBST.   22

Wer Purusha und die dreifache Natur der Prakriti erkannt hat, ganz gleich, was seine Lebensweise sein mag, wird keine Wiedergeburt mehr erleiden.   23

Um das SELBST im Selbst (im geläuterten Ego) durch das Selbst (den erleuchteten menschlichen Geist) zu schauen, folgen einige dem Weg der Meditation, andere dem Weg der Erkenntnis und wieder andere dem Weg selbstlosen Handelns.   24

Andere jedoch, die keinen dieser drei Wege kennen, hören auf den Rat ihres Gurus. Da sie dem Weg der Anbetung folgen und die uralten Lehren als Höchste Zuflucht betrachten, erreichen auch sie Unsterblichkeit.   25

Befreiung: Unterscheiden zwischen dem Feld und dem Kenner des Feldes

O Bester der Bharatas (Arjuna), wisse, dass alles, was existiert – jedes Lebewesen und jeder Gegenstand, das Belebte und das Unbelebte –, der Vereinigung von *Kshetra* und *Kshetrajna* (Natur und GEIST) entspringt.   26

Wer den Höchsten Herrn unterschiedslos in allen Wesen wahrnimmt und den Unvergänglichen im Vergänglichen schaut, der sieht die Wahrheit.   27

Wer die Allgegenwart Gottes erkennt, wird das SELBST nicht durch das Selbst verletzen. Ein solcher Mensch erreicht das Höchste Ziel.   28

Wer erkennt, dass Prakriti, und nicht das SELBST, in allem die einzig Handelnde ist, der schaut wahrhaftig die Wahrheit.   29

Wer erkennt, dass alle einzelnen Wesen in dem Einen enthalten sind, der sich in viele aufgeteilt hat, der geht in Brahman ein.   30

Vers 34:
durch Yoga das Auge der Weisheit öffnen

Wenn der Gottsucher die richtige Yoga-Methode zur göttlichen Vereinigung übt und in der *Samadhi*-Meditation das allsehende geistige Auge der Weisheit öffnet, wird die gespeicherte Kenntnis der Wahrheit zur Verwirklichung – zur intuitiven Wahrnehmung oder Einheit mit der Wirklichkeit.

Durch dieses allwissende Auge erkennt der Yogi das Entstehen und Vergehen der Lebewesen und Universen als das Wirken der Prakriti und ihrer unter dem Einfluss der Relativität stehenden illusorischen *Maya*, die das einzigartige kosmische Bewusstsein des GEISTES verhüllt. Indem der Yogi die Dinge, die sich aus der Prakriti entwickelt haben, nach und nach aus der Materie zurückzieht und im Licht der »Einen Sonne« des Kosmischen Bewusstseins im GEIST auflöst, wird er frei von allen Fesseln und falschen Vorstellungen der kosmischen Täuschung.

Die befreite Seele identifiziert sich mit dem reinen, unwandelbaren *Kshetrajna* (der die Natur und ihr Reich der Materie entwickelt hat und wahrnimmt) und kann je nach Wunsch bewusst mit Prakriti die Metamorphosen des Bewusstseins im »Feld« der Materie, *Kshetra*, erträumen oder auch im GEIST vollkommen wach bleiben – frei von jedem Alpdruck in *Mayas* Reich der sich bekämpfenden Gegensätze.

O Sohn der Kunti (Arjuna), da das Höchste SELBST, das Unwandelbare, anfanglos und frei von allen Eigenschaften ist, handelt Es nicht und wird von keinen Handlungen berührt, obgleich Es im Körper weilt. 31

So wie der alldurchdringende Äther in seiner Feinheit ohne jeglichen Makel ist, so ist auch das SELBST, obgleich es überall im Körper wohnt, ewig makellos. 32

O Bharata (Arjuna), so wie die eine Sonne die ganze Welt erleuchtet, so erleuchtet der Herr des Feldes (Gott und Seine Widerspiegelung als Seele) das ganze Feld (die Natur und die »kleine Natur« – den Körper). 33

Wer mit den Augen der Weisheit den Unterschied zwischen *Kshetra* und *Kshetrajna* schaut und auch die Methode kennt, die zur Befreiung der Wesen von Prakriti führt, geht in das Höchste ein. 34

OM, Tat, Sat.

In der Upanishad der heiligen Bhagavad-Gita – die das Zwiegespräch
zwischen dem Herrn Krishna und Arjuna schildert und die heilige
Schrift des Yoga und die Wissenschaft der Gottverwirklichung darstellt
– ist dies das dreizehnte Kapitel, mit dem Titel »Vereinigung durch
Unterscheidung zwischen dem Feld und dem Kenner des Feldes«.

KAPITEL XIV

Sich über die Gunas erheben

Die drei Eigenschaften (Gunas) in der kosmischen Natur

Der Segensreiche Herr sprach:

Ich will wieder über jene höchste Weisheit sprechen, die alles Wissen übersteigt. Dank dieser Weisheit haben alle Weisen am Ende ihres Lebens höchste Vollkommenheit erreicht.   1

Wenn die Weisen im Besitz dieser Weisheit und in Mir verankert sind, werden sie auch zu Beginn eines neuen Schöpfungszyklus nicht wiedergeboren; auch fühlen sie sich zur Zeit der Auflösung des Universums nicht beunruhigt.   2

Mein Schoß ist die Große Prakriti (Mahat-Brahma), in welchen Ich die Saat (Meiner Intelligenz) pflanze; dies verursacht die Geburt aller Lebewesen.   3

O Sohn der Kunti (Arjuna), die Große Prakriti ist der ursprüngliche Schoß (die Mutter) aller Körper – von welchem Schoß sie auch geboren werden –, und Ich bin der samenspendende Vater.   4

O Starkarmiger (Arjuna)! Die der Prakriti innewohnenden *Gunas* – *Sattva*, *Rajas* und *Tamas* – halten den Unvergänglichen Bewohner im Körper gefangen.   5

O Sündloser (Arjuna)! Von diesen drei *Gunas* verleiht das makellose *Sattva* Erleuchtung und Gesundheit. Dennoch bindet es den Menschen durch Anhänglichkeit an sein Glück und sein Wissen.   6

O Sohn der Kunti (Arjuna), wisse, dass das tatendurstige *Rajas* von Leidenschaft geprägt ist und dass es Wünsche und Anhänglichkeit erzeugt; es bindet die verkörperte Seele so sehr, dass sie an ihren Werken hängt.   7

O Bharata (Arjuna)! Wisse, dass *Tamas* der Unwissenheit entspringt und alle verkörperten Lebewesen täuscht. Es bindet sie durch falsche Vorstellungen, Trägheit und Schläfrigkeit.   8

Sattva bindet den Menschen an das Glück, *Rajas* an die Tätigkeit; und *Tamas* bindet ihn an falsche Vorstellungen, weil es seine Urteilskraft trübt.   9

Die Mischung von Gut und Böse in der menschlichen Natur

Manchmal ist *Sattva* vorherrschend und überwindet *Rajas* und *Tamas*; manchmal herrscht *Rajas* vor, nicht *Sattva* oder *Tamas*; und manchmal werden *Sattva* und *Rajas* von *Tamas* verdunkelt.   10

Man weiß, dass *Sattva* vorherrscht, wenn das Licht der Weisheit durch alle Sinnestore des Körpers scheint.   11

Ein Überwiegen von *Rajas* verursacht Gier, Tätigkeit, Arbeitseifer, Ruhelosigkeit und Wünsche.   12

Wenn *Tamas* das vorherrschende *Guna* ist, erzeugt es Dunkelheit, Faulheit, Pflichtversäumnis und Täuschung.   13

Der Mensch, bei dem im Tode die *Sattva*-Eigenschaften vorherrschen, erhebt sich zu jener reinen Region, wo die Kenner des Allerhöchsten weilen.   14

Wenn *Rajas* zur Zeit des Todes bei ihm vorherrscht, wird er unter Menschen wiedergeboren, die voller Tatendrang sind. Wer in *Tamas* versunken stirbt, geht in die Mutterschöße (Umgebung, Familie, Lebensumstände) der in tiefer Täuschung lebenden Wesen ein.   15

Es wird (von den Weisen) behauptet, dass die Frucht der durch *Sattva* gereiften Handlungen Harmonie und Reinheit ist. Die Frucht der von *Rajas* bestimmten Handlungen ist Schmerz. Und die Frucht der von *Tamas* verursachten Handlungen ist Unwissenheit.   16

Weisheit wird durch *Sattva* erzeugt, Gier durch *Rajas*; Unbesonnenheit, Täuschung und Unwissenheit durch *Tamas*.   17

Wer in *Sattva* verankert ist, steigt empor; wer in *Rajas* verharrt, bleibt in der Mitte; und wer dem niedrigsten *Guna*, *Tamas*, verhaftet ist, sinkt in die Tiefe.   18

Das Wesen eines Jivanmukta – jemand, der sich über die Eigenschaften der Natur erhebt

Der Seher, der (in der Schöpfung) keinen anderen Urheber als die drei Eigenschaften sieht und Das erkennt, das höher ist als die drei *Gunas*, geht wahrhaftig in Mich ein.   19

Wer die drei Eigenschaften der Natur – die Ursachen der physischen Verkörperungen – überwunden hat, wird frei von den Leiden der Geburt, des Alters und des Todes; er erlangt Unsterblichkeit.   20

Arjuna sprach:

O Herr, woran erkenne ich einen Menschen, der die drei Eigenschaften überwunden hat? Wie verhält er sich? Und wie erhebt er sich über die drei Eigenschaften   21

Der Segensreiche Herr sprach:

O Pandava (Arjuna), wer weder das Vorhandensein der *Gunas* – Erleuchtung, Tätigkeit, Unwissenheit – verabscheut noch deren Nichtvorhandensein beklagt;   22

wen die drei Seinszustände nicht beunruhigen und nicht verwirren, wer sie allein in aller Schöpfung wirken sieht; wer geistig nicht mehr schwankt und wer in seinem SELBST verankert ist;   23

wen Freud und Leid, Lob und Tadel nicht beeinflussen, wer sich geborgen fühlt in seiner göttlichen Natur; wem alle Dinge gleichbedeutend sind – ob Lehm, ob Stein, ob Gold; wer angenehmen und unangenehmen (Menschen und Erlebnissen) mit gleicher Einstellung begegnet; wer festen Geistes ist;   24

wer sich von Achtung und Verachtung nicht beeinflussen lässt; wer Freund und Feind auf gleiche Art behandelt; wer sich nicht täuscht und meint, er sei der Handelnde – nur der hat die drei Eigenschaften überwunden!   25

Wer Mir mit unbeirrbarer Hingabe dient, erhebt sich über die *Gunas* und ist fähig, eins mit Brahman zu werden.   26

Denn Ich bin das Fundament des Unendlichen, des Unsterblichen, des Unzerstörbaren – und des ewigen *Dharma* und der ungetrübten Glückseligkeit. 27

O<small>M</small>, *Tat, Sat.*

*In der Upanishad der heiligen Bhagavad-Gita – die das Zwiegespräch
zwischen dem Herrn Krishna und Arjuna schildert und die heilige
Schrift des Yoga und die Wissenschaft der Gottverwirklichung darstellt
– ist dies das vierzehnte Kapitel, mit dem Titel »Vereinigung durch
Überwindung der drei Eigenschaften der Natur«.*

KAPITEL XV

Purushottama: das Höchste Wesen

Der ewige Ashvattha: der Baum des Lebens

Der Segensreiche Herr sprach:

Sie (die Weisen) sprechen von einem ewigen *Ashvattha*-Baum, dessen Wurzeln nach oben und dessen Zweige nach unten weisen und dessen Blätter die vedischen Hymnen sind. Wer diesen Baum des Lebens
kennt, ist ein Kenner der Veden.   1

Seine Äste breiten sich nach oben und unten aus und werden von
den *Gunas* genährt; seine Knospen sind die Sinnesgegenstände; und
nach unten hin, in die Welt der Menschen, erstrecken sich die feinen
Wurzeln, die den Menschen zum Handeln zwingen.   2

Keiner der durchschnittlichen Menschen versteht das wahre Wesen
dieses Baumes, seinen Anfang, sein Ende und die Art, wie er fortbe-
steht. Die Weisen, die den fest verwurzelten *Ashvattha* mit der machtvollen Axt der Ungebundenheit gefällt haben, suchen das Höchste Ziel
und denken: »Ich suche Zuflucht beim Ursprünglichen Purusha, aus
dem allein der seit unvordenklichen Zeiten bestehende Schöpfungspro-
zess hervorging.« Haben sie Das einmal erreicht, kehren sie nicht mehr
in die Welt der Erscheinungen zurück.   3–4

Die Stätte des Unmanifestierten

Wer frei von Ehrsucht, Täuschung und verderblichen Neigungen
ist, wer alle Begierden überwunden und sich von den Gegensätzen Lust
und Leid gelöst hat, wer fest gegründet im SELBST ruht, der geht nicht
mehr in die Irre und erreicht den Zustand der Unwandelbarkeit.   5

Wo weder Sonne noch Mond noch Feuer scheint, dort ist Mein Erhabener Wohnsitz. Wer diesen erreicht, wird nicht mehr wiedergeboren. 6

Wie sich der GEIST als Seele manifestiert

Ein ewiger Teil Meines SELBST, das sich als lebende Seele in allen Wesen offenbart, zieht die sechs Sinne an – darunter das Sinnesbewusstsein –, die alle in Prakriti ruhen. 7

Wenn sich der Herr als *Jiva* mit einem Körper bekleidet, so bringt Er auch den Geist und die Sinne mit. Wenn Er diesen Körper verlässt, nimmt Er sie wieder mit und entschwindet – gleichwie der Wind den Duft (der Blumen) fortweht. 8

Er herrscht über den Geist und die Sinne – Gesicht, Gehör, Geschmack, Geruch und Tastsinn – und erfreut sich der Sinnenwelt. 9

Die Getäuschten schauen Ihn in der Welt der *Gunas* nicht, in der Er sich aufhält, die Er erlebt und die Er wieder verlässt. Doch jene, die ihr Auge der Weisheit geöffnet haben, können Ihn schauen. 10

Der Yogi, der nach Erlösung strebt, schaut Ihn in seinem eigenen SELBST; wer jedoch unrein und unbeherrscht ist, kann Ihn nicht wahrnehmen, auch wenn er sich darum bemüht. 11

Das Licht der Sonne, das die ganze Welt erleuchtet, das Licht des Mondes und das Licht im Feuer – wisse, dass ihr Glanz der Meine ist. 12

Es ist Meine Leuchtkraft, die den Erdboden durchdringt und alle Wesen erhält. Ich bin im wasserartigen Mond und erschaffe alle Pflanzenarten. 13

Ich lebe als *Vaishvanara* (als Macht des Feuers) im Körper aller Kreatur. Durch *Prana* und *Apana* wirkend, verdaue Ich die Nahrung, die man auf vier verschiedene Weise zu sich nimmt. 14

Ich lebe im Herzen aller Dinge; von Mir kommt das Gedächtnis, das Wissen und deren Verlust. Wahrlich, Ich bin Das, was die Veden lehren; Ich bin Derjenige, der sie kennt, und der Verfasser des Vedanta. 15

Der Höchste GEIST: jenseits des Vergänglichen und Unvergänglichen

Es gibt zwei Wesen (Purushas) im Kosmos, das zerstörbare und das unzerstörbare. Die Kreaturen sind das zerstörbare, und das *Kutastha* ist das unzerstörbare.   16

Doch es gibt noch ein anderes, Höheres Wesen, das man als »Höchsten GEIST« bezeichnet – den Ewigen Herrn, der die drei Welten durchdringt und sie aufrechterhält.   17

Ich (der Herr) existiere jenseits des Vergänglichen (Prakriti) und stehe auch über dem Unvergänglichen *(Kutastha)*. Deshalb werde Ich in den Welten und im Veda (der intuitiven Wahrnehmung der nicht getäuschten Seelen) Purushottama, das Höchste Wesen, genannt.   18

Jeder, der frei von Täuschung ist und Mich auf diese Weise als den Höchsten GEIST erkennt, der weiß alles, o Nachkomme von Bharata (Arjuna). Er betet Mich mit seinem ganzen Wesen an.   19

Hiermit, o Sündloser (Arjuna), habe Ich dich diese höchste Weisheit gelehrt. Wer sie versteht, wird zu einem Weisen, der all seine Pflichten gewissenhaft erfüllt und dennoch weiterhin pflichtgemäß handelt.   20

OM, Tat, Sat.

In der Upanishad der heiligen Bhagavad-Gita – die das Zwiegespräch
zwischen dem Herrn Krishna und Arjuna schildert und die heilige
Schrift des Yoga und die Wissenschaft der Gottverwirklichung darstellt
– ist dies das fünfzehnte Kapitel, mit dem Titel »Vereinigung mit dem
Höchsten GEIST.«

KAPITEL XVI

Das Göttliche erfassen und das Dämonische meiden

Die seelischen Eigenschaften, die den Menschen gottähnlich machen

Der Segensreiche Herr sprach:

Furchtlosigkeit, Reinheit des Herzens, Standhaftigkeit beim Erwerb von Weisheit und im Üben des Yoga, Nächstenliebe, Herrschaft über die Sinne, Zelebrieren heiliger Riten, Studium der heiligen Schriften, Selbstbeherrschung, Aufrichtigkeit;   1

Nicht-Verletzen, Wahrhaftigkeit, Freisein von Zorn, Entsagung, Friedfertigkeit, Nicht-Verleumden, Mitgefühl mit allen Lebewesen, Überwindung von Gier, Sanftmut, Sittsamkeit, Sieg über die Ruhelosigkeit;   2

Charakterfestigkeit, Versöhnlichkeit, Geduld, Reinlichkeit, Freisein von Hass, Überwindung von Eitelkeit – diese Eigenschaften sind der Schatz eines göttlich gesinnten Menschen, o Nachkomme des Bharata.   3

Das Wesen und das Schicksal von Seelen, die das Göttliche meiden

Eitler Stolz, Arroganz, Hochmut, Zorn, Hartherzigkeit und Unwissenheit kennzeichnen den Menschen, der von Geburt an ein dämonisches Wesen hat, o Sohn der Pritha (Arjuna).   4

Göttliche Eigenschaften verleihen Freiheit; dämonische führen in

die Knechtschaft. Fürchte dich nicht, o Pandava (Arjuna)! Dir sind die
göttlichen Neigungen verliehen worden.   5

Zwei Arten von Menschen gibt es auf dieser Welt: die göttlichen
und die dämonischen. Ich habe dir alle göttlichen Eigenschaften genannt; nun höre, was Ich über die dämonischen sage, o Sohn der Pritha (Arjuna).   6

Die dämonischen Menschen wissen nicht, was rechtes Handeln ist,
noch wissen sie, wann sie nicht handeln sollen. Sie kennen weder Reinheit noch Wahrheit noch gutes Betragen.   7

Sie sagen: »Die Welt kennt kein sittliches Fundament, keine ewige
Wahrheit, keinen Herrn oder Gott. Sie ist durch keine systematische,
ursächliche Ordnung entstanden; ihr einziger Zweck ist die Befriedigung der Lust – was sonst?«   8

Solch verworfene Menschen mit unklarem Verstand halten an ihrem Irrglauben fest und begehen viele Grausamkeiten. Sie sind Feinde
der Welt – entschlossen, diese zu zerstören.   9

Unersättlich sind ihre Begierden, sie heucheln, sind geltungsbe-
dürftig und überheblich; da sie der Täuschung verfallen sind, hegen
sie nur böse Gedanken und verfolgen mit all ihrem Handeln unredli-
che Ziele.   10

Sie halten die Befriedigung sinnlicher Triebe für das höchste Ziel
des Menschen und meinen, dass diese Welt »alles« sei. Bis zum Augenblick ihres Todes sind sie in irdische Plagen und Sorgen verstrickt.   11

An zahllose selbstsüchige Erwartungen und Wünsche gekettet, von
Zorn und Leidenschaft versklavt, trachten sie nur nach körperlichen
Freuden und versuchen, auf unehrliche Weise zu Reichtum zu kom-
men.   12

»Dies habe ich heute erworben; jetzt will ich mir einen anderen
Wunsch erfüllen. Diesen Reichtum besitze ich jetzt; ich werde mir aber
noch mehr beschaffen.   13

Diesen Feind habe ich getötet; und die anderen werde ich auch
noch erschlagen. Ich bin Herrscher über die Menschen; ich freue mich
an all meinem Besitz; ich bin siegreich, mächtig und glücklich.   14

Ich bin reich und von angesehener Herkunft. Kann sich irgendjemand mit mir messen? Ich gebe aufsehenerregende Almosen und bringe vorschriftsgemäße Opfer dar. Ich will das Leben genießen!« So sprechen jene, die der Weisheit entbehren und in die Irre gehen.   15

Wirre Gedanken hegend, im Netz der Täuschung gefangen, verlangen sie nur nach den Freuden der Sinne und versinken in eine finstere Hölle.   16

Eitel, eigensinnig, trunken von Stolz auf ihren Besitz, bringen sie scheinheilig Opfer dar, ohne die Gebote der heiligen Schriften zu erfüllen.   17

Egoistisch, ungestüm, hochmütig, lüstern und leicht erzürnbar, verachten diese boshaften Menschen Mich, der Ich in ihnen und in allen anderen wohne.   18

Diese grausamen, hasserfüllten Übeltäter, die Schlimmsten unter den Menschen, schleudere Ich wieder und wieder in dämonische Mutterschöße, so dass sie im Bereich der Seelenwanderung verbleiben.   19

Sie verkörpern sich als *Asuras*, sie verfallen von einer Geburt zur anderen der Täuschung; und da sie Mich nicht erreichen, stürzen sie in den tiefsten Abgrund hinab.   20

In jene Hölle, die das Heil der Seele zerstört, führt ein dreifaches Tor: die Lust, der Zorn und die Gier. Vor diesen drei muss der Mensch sich daher hüten.   21

O Sohn der Kunti (Arjuna)! Wer dieses dreifache Tor, das ins Reich der Dunkelheit führt, meidet, findet sein eigenes Heil und erreicht das Höchste.   22

Das richtige Verständnis für die Anweisungen in den heiligen Schriften über die Lebensführung

Wer die Gebote der heiligen Schriften nicht beachtet und seinen eigenen, törichten Wünschen folgt, findet kein Glück und keine Vollkommenheit; er kann das Ziel – die Unendlichkeit – nicht erreichen.   23

Die heiligen Schriften sollen daher dein Wegweiser sein und dich

in allem, was du tun und was du lassen sollst, leiten. Folge dem intuitiven Verständnis der Gebote in den heiligen Schriften und erfülle freudig all deine Pflichten hier.   24

OM, Tat, Sat.

*In der Upanishad der heiligen Bhagavad-Gita – die das Zwiegespräch
zwischen dem Herrn Krishna und Arjuna schildert und die heilige
Schrift des Yoga und die Wissenschaft der Gottverwirklichung darstellt
– ist dies das sechzehnte Kapitel, mit dem Titel »Vereinigung durch
Erfassen des Göttlichen und Meiden des Dämonischen«.*

KAPITEL XVII

Drei Arten des Glaubens

Drei Arten der Anbetung

Arjuna sprach:

Diejenigen, welche die Regeln der heiligen Schriften übergehen, aber hingebungsvoll Opfer bringen, in welchem Zustand befinden sie sich, o Krishna? Wird ihr Wesen von *Sattva, Rajas* oder *Tamas* bestimmt? 1

Der Segensreiche Herr sprach:

Der natürliche Glaube der verkörperten Wesen steht unter dem dreifachen Einfluss von *Sattva, Rajas* und *Tamas.* Das will Ich dir nun erklären. 2

Die Hingabe eines jeden Menschen entspricht der ihm angeborenen Natur. Seine Neigung enthüllt sein Wesen; wie immer sein Glaube aussieht, so ist auch er. 3

Sattvische Menschen huldigen den Devas, rajasische Menschen den Yakshas und Rakshasas, und tamasische den Pretas und der Schar der Bhutas. 4

Wisse, dass diejenigen, die sich auf drastische Weise kasteien – was die heiligen Schriften nicht gutheißen –, dämonischen Wesens sind. Scheinheilige sind sie, Ichsüchtige, die von Lust, Anhänglichkeit und Machthunger besessen sind und sinnlos die Elemente des Körpers quälen, wodurch sie Mich, der in ihnen wohnt, verletzen. 5–6

Drei Arten von Nahrung

Jeder der drei Menschentypen hat sogar eine Vorliebe für eine der

drei Arten von Nahrung und auch für die Art ihrer *Yajnas*, ihrer Bußübungen und ihres Almosenspendens. Höre, wie sie sich unterscheiden.   7

Nahrung, die das Leben verlängert und Vitalität, Ausdauer und
Gesundheit fördert, die den Geist erheitert und den Appetit anregt, die
wohlschmeckend, mild, nahrhaft und bekömmlich ist, wird von denen
bevorzugt, die reinen Geistes (sattvisch) sind.   8

Nahrung, die bitter, sauer, salzig und sehr scharf gewürzt, beißend,
herb und brennend ist, wird von rajasischen Menschen vorgezogen; sie
erzeugt Schmerzen, Kummer und Krankheit.   9

Nahrung die ohne Nährwert, fade, angeschimmelt, abgestanden,
verdorben und unrein ist, wird von tamasischen Menschen geliebt.   10

Drei Arten geistiger Praktiken

Ein *Yajna* (Opfer oder die Pflichterfüllung) ist sattvisch, wenn es
im Sinne der heiligen Schriften und allein um der Gerechtigkeit willen
dargebracht wird und von Menschen, die nicht an den Früchten ihres
Handelns hängen.   11

Wisse, o Bester der Bharatas (Arjuna), dass ein *Yajna* rajasisch ist,
wenn es in der Hoffnung auf Belohnung und in auffälliger Weise dargebracht wird.   12

Als tamasisch wird ein Opfer verurteilt, das nicht die Regeln der
heiligen Schriften beachtet, das kein Nahrungsopfer und keine aner-
kennende Gabe enthält,[1] das ohne heilige Gebete und Gesänge und
ohne Hingabe (an Gott) dargebracht wird.   13

Enthaltsamkeit oder Bußübungen des Körpers bestehen in der
Verehrung der Devas, der »Zweimalgeborenen«, der Gurus und der

---

[1] Zur Tradition eines heiligen *Yajna* – zeremonieller Anbetung – gehört das Austeilen von Speisen
(Srishta Anna) und ein Geschenk zum Zeichen der Anerkennung *(Dakshina)* an den Guru oder leitenden Priester. Die Speisung von Gästen, Armen oder »Brahmanen« (Priestern, Entsagenden oder
anderen heiligen Personen, die ihr Leben in den Dienst Gottes gestellt haben) versinnbildlicht ein
großzügiges Herz, das den empfangenen Segen mit anderen teilt, wie es der Pflicht des Menschen
gegenüber seinem Nächsten entspricht. Die vom geistigen Standpunkt aus verbindliche »Gebühr«
oder Spende an den Guru oder Priester, der die Zeremonie leitet, ist ein Ausdruck der Dankbar-
keit; damit erkennt man die von ihm empfangene geistliche Hilfe und den Wert seine Lehre an.

Weisen; sowie in Reinheit, Aufrichtigkeit, Mäßigkeit und Gewaltlosigkeit. 14

Enthaltsamkeit der Rede besteht in der inneren Verbindung mit seinem wahren SELBST und im Gebrauch von Worten, die keine Unruhe verursachen, die wahrhaft, angenehm und wohltuend sind. 15

Enthaltsamkeit des Geistes besteht in einem ruhigen und zufriedenen Gemüt sowie einem klaren Verstand, in Güte, Schweigsamkeit, Selbstbeherrschung und Reinheit des Charakters. 16

Dieser dreifachen Buße, die dem Geist des *Sattva* entspricht, unterziehen sich Menschen, die Ausdauer und tiefen Glauben besitzen und nicht nach den Früchten ihrer Taten verlangen. 17

Es heißt, dass Bußübungen rajasisch – unbeständig und flüchtig – sind, wenn sie dazu dienen sollen, Aufsehen zu erregen und Anerkennung, Ehrung und Huldigung zu ernten. 18

Die tamasischen Bußübungen beruhen auf Unwissenheit und Torheit; man führt sie aus, um sich selbst zu quälen oder andere Menschen zu schädigen. 19

Drei Arten des Schenkens

Das gute oder sattvische Geschenk wird um der Gerechtigkeit willen gemacht, ohne dass man etwas dafür erwartet; man gibt es nur würdigen Menschen, und zwar zur richtigen Zeit und am richtigen Ort. 20

Als rajasisch gilt ein Geschenk, das man nur widerstrebend macht oder in der Hoffnung, eine Gegengabe zu erhalten, oder um sich Verdienste zu erwerben. 21

Als tamasisch gilt ein Geschenk, das man unwürdigen Menschen zur unrechten Zeit und am unrechten Ort gibt – mit Verachtung und ohne Wohlwollen. 22

OM-Tat-Sat: Gott als Vater, Sohn und Heiliger Geist

»OM-*Tat-Sat*« ist die dreifache Bezeichnung Brahmans (Gottes).

Durch diese Kraft sind zu Beginn der Zeit die Brahmanen (die Kenner Brahmans), die Veden und die Opferriten entstanden.   23

Deshalb singen die Anhänger Brahmans jedesmal »OM«, ehe sie Opfer darbringen, Geschenke anbieten und sich in der von den heiligen Schriften geforderten Enthaltsamkeit üben.   24

Wer seine Befreiung ersehnt, vollzieht die verschiedenen Riten des Opferns, des Schenkens und der Entsagung, während er sich auf das »*Tat*« konzentriert, ohne Ergebnisse zu erwarten.   25

Das Wort »*Sat*« bezeichnet die Höchste Wirklichkeit (jenseits der Schöpfung) und das Gute (das von Ihm in die ganze Schöpfung ausstrahlt). »*Sat*« bezieht sich auch auf höhere geistige Handlungen.   26

Beharrliches Festhalten an den höheren geistigen Riten, Selbstzucht und aufrichtige Opfergaben werden »*Sat*« genannt (Verbindung mit dem transzendenten Kosmischen Bewusstsein Gottes). Auch jede geistige Tätigkeit, die mit »*Tat*« verbunden ist (Wahrnehmung Gottes innerhalb der Schöpfung), wird als »*Sat*« bezeichnet.   27

O Partha (Arjuna)! Jedes Opfer oder Geschenk und alle asketischen Übungen, die man ohne Glauben (Hingabe) macht, werden »*Asat*« genannt. Sie sind sowohl in dieser als auch in der jenseitigen Welt wertlos.   28

OM, Tat, Sat.

In der Upanishad der heiligen Bhagavad-Gita – die das Zwiegespräch zwischen dem Herrn Krishna und Arjuna schildert und die heilige Schrift des Yoga und die Wissenschaft der Gottverwirklichung darstellt – ist dies das siebzehnte Kapitel, mit dem Titel »Vereinigung durch die drei Arten des Glaubens«.

KAPITEL XVIII

»Wahrlich, Ich verspreche dir: du sollst zu Mir gelangen«

Entsagung: die göttliche Kunst, selbstlos in der Welt tätig zu sein, ohne an etwas zu hängen

Arjuna sprach (zu Sri Krishna):

O Hrishikesha, o Starkarmiger, o Töter Keshis (des Dämons)! Mich verlangt danach, die wahre Bedeutung von *Sannyasa* (Entsagung) und auch von *Tyaga* (Verzicht) zu erfahren und zu wissen, wie sie sich voneinander unterscheiden.   1

Der Segensreiche Herr sprach:

Die Weisen bezeichnen »*Sannyasa*« als Verzicht auf alle Handlungen, die einem Wunsch entspringen. Sie erklären, dass »*Tyaga*« der Verzicht auf die Früchte des Handelns sei.   2

Manche Philosophen raten, jegliche Arbeit einzustellen, da sie verderblich sei. Andere wiederum behaupten, dass die Tätigkeit des *Yajna* (der heiligen Feuerriten), des *Dana* (der Nächstenliebe) und des *Tapas* (der Selbstdisziplin) nicht aufgegeben werden dürfe.   3

Vernimm also von Mir die höchste Wahrheit über Entsagung, o Bester der Bharatas (Arjuna)! Denn es heißt, dass es drei Arten von Entsagung gibt, o Tiger unter den Menschen.   4

Die mit *Yajna*, *Dana* und *Tapas* verbundenen Handlungen sollten wahrlich ausgeführt und nicht etwa unterlassen werden, denn segensreiche Feuerriten, Nächstenliebe und Selbstdisziplin heiligen den Weisen.   5

Doch auch diese Handlungen, o Partha (Arjuna), sollten ausgeführt werden, ohne sich von ihnen abhängig zu machen und ohne nach ihren Früchten zu verlangen. Das ist Meine tiefste und feste Überzeugung.   6

Pflichtgemäße Handlungen zu unterlassen ist unrecht. Solchen Handlungen unter dem Einfluss der Täuschung zu entsagen wird als tamasisch (böse) bezeichnet.   7

Wer der Tätigkeit entsagt, weil sie ihm zu beschwerlich scheint oder weil er sich vor körperlichen Unannehmlichkeiten fürchtet, steht in seiner Entsagung unter dem Einfluss von *Rajas*. Er kann unmöglich den Lohn seiner Entsagung empfangen.   8

O Arjuna, wenn man eine Handlung aus Pflichtbewusstsein ausführt, ohne an ihr und ihren Ergebnissen zu hängen, wird diese Entsagung als sattvisch betrachtet.   9

Der Entsagende, der von *Sattva* erfüllt ist, der Ruhe und Verständnis besitzt und keine Zweifel hegt, schreckt nicht vor unliebsamen Aufgaben zurück, noch fühlt er angesichts einer angenehmen Tätigkeit überschwängliche Freude.   10

Kein verkörpertes Wesen vermag, allem Handeln zu entsagen; doch wer auf die Früchte seiner Handlungen verzichtet, wird ein Entsagender genannt.   11

Die dreifältigen Früchte des Handelns – die guten, die schädlichen und die gemischten – ernten die Nicht-Entsagenden nach ihrem Tode; doch die Entsagenden ernten sie nie.   12

Die Wurzeln des Handelns und das vollendete Handeln (die Befreiung)

O Starkarmiger (Arjuna), erfahre von Mir die fünf Ursachen allen Handelns; sie sind aufgezeichnet in der höchsten Weisheit (im Sankhya), in der alles Handeln sein Ende findet.   13

Der menschliche Körper; der scheinbar in ihm Handelnde; die verschiedenen Werkzeuge (Sinne, menschlicher Geist und Intelligenz); die

vielfältigen, sich unterscheidenden Funktionen; und schließlich das
fünfte, die regierende Gottheit – das Schicksal: 14

diese fünf sind die Ursache aller rechten oder unrechten Handlungen, die der Mensch mit Hilfe seines Körpers, seines Geistes und seiner Rede ausführt.   15

Da dies so ist, mag ein Mensch, dessen Bewusstsein verzerrt ist, das SELBST als den einzig Handelnden betrachten; doch da sein Verständnis getrübt ist, fehlt ihm wahre Einsicht.   16

Wer sich aus den Fängen des Egoismus befreit hat und eine reine Intelligenz besitzt, tötet nicht, selbst wenn er diese Menschen (die auf dem Feld von Kurukshetra zum Kampf bereit sind) tötet; auch bindet ihn eine solche Tat nicht.   17

Der dreifache Antrieb des Handelns besteht aus dem Erkennenden, der Erkenntnis und dem Erkannten. Der Handelnde, das Werkzeug und das Handeln bilden das dreifache Fundament jeder Tätigkeit.   18

Drei Arten der Erkenntnis, des Handelns und des Charakters

In der Sankhya-Philosophie werden nur drei Arten der Erkenntnis, des Handelns und des Handelnden beschrieben, die den unterschiedlichen drei *Gunas* entsprechen. Höre nun gut, was über sie gesagt wird.   19

Wisse, o Arjuna, dass die sattvische Erkenntnis dem Menschen dazu verhilft, in allen Wesen den einen unzerstörbaren GEIST wahrzunehmen – der ungeteilt im Geteilten besteht.   20

Wisse aber, dass jene Erkenntnis, durch die man in der gesamten Welt der Erscheinungen mannigfache Wesen wahrnimmt, die sich voneinander unterscheiden, rajasisch ist.   21

Und jene Erkenntnis, die sich auf eine einzige Wirkung konzentriert, als sei diese das Ganze, die den Beweggrund missachtet und sich – oberflächlich und bequem – nicht an die Grundsätze der Wahrheit hält, wird als tamasisch bezeichnet.   22

Es heißt, dass diejenige Handlung sattvisch ist, die von Gott geleitet wird und die man – ohne jegliche Anhänglichkeit und ohne Widerstreben – im Zustand völliger innerer Freiheit ausführt, ohne nach den Früchten der Tat zu verlangen.   23

Alles Handeln, das der Befriedigung von Wünschen dient, das selbstsüchtig und unter ungeheuren Anstrengungen vollbracht wird, wird rajasisch genannt.   24

Tamasisch sind solche Handlungen, die der Täuschung entspringen, so dass der Mensch seine eigenen Fähigkeiten nicht richtig beurteilt und die Folgen nicht bedenkt – Verlust von Gesundheit, Wohlstand und Macht sowie den Schaden, den man anderen zufügt.   25

Der Handelnde, der frei von Egoismus und Anhänglichkeit ist, den Erfolge oder Misserfolge nicht berühren, der voller Mut und Tatkraft ist, wird sattvisch genannt.   26

Ein Handelnder (ein Werkzeug für eine Tat), der an vielen Dingen hängt und nach den Früchten seines Handelns verlangt, der gierig, unrein und skrupellos ist, der leicht begeistert und leicht entmutigt ist – ein solcher wird rajasisch genannt.   27

Ein Handelnder, der körperlich und geistig wankelmütig, gewissenlos, überheblich, skrupellos, boshaft, träge, unzufrieden und saumselig ist, wird tamasisch genannt.   28

Intelligenz *(Buddhi)*, Standhaftigkeit *(Dhriti)* und Glück *(Sukham);* ihre höheren und niederen Ausdrucksformen

O Gewinner von Reichtum (Arjuna), Ich will dir jetzt – im Hinblick auf die drei *Gunas* – nacheinander und ausführlich die drei Arten von Intelligenz und Standhaftigkeit erklären. Bitte merk auf!   29

O Partha (Arjuna), sattvisch wird der Intellekt genannt, der die Wege der Begierde und der Entsagung, der pflichtvergessenen und pflichtbewussten Handlungen als die Ursachen erkennt, die zu Angst oder Furchtlosigkeit, zu Knechtschaft oder Erlösung führen.   30

O Partha (Arjuna), rajasisch ist der Intellekt, welcher Rechtschaf-

fenheit *(Dharma)* und Unrecht *(Adharma)*, pflichtgetreues und pflicht-
vergessenes Handeln aus grob verzerrter Sicht betrachtet.   31

O Partha (Arjuna), tamasisch ist die in Finsternis gehüllte Intelligenz, die das Irreligiöse als Religion ansieht und alle Dinge aus ver-
kehrter Sicht betrachtet.   32

O Partha (Arjuna), sattvisch ist jene Standhaftigkeit *(Dhriti)*, welche die Funktionen des Geistes, des *Prana* und der Sinne reguliert und
ihrer Zuchtlosigkeit (launenhafter Unbeständigkeit) durch Üben des
Yoga Einhalt gebietet.   33

O Partha (Arjuna), *Rajas-Dhriti* ist die unbeirrbare innere Fes-
tigkeit, die den menschlichen Geist auf *Dharma* (religiöse Pflichten),
Wünsche und Reichtümer lenkt, an denen er hängt, weil er nach ihren
Früchten verlangt.   34

Tamas-Dhriti wird das genannt, was einen törichten Menschen daran hindert, Schlafsucht, Furcht, Kummer, Verzweiflung und übermäßige Eitelkeit zu überwinden, o Partha (Arjuna).   35

O störrischer Stier der Verwirklichung (Arjuna)! Höre nun von
Mir, was Ich über die drei Arten des Glückes zu sagen habe: Transzendentes Glück (höchste Glückseligkeit), das man durch wiederholte
geistige Sammlung[1] erwirbt, löscht allen Schmerz aus.   36

Das der klaren Unterscheidungskraft und der Selbst-Verwirklichung entspringende Glück wird sattvisch gennnt. Zuerst erscheint es
wie Gift, später aber wie Nektar.   37

Das Glück, das aus der Verbindung der Sinne mit der Materie entsteht, wird als rajasisch bezeichnet. Es erscheint zuerst wie Nektar, später erweist es sich aber als Gift.   38

Jenes trügerische Glück, das in Selbsttäuschung beginnt und endet
und das durch zu viel Schlaf, Trägheit und Unverständnis verursacht
wird, wird tamasisch genannt.   39

---

[1] *Abhyāsād ramate:* von *abhyāsā* = wörtl., »das stete Bemühen, den Geist in seinem reinen, sattvischen Zustand zu halten«; und von *ram* = wörtl., »genießen, zur Ruhe bringen« – d. h. transzendente Glückseligkeit erlangen. Wenn sich der Geist in seinem reinen sattvischen Zustand sammelt,
beruhigen sich die aufgeregten Sinne, und es offenbart sich die höchste Glückseligkeit der Seele.

Wie man die einem von Gott übertragene Pflicht im Leben erkennt

Es gibt kein Wesen, weder in dieser Welt noch unter den Gottheiten im Astralhimmel, das frei von den drei Eigenschaften ist; diese werden von Prakriti (der von Gott erschaffenen Kosmischen Natur) ins Leben gerufen.   40

O Schrecken der Feinde (Arjuna)! Die Pflichten eines Brahmanen, eines Kshatriyas, eines Vaishyas und auch eines Shudras hängen von den *Gunas* (Eigenschaften) ab, die dem jeweiligen eigenen Naturell entsprechen.   41

Die Pflichten eines Brahmanen bestehen in Gedankenbeherrschung, Zügelung der Sinne, Selbstzucht, Reinheit, Vergebung, Aufrichtigkeit, Weisheit, Selbst-Verwirklichung und dem Glauben an eine jenseitige Welt; sie entsprechen seinem eigenen Wesen.   42

Tapferkeit, starke Ausstrahlung, unerschütterliche Standhaftigkeit, Geschicklichkeit, Unerschrockenheit im Kampf, Großzügigkeit und Autorität sind die natürlichen Pflichten eines Kshatriyas.   43

Ackerbau, Viehzucht und Handel sind die natürlichen Pflichten des Vaishyas. Dienst an anderen ist die natürliche Pflicht der Shudras.   44

Wenn der Mensch seine eigene Pflicht aufmerksam erfüllt, wird ihm höchster Erfolg zuteil. Höre nun, wie er durch Hingabe an seine angeborene Pflicht Erfolg erlangt.   45

Ein Mensch erlangt Vollkommenheit, wenn er Ihn, aus dem alle Lebewesen hervorgegangen sind und der die ganze Welt durchdringt, so anbetet, wie es seinen natürlichen Fähigkeiten entspricht.   46

Besser als der gut erfüllte *Dharma* (die Pflicht) eines anderen ist der eigene *Dharma*, auch wenn diesem der Ruhm fehlen mag (weil er noch unvollkommen ist). Wer die Pflichten erfüllt, die ihm von Natur aus zufallen, begeht keine Sünde.   47

O Spross der Kunti (Arjuna), man soll seine natürlichen Pflichten nicht aufgeben, auch wenn man sie noch nicht vollkommen erfüllen kann, denn jedes Unternehmen wird durch Fehler beeinträchtigt – wie die Flamme durch den Rauch.   48

Zusammenfassung der Gita-Botschaft: Wie man Gottverwirklichung erlangt

Wer seinen Geist stets frei von weltlichen Bindungen und Leidenschaften hält,[2] wer siegreich seine Seele wiederfindet und wer wunschlos ist, der erreicht höchste Vollkommenheit – den tatenlosen Zustand der Erleuchtung durch Entsagung.   49

O Sohn der Kunti (Arjuna), lass Mich kurz erläutern, wie ein solch vollkommener Mensch Brahman – den höchsten Gipfel der Weisheit – erreicht.   50

Derjenige ist würdig, in Brahman einzugehen, dessen Gedanken völlig rein sind, der den Körper und die Sinne mit unermüdlicher Geduld bezwingt, Geräusche und alle anderen Sinneswahrnehmungen (so weit wie möglich) ausschaltet, alle Anhänglichkeit und Abneigung überwindet;   51

der abgeschieden lebt, nur leichte Nahrung zu sich nimmt, Körper, Rede und Gedanken unter Kontrolle hat, ständig in göttliche Meditation versunken ist und die Seele durch Yoga mit Gott vereint; der Gleichmut bewahrt;   52

der friedvoll ist, aller Selbstsucht, allem Machthunger, aller Eitelkeit und Lust, allem Zorn und allem Besitz entsagt und sich über das Bewusstsein des »ich und mein« erhebt.   53

Indem er sich in Brahman versenkt – seine Seele ruhig hält, über nichts klagt, sich nach nichts sehnt und alle Lebewesen als gleichwertig erkennt –, schenkt er Mir seine höchste Hingabe.   54

Durch diese höchste Hingabe erkennt er Mich und Mein wahres Wesen – wer und was Ich bin. Nachdem er diese Wahrheiten erfahren hat, geht er ohne Verzug in Mich ein.   55

Auch wenn ein Gottsucher stets pflichtgetreu handelt und in Mir seine Zuflucht sucht, so ist es überdies Mein Wohlwollen, durch das

---

[2] *Asaktabuddhi* = wörtl., »... jemand, dessen Verstand jederzeit unvoreingenommen bleibt«. *Buddhi*, die Unterscheidungskraft der Seele, enthüllt die Wahrheit, wenn sie rein und unverzerrt bleibt und sich nicht von *Manas*, dem Sinnesbewusstsein, beeinflussen lässt; dann zieht sie das Bewusstsein zu seinem ursprünglichen Zustand des wahren SELBST, der Seele, hin.

er den ewigen, unwandelbaren Zustand erlangt.   56

Widme in Gedanken alle Handlungen Mir, betrachte Mich als das Höchste Ziel, übe dich im *Buddhi-Yoga* (in der weisen Unterscheidungskraft, die zur Vereinigung mit Mir führt), und trage Mich ständig im Herzen.   57

Wenn du Mich im Herzen trägst, wirst du durch Meine Gnade alle Hindernisse überwinden; doch wenn du selbstsüchtig bist und Meinen Rat nicht befolgst, bist du dem Untergang geweiht.   58

Wenn du an deinem Ego festhältst und sagst: »Ich will nicht kämpfen«, ist dein Vorsatz vergeblich. Prakriti, die dir angeborene Natur, wird dich zwingen zu kämpfen.   59

O Spross der Kunti (Arjuna), du bist durch dein eigenes Karma und die dir angeborene Natur gebunden; was du aufgrund deiner Täuschung nicht zu tun gewillt bist, wirst du unwillentlich zu tun gezwungen sein.   60

O Arjuna, der Herr wohnt in den Herzen aller Lebewesen und zwingt sie alle durch Seine kosmische Täuschung (*Maya*), sich im Kreise zu drehen, als seien sie an eine Maschine gekettet.   61

O Nachkomme von Bharata (Arjuna), suche mit der ganzen Glut deines Herzens Zuflucht bei Ihm. Durch Seine Gnade wirst du höchsten Frieden und den Ewigen Schutz erfahren.   62

Nun also habe Ich dir das Wissen übermittelt, das geheimer ist als alle Geheimnisse. Überlege dir alles wohl und entscheide dann, wie du handeln willst.   63

Höre erneut Meine höchste und allergeheimste Botschaft: Weil du Mir so teuer bist, will Ich dir sagen, was deinem Wohle dient.   64

Versenke deinen Geist in Mich; verehre Mich; leg alles in Meine Hände; verneige dich vor Mir. Du bist Mir teuer; wahrlich, Ich verspreche dir: du sollst zu Mir gelangen!   65

Gib alle anderen *Dharmas* (Pflichten) auf und denke nur noch an Mich;[3] Ich will dich von allen Sünden befreien (die aus dem Versäumnis

---

[3] *Mām ekaṁ śaraṇaṁ vraja* = wörtl., »Finde *(vraja)* Zuflucht (*śaraṇaṁ*, ›beschützt‹ vor der Täuschung) in der Einheit *(ekaṁ)* mit Mir *(mām)*.« »Halte dein Bewusstsein stets auf Meine schützende

dieser geringeren Pflichten entstehen). Sorge dich nicht!   66

Sprich über diese Wahrheiten zu niemandem, der keine Selbstbeherrschung oder Hingabe besitzt, noch zu jemandem, der nicht bereit ist zu dienen, noch zu einem, der nichts hören will, noch zu einem, der schlecht über Mich spricht.   67

Wer Meinen Verehrern – aus tiefer Hingabe zu Mir – das höchste geheime Wissen vermittelt, wird zweifellos zu Mir gelangen. Keiner unter den Menschen leistet Mir solch unschätzbare Dienste wie er; in der ganzen Welt gibt es keinen, der Mir lieber ist.   68–69

Wer sich mit diesem unserem heiligen Zwiegespräch beschäftigt und es versteht (es intuitiv erfasst), bringt Mir das Opfer *(Yajna)* der Weisheit dar. So lautet Meine heilige Äußerung.   70

Selbst derjenige, der lediglich voller Hingabe und ohne zu spotten diesem heiligen Zwiegespräch lauscht und es sich zu Herzen nimmt, wird von seinem irdischen Karma befreit werden und in der segensreichen Welt der Tugendhaften weilen.   71

Der Abschluss des Zwiegesprächs zwischen GEIST und Seele

O Partha (Arjuna), hast du aufmerksamen Herzens diese Weisheit vernommen? O Dhananjaya, ist deine aus der Täuschung geborene Unwissenheit beseitigt?   72

Arjuna sprach:

Die Täuschung ist von mir gewichen! Durch Deine Gnade, o Achyuta (unvergleichlicher Krishna), habe ich die Erinnerung (an meine Seele) wiedergewonnen. Ich stehe festgegründet da, und meine Zweifel sind überwunden. Ich will Deine Worte beherzigen und entsprechend handeln.   73

Sanjaya sprach:

Auf diese Weise habe ich dem wunderbaren Gespräch zwischen Vasudeva (Krishna) und der großen Seele Partha (Arjuna) gelauscht, so dass mir das Körperhaar in einem Freudenschauer zu Berge stand.   74

Gegenwart gerichtet«; d. h., »denke nur noch an Mich.«

Krishna selbst, Meister des Yoga, hat meinem Bewusstsein durch Vyasas Gnade unmittelbar dieses höchste Geheimnis des Yoga offenbart!   75

O König (Dhritarashtra), während ich mir dieses außergewöhnliche heilige Gespräch zwischen Keshava (Krishna) und Arjuna immer wieder ins Gedächtnis zurückrufe, überwältigt mich die Freude stets von Neuem.   76

Und während ich mir, o König (Dhritarashtra), wiederholt die gewaltige Manifestation[4] Haris (Krishnas) in Erinnerung rufe, ist mein Erstaunen groß; ich bin immer wieder von neuer Freude erfüllt.   77

Dies ist meine Überzeugung: Wo immer sich der Herr des Yoga, Krishna, manifestiert, und wo immer sich Partha (Arjuna, ein wahrer Gottsucher) befindet – ein Schütze, der den Bogen der Selbstbeherrschung sicher handhabt –, dort gibt es auch Erfolg, Sieg, Erwerb großer Kräfte und das unfehlbare Gesetz der Selbstdisziplin (das zur Befreiung führt).   78

Oм, *Tat, Sat.*

In der Upanishad der heiligen Bhagavad-Gita – die das Zwiegespräch
zwischen dem Herrn Krishna und Arjuna schildert und die heilige Schrift
des Yoga und die Wissenschaft der Gottverwirklichung darstellt
– ist dies das achtzehnte Kapitel, mit dem Titel »Vereinigung
durch Entsagung und Befreiung«.

---

[4] *Vishvarupa,* die kosmische Gestalt.

Epilog

»*Erhebe dich! Vor dir liegt der königliche Weg!*«

D ie Worte, die der Herr Krishna in der Bhagavad-Gita an Arjuna richtet, sind einerseits eine tiefgründige Abhandlung über die Yoga-Wissenschaft – die Wissenschaft der Vereinigung mit Gott – und andererseits ein Lehrbuch zur Lebensführung. Gemeinsam mit Arjuna steigt der Schüler stufenweise vom sterblichen Bewusstsein geistiger Zweifel und Anfechtungen zu einem Zustand auf, in dem er sich im Einklang mit Gott fühlt und feste Entschlossenheit zeigt. Die zeitlose und universale Botschaft der Gita ist allumfassend in ihrer Darlegung der Wahrheit. Sie zeigt dem Menschen, was seine eigentliche Pflicht im Leben ist und wie er sie mit innerer Ausgeglichenheit erfüllen kann, um Leid zu vermeiden und Weisheit und Erfolg zu gewinnen. Das Rätsel der Schöpfung wird gelöst, wenn man das Wesen der Materie versteht. Die Geheimnisse, die den Unendlichen GEIST umgeben, werden nach und nach gelüftet: es offenbart sich ein geliebter Gott, dessen ehrfurchterweckende Allmacht durch Seine zärtliche Liebe und Sein Mitgefühl gemildert wird und der immer bereit ist, die aufrichtige Bitte Seiner Kinder zu erhören.

Kurz zusammengefasst, besagt der Kerngehalt der Bhagavad-Gita Folgendes: Der königliche Weg zur Gottverwirklichung besteht aus richtigem Handeln, der Loslösung von der Welt und den Sinnenfreuden sowie in der Vereinigung mit Gott durch den höchsten Yoga – durch die *Pranayama*-Meditation, die einem ein erleuchteter Guru vermittelt hat.

Die *Kriya-Yoga*-Technik, die Krishna Arjuna vermittelte und die in den Gita-Kapiteln IV, 29 und V, 27–28 erwähnt wird, ist die höchste geistige Wissenschaft der Yoga-Meditation. Während der materialistischen Zeitalter wurde dieser unsterbliche Yoga geheim gehalten, dann aber durch Mahavatar Babaji den Menschen der Neuzeit wieder zugänglich gemacht und durch die Gurus der Self-Realization Fellowship/Yogoda Satsanga Society of India gelehrt. Babaji selbst hat mir aufgetragen, diese heilige Wissenschaft, die zur Vereinigung mit Gott führt, zu verbreiten. Durch den Segen Bhagavan Krishnas und Mahavatar Babajis – die ich im GEIST als eins schaue – sowie meines Gurus und meines *Paramgurus* (Swami Sri Yukteswar bzw. Lahiri Mahasaya) übergebe ich der Welt diese Deutung der Gita, so wie sie mir von Gott offenbart worden ist. Jeder Wahrheitssucher, der dem Beispiel Arjunas – der Verkörperung des idealen Jüngers – folgt, seine wahre Pflicht mit innerer Losgelöstheit erfüllt und sich in der Yoga-Meditation durch eine Technik wie den *Kriya-Yoga* vervollkommnet, wird ebenfalls den Segen und die Führung Gottes empfangen und durch Selbst-Verwirklichung den Sieg erringen.

So wie Gott mit Arjuna gesprochen hat, so wird Er auch mit euch sprechen. So wie Er Arjunas Geist und Bewusstsein erhoben hat, so wird Er auch euch erheben. Und so wie Er Arjuna die höchste geistige Schau vermittelt hat, so wird Er auch euch Erleuchtung schenken.

Wir haben nun in der Bhagavad-Gita die Heimreise der Seele zu Gott betrachtet – eine Reise, die jeder zurücklegen muss. O göttliche Seele, tu es Arjuna gleich und »wirf diese Mutlosigkeit (des sterblichen Bewusstseins) ab, erhebe dich«! Vor dir liegt der königliche Weg!

Sanskrit-Beinamen von Sri Krishna und Arjuna in der Bhagavad-Gita

Sri Krishna

Achyuta – Unwandelbarer; Unvergleichlicher

Anantarupa – Derjenige, dessen Formen unerschöpflich sind

Aprameya – Unermesslicher

Apratimaprabhava – Allmächtiger und Unvergleichlicher

Arisudana – Zerstörer aller Feinde

Bhagavan – Segensreicher Herr

Deva – Herr

Devesha – Herr aller Götter

Govinda – Anführer der Hirten; derjenige, der über die »Kühe« der Sinne herrscht und sie überwacht

Hari – Herzensdieb

Hrishikesha – Herr der Sinne

Isham Idyam – Angebeteter

Jagannivasa – Kosmischer Wächter (Schutz der Welt)

Janardana – Derjenige, welcher Gebete erhört

Kamalapattraksha – Lotosäugiger

Keshava, Keshinisudana – Überwinder des Dämonen Keshi; Zerstörer des Bösen

Madhava – Gott des Glücks

Madhusudana – Überwinder des Dämonen Madhu, das bedeutet: Überwinder der Unwissenheit

Mahatman – Höchste Seele

Prabhu – Herr, Meister

Prajapati – Göttlicher Vater der zahllosen Nachkommen

Purushottama – Höchster Geist

Sahasrabaho – Tausendarmiger

Varshneya – Sproß der Vrishni-Sippe

Vasudeva – Herr der Welt, in Seiner Rolle als Schöpfer, Erhalter und Zerstörer

Vishnu – der Allgegenwärtige Erhalter

Vishvamurta — Derjenige, dessen Körper das Universum ist

Yadava – Nachkomme Yadus

Yogeshvara – Herr des Yoga

Arjuna:

Anagha – Sündloser

Bharata – Nachkomme von König Bharata

Bharatashreshtha – Bester der Bharatas

Bharatarishabha – »Stier der Bharatas«, womit gemeint ist: der höchste oder beste unter den Nachkommen Bharatas

Bharatasattama – Bester der Bharatas

Dehabhritan Vara – Höchster der Verkörperten

Dhananjaya – Gewinner von Wohlstand

Gudakesha – Sieger über den Schlaf (»immer bereit«; »Sieger über Schlaf und Täuschung«)

Kaunteya – Sohn der Kunti

Kiritin – Diademträger

Kurunandana — Stolz oder auserwählter Sohn der Kuru-Dynastie

Kurupravira – Großer Held der Kurus

Kurusattama – Zierde (Bester) der Kurus

Kurushreshtha – Bester der Kuru-Prinzen

Mahabaho – Starkarmiger

Pandava – Nachkomme Pandus

Parantapa – Schrecken der Feinde

Partha – Sohn der Pritha

Purusharishabha – Zierde der Menschheit (wörtlich »Stier« oder Anführer der Menschheit)

Purushavyaghra – Tiger unter den Menschen

Savyasachin – Derjenige, der den Bogen mit jeder Hand führen kann

ÜBER DEN VERFASSER

»Das Ideal der Gottesliebe und des Dienstes an der Menschheit fand schönsten Ausdruck im Leben Paramahansa Yoganandas. ... Obgleich er den größten Teil seines Lebens außerhalb Indiens verbrachte, gehört er zu unseren großen Heiligen. Sein Werk breitet sich mehr und mehr aus und wird zu einem immer helleren Licht, das den Menschen aller Länder auf ihrer Pilgerreise zu Gott den Weg weist.«

Mit diesen Worten würdigte die indische Regierung Paramahansa Yogananda anlässlich der Herausgabe einer Gedenkbriefmarke zu seinem 25. Todestag.

Paramahansa Yogananda wurde am 5. Januar 1893 in Indien geboren. Er widmete sein Leben dem Ziel, Menschen aller Rassen und Bekenntnisse dabei zu helfen, in ihrem Leben die Schönheit, den Edelmut und die Göttlichkeit des menschlichen Geistes immer mehr zum Ausdruck zu bringen.

Im Jahre 1915 erhielt Sri Yogananda sein Diplom von der Universität Kalkutta. Kurze Zeit später wurde er mit einem feierlichen Gelöbnis als Mönch in den ehrwürdigen indischen Swami-Orden aufgenommen. Zwei Jahre später begann er sein Lebenswerk, als er eine Knabenschule für richtige Lebensweise gründete, in der sowohl die traditionellen Fächer als auch Yoga und geistige Ideale unterrichtet wurden; inzwischen gibt es bereits 21 Erziehungsinstitute dieser Art in ganz Indien. 1920 wurde er nach Boston eingeladen, wo er als Delegierter Indiens an einem internationalen Kongress religiöser Liberaler teilnahm. Seine Ansprache auf diesem Kongress und seine darauf folgenden Vorträge an der Ostküste der USA wurden begeistert aufgenommen. 1924 trat er eine Vortragsreise durch die ganzen Vereinigten Staaten an.

Während der nächsten drei Jahrzehnte trug Paramahansa Yogananda in großem Maße dazu bei, dass der Westen die geistige Weisheit des Ostens kennen und schätzen lernte. Er bestimmte Los Angeles zum Internationalen Hauptsitz der Self-Realization Fellowship, einer überkonfessionellen religiösen Gemeinschaft, die er 1920 gegründet hatte. Durch

seine Schriften und ausgedehnten Vortragsreisen sowie durch die Gründung zahlreicher Tempel und Meditationszentren der Self-Realization
Fellowship hat er Tausende von Wahrheitssuchern mit der ehrwürdigen
Wissenschaft und Philosophie des Yoga bekannt gemacht, dessen Meditationsmethoden universell anwendbar sind.

Heute wird das von Paramahansa Yogananda begonnene geistige und
humanitäre Werk von Bruder Chidananda, Präsident der Self-Realization
Fellowship/Yogoda Society of India, weitergeführt. Neben der Veröffent-
lichung seiner Schriften, Vorträgen und Ansprachen (einschließlich einer
umfangreichen Serie gedruckter Lehrbriefe zum Selbststudium) verwaltet
die Gemeinschaft die Tempel, Stätten der inneren Einkehr, Meditationszentren und Ordensgemeinschaften der Self-Realization Fellowship in allen Teilen der Welt; außerdem leitet sie den Weltweiten Gebetskreis.

In einem Artikel über Sri Yoganandas Leben und Werk schrieb Dr.
Quincy Howe jun., Professor für alte Sprachen am Scripps College in
Claremont, Kalifornien: »Paramahansa Yogananda brachte dem Westen nicht nur Indiens zeitlose Botschaft der Gottverwirklichung, sondern
auch eine praktische Methode, mit der Wahrheitssucher aller Gesell-
schaftsschichten das ersehnte Ziel in absehbarer Zeit erreichen können.
Auch wenn das geistige Vermächtnis Indiens in seiner erhabenen und
abstrakten Form im Westen von jeher geschätzt wurde, so ist es jetzt
durch Übungsmethoden und eigene Erfahrung all denen zugänglich, die
Gott nicht erst im Jenseits, sondern hier und jetzt finden wollen. ... Yogananda hat allen den Zugang zu den höchst entwickelten Methoden der
Kontemplation geöffnet.«

Paramahansa Yogananda beschreibt sein Leben und seine Lehre in
der *Autobiographie eines Yogi* (siehe auch Seite 196).

Paramahansa Yogananda –
ein Yogi im Leben und im Tod

Am 7. März 1952 hielt Paramahansa Yogananda in Los Angeles/Kalifornien auf einem Bankett, das zu Ehren des indischen Botschafters, Seiner Exzellenz Binay R. Sen, veranstaltet wurde, eine Ansprache. Unmittelbar danach ging er in den *Mahasamadhi* ein (das ist der endgültige und bewusste Austritt eines Yogis aus seinem Körper).

Der große Weltlehrer bewies nicht nur während seines Lebens, sondern auch noch im Tode die Wirksamkeit des Yoga (der wissenschaftlichen Techniken, die zur Gottvereinigung führen). Noch mehrere Wochen nach seinem Hinscheiden leuchtete sein unverändertes Antlitz in einem göttlichen Glanz – unberührt von jeder Verwesung.

Harry T. Rowe, der Direktor des Friedhofs von *Forest Lawn Memorial Park* in Los Angeles (wo der Körper des großen Meisters vorübergehend ruht), sandte der Self-Realization Fellowship eine beglaubigte Urkunde, der wir hier folgende Auszüge entnehmen:

»Das Ausbleiben jeder Verfallserscheinung am Leichnam Paramahansa Yoganandas stellt den außergewöhnlichsten Fall in allen unseren Erfahrungen dar. … Selbst zwanzig Tage nach seinem Tode war kein Zeichen einer körperlichen Auflösung festzustellen. … Die Haut zeigte keine Spuren von Verwesung, und im Körpergewebe ließ sich keine Austrocknung erkennen. Ein solcher Zustand von Unverweslichkeit ist, soweit wir aus Friedhofsannalen wissen, einzigartig. … Als uns Yoganandas Körper übergeben wurde, erwarteten die Friedhofsbeamten, dass sich allmählich, wie bei jedem Leichnam, die üblichen Verfallserscheinungen einstellen würden. Mit wachsendem Erstaunen sahen wir jedoch einen Tag nach dem anderen verstreichen, ohne dass der in einem gläsernen Sarg liegende Körper irgendeine sichtbare Veränderung aufwies. Yoganandas Körper befand sich anscheinend in einem phänomenalen, unverweslichen Zustand. …

Kein Verwesungsgeruch konnte während der ganzen Zeit an seinem Körper wahrgenommen werden. … Die körperliche Erscheinung Yoganandas war am 27. März, kurz bevor der Bronzedeckel auf den Sarg gelegt wurde, die gleiche wie am 7. März. Er sah am 27. März genauso frisch und vom Tode unberührt aus wie am Abend seines Todes. Es lag also am 27. März keine Veranlassung vor zu behaupten, dass sein Körper auch nur das geringste Zeichen der Zersetzung aufweise. Aus diesem Grunde möchten wir nochmals betonen, dass der Fall Paramahansa Yoganandas unseres Wissens einzigartig ist.«

Zusätzliche Möglichkeiten, Paramahansa Yoganandas Lehren über den *Kriya-Yoga* kennenzulernen

Die Self-Realization Fellowship hat es sich zur Aufgabe gemacht, Wahrheitssucher in aller Welt weitgehend zu unterstützen. Bitte besuchen Sie unsere Webseite oder wenden Sie sich an unseren Internationalen Hauptsitz, wenn Sie Informationen über Folgendes wünschen: unsere jährlich stattfindenden öffentlichen Vorträge und Seminare; Meditationen und Andachten in unseren Tempeln und Zentren in vielen Ländern der Welt; Termine für unsere Retreats (Einkehrtage) sowie Informationen über andere Aktivitäten.

www.yogananda.org

Self-Realization Fellowship
3880 San Rafael Avenue
Los Angeles, CA 90065-3219 USA
Tel. +1 (323)-225-2471

LEHRBRIEFE DER
SELF-REALIZATION FELLOWSHIP

*Diese Lehrbriefe enthalten Paramahansa Yoganandas
Anleitung zu den Techniken der Yoga-Meditation und seine
Grundsätze und persönlichen Ratschläge für eine spirituelle
Lebensweise*

Wenn Sie sich von den spirituellen Wahrheiten in *Der Yoga der Bhagavad-Gita* angesprochen fühlen, möchten wir Sie einladen, die *Lehrbriefe der Self-Realization Fellowship* zu abonnieren.

Paramahansa Yogananda hat diese Reihe von *Lehrbriefen*, die für das Selbststudium gedacht sind, zusammenstellen lassen, um aufrichtigen Wahrheitssuchern Gelegenheit zu geben, die in diesem Buch erwähnten althergebrachten Yoga-Meditationstechniken zu lernen und zu üben – einschließlich des wissenschaftlichen *Kriya-Yoga*. Die *Lehrbriefe* enthalten auch seine praktischen Ratschläge, mit denen man Ausgeglichenheit sowie körperliche, geistige und seelische Gesundheit erlangen kann.

Die *Lehrbriefe der Self-Realization Fellowship* können gegen eine geringe Gebühr bezogen werden (diese dient zur Deckung der Druck- und Versandkosten). Alle, welche die *Lehrbriefe* beziehen, werden in Bezug auf das Üben der Techniken von Nonnen und Mönchen der Self-Realization Fellowship ausgiebig persönlich beraten.

Weitere Informationen ...

Bitte besuchen Sie unsere Webseite www.srflessons.org, um ein umfassendes kostenloses Informationspaket zu den *Lehrbriefen* anzufordern.

Ebenfalls von der Self-Realization Fellowship herausgegeben:

AUTOBIOGRAPHIE EINES YOGI

von Paramahansa Yogananda

Diese Autobiographie, die großen Anklang gefunden hat, ist das faszinierende Lebensbild einer der großen geistigen Persönlichkeiten der heutigen Zeit. Mit gewinnender Offenheit, Erzählkunst und köstlichem Humor schreibt Paramahansa Yogananda seine inspirierende Lebensgeschichte – schildert die Erlebnisse seiner ungewöhnlichen Kindheit, Begegnungen mit vielen Heiligen und Weisen während seiner Jugendjahre, als er in ganz Indien nach einem erleuchteten Lehrer suchte, seine zehnjährige Schulung in der Einsiedelei eines verehrungswürdigen Yoga-Meisters und seinen 30-jährigen Aufenthalt in Amerika, wo er seine Lehre verbreitete. Außerdem berichtet er über seine Begegnungen mit Mahatma Gandhi, Rabindranath Tagore, Luther Burbank, der katholischen Stigmatisierten Therese Neumann und anderen berühmten geistigen Persönlichkeiten aus Ost und West.

Die *Autobiographie eines Yogi* ist nicht nur eine wunderbar geschriebene Lebensgeschichte, sondern auch eine tiefgründige Einführung in die alte Yoga-Wissenschaft und ihre seit alters geschätzten traditionellen Meditationsmethoden. Der Autor erklärt mit aller Genauigkeit die feinen, aber präzisen Gesetze, die sich hinter den alltäglichen Begebenheiten wie auch den außergewöhnlichen Ereignissen verbergen, die man allgemein als Wunder bezeichnet. Seine fesselnde Lebensgeschichte gibt dem Leser daher Gelegenheit, in die letzten Geheimnisse des menschlichen Lebens einzudringen und einen unauslöschlichen Eindruck davon zu empfangen.

Das Buch gilt als ein moderner Klassiker, wurde in mehr als fünfzig Sprachen übersetzt und wird in vielen Hochschulen und Universitäten als Textbuch und Nachschlagewerk benutzt. Als ein ständiger Bestseller, seit die *Autobiographie eines Yogi* vor mehr als 70 Jahren zum ersten Mal erschien, hat sie ihren Weg in die Herzen von Millionen Lesern in aller Welt gefunden.

»Ein außergewöhnlicher Bericht.«

The New York Times

»Eine faszinierende und klar kommentierte Studie.«

Newsweek

»Auf den Seiten dieser von unvergleichlichem und scharfem Geist ge-
stalteten Darstellung eines faszinierenden Lebens wird ein Menschenbild
von einer so ungeheuerlichen Größe offenbar, dass es den Leser von der
ersten bis zur letzten Seite atemlos in Bann hält. ... Man möchte dieser
bedeutenden Biographie die Kraft zusprechen, eine geistige Reformation
auszulösen.«

Schleswig-Holsteinische Tagespost

WEITERE VERÖFFENTLICHUNGEN VON PARAMAHANSA YOGANANDA

Erhältlich in Buchhandlungen, im Internet oder direkt beim Herausgeber:
Self-Realization Fellowship
3880 San Rafael Avenue, Los Angeles, California 90065, USA
Tel. +1 (323) 225-2471, Fax +1 (323) 225-5088

Gott spricht mit Arjuna: Die Bhagavad-Gita –
Neue Übersetzung und Kommentar

In diesem grandiosen zweibändigen Werk offenbart Paramahansa Yogananda die innerste Essenz dieser bedeutendsten heiligen Schrift Indiens. Er erkundet ihre psychologischen, geistigen und metaphysischen Tiefen und präsentiert dem Leser eine atemberaubende Chronik der Ereignisse, die der Seele – beim Einsatz der königlichen Wissenschaft der Gottverwirklichung – auf ihrem Weg zur Erleuchtung widerfahren.

Die Wiederkunft Christi -
Die Auferstehung des Christus im eigenen Inneren, Band I, II und III

Die ersten beiden von drei geplanten Bänden mit Paramahansa Yoganandas unvergleichlichem Meisterwerk der Inspiration. Geführt von ihm wird diese Reise durch die vier Evangelien den Leser zutiefst bereichern. Vers um Vers erhellt Yogananda den universellen Weg zur Einheit mit Gott, den Jesus seine engsten Jünger gelehrt hat: „Wie man Christus gleich werden und den Ewigen Christus im eigenen Innern auferstehen lassen kann."

Die ewige Suche des Menschen

Paramahansa Yoganandas *Gesammelte Vorträge und Essays* (Band I–III) bieten eine ausführliche Erörterung des weiten Spektrums inspirierender und universaler Wahrheiten, die Millionen Leser der *Autobiographie eines Yogi* gefesselt haben. Im Band I werden u. a. erklärt: wenig bekannte und bisher kaum verstandene Aspekte der Meditation; das Leben nach dem Tode; das Wesen der Schöpfung; Gesundheit und Heilung; die unbegrenzte Kraft des Geistes; unsere ewige Suche, die nur in Gott Erfüllung findet.

Im Zauber des Göttlichen

Band II von Paramahansa Yoganandas *Gesammelten Vorträge und Essays*. Eine Auswahl aus den breit gefächerten Themen: *Wie man göttliche Liebe entwickelt; Wie man physische, geistige und seelische Heilmethoden miteinander in Einklang bringt; Eine Welt ohne Grenzen; Nehmt euer Schicksal selbst in die Hand; Die Kunst, das sterbliche Bewusstsein und den Tod durch Yoga zu überwinden; Der Kosmische Liebende; Wie man die Freude im Leben findet.*

Die Reise zur SELBST-Verwirklichung

Der dritte Band der gesammelten Vorträge und Essays von Sri Yogananda beinhaltet viele faszinierende Themenbereiche, in denen die einzigartige Synthese seiner Weisheit, seines Mitgefühls, seiner Ermutigung und seiner praktischen Anleitung zum Ausdruck kommt. Unter anderem: *Wie Ihr eure geistige Fortschritt beschleunigen könnt; Wie man immerwährende Jugendlichkeit zum Ausdruck bringt; Wie man sich Gott im täglichen Leben vergegenwärtigt.*

Der Wein des Mystikers: Die Rubaijat von Omar Chajjam – Eine geistige Deutung

Ein inspirierender Kommentar zur geheimnisvollen Bildersprache der *Rubaijat*, der Licht auf die mystische Wissenschaft der Gottverbundenheit wirft. Das Buch enthält 50 farbige Original-Illustrationen und gewann 1995 den Benjamin-Franklin-Preis für das beste Buch auf dem Gebiet der Religion.

An der Quelle des Lichts: Einsichten und Inspirationen, um den Herausforderungen des Lebens zu begegnen

Erleuchtende Gedanken, nach Themen geordnet. In diesem praktischen Handbuch findet der Leser in Krisenzeiten rasche Orientierungshilfe; er kann das Buch auch dazu benutzen, sich erneut die ewig gegenwärtige Kraft Gottes bewusst zu machen, um sich für das Alltagsleben zu stärken.

Flüstern aus der Ewigkeit

Eine Sammlung von Paramahansa Yoganandas Gebeten und Meditationserlebnissen im göttlichen Bewusstseinszustand. Seine Worte bringen durch ihre poetische Schönheit und ihren majestätischen Rhythmus die unerschöpfliche Mannigfaltigkeit Gottes zum Ausdruck und auch die unsagbare Seligkeit, die Er allen aufrichtigen Suchern schenkt.

Religion als Wissenschaft

Jeder Mensch, so schreibt Paramahansa Yogananda, hat einen unleugbaren Wunsch: Leid zu überwinden und dauerhaftes Glück zu erlangen. Sri Yogananda untersucht die relative Wirksamkeit der verschiedenen Methoden, die zu diesem Ziel führen, und erklärt dann, auf welche Weise es möglich ist, jene Sehnsucht zu erfüllen.

Aus der Quelle der Seele: Wege zum erfolgreichen Beten
Erhebende Gedanken aus den Schriften Paramahansa Yoganandas. Das Buch
ist ein inspirierender Weggefährte, der uns täglich aufs Neue zeigt, wie das
Gebet jeden Tag zu einem Quell der Liebe, der Kraft und der inneren Führung
werden kann.

Wege zum inneren Frieden: Ruhige Tätigkeit – tätige Ruhe
Eine Auswahl praktischer und inspirierender Ratschläge aus den Ansprachen
und Schriften Paramahansa Yoganandas. »Tätige Ruhe« entsteht, wenn wir in
der Meditation inneren Frieden finden; und »ruhige Tätigkeit« entfaltet sich,
wenn wir fest verankert bleiben in der Stille und Freude unseres wahren SELBST,
während wir ein aktives, erfülltes und ausgeglichenes Leben führen.

Erfolg im Leben
In diesem kraftvollen Buch zeigt Paramahansa Yogananda, dass wir die höchsten Ziele des Lebens verwirklichen können, wenn wir das unbegrenzte Potenzial in unserem Innern anzapfen. Er gibt praktischen Rat, der uns zum Erfolg
führen wird, umreißt klare Methoden, mit denen wir dauerhaftes Glück erschaffen, und erklärt, wie wir Trägheit und Negativität überwinden, indem wir
uns die dynamische Kraft unseres eigenen Willens zunutze machen.

Warum Gott das Böse zulässt und wie man sich darüber erhebt
Hier vermittelt Paramahansa Yogananda Kraft und Trost für Krisenzeiten,
indem er die Mysterien von Gottes *Lila*, dem göttlichen Drama, erläutert.
Der Leser wird die Ursache für die dualistische Natur der Schöpfung – Gottes
Wechselspiel von Gut und Böse – verstehen und erhält Anleitung, wie er sich
auch über die schwierigsten Lebenslagen erheben kann.

Leben ohne Angst
Paramahansa Yogananda lehrt uns, wie wir die Fesseln der Angst sprengen
und unsere eigenen psychologischen Stolpersteine aus dem Weg räumen können. *Leben ohne Angst* ist ein klares Zeugnis für das, was wir werden können,
wenn wir nur fest an die Göttlichkeit unserer wahren Natur glauben – der
Seele.

Zwiesprache mit Gott
Paramahansa Yogananda definiert Gott als den transzendenten, universalen
GEIST, als vertrauten Vater, Mutter, Freund und Geliebten aller Seelen. Er zeigt
uns, wie nahe der Herr jedem von uns ist und wie man Ihn dazu bringen kann,
Sein Schweigen zu brechen und uns auf fühlbare Weise zu antworten.

Meditationen zur Selbst-Verwirklichung
Über 300 geistig erhebende Meditationen, Gebete und Bestätigungen, die dem Menschen helfen, gute Gesundheit und Vitalität, Selbstbewusstsein, Kreativität und innere Ruhe zu entwickeln und immer mehr im Bewusstsein der glückseligen Gegenwart Gottes zu leben.

Wissenschaftliche Heilmeditationen
Hier gibt Paramahansa Yogananda eine tiefschürfende Erläuterung der Wissenschaft der Heilmeditation. Er erklärt, warum Bestätigungen so wirksam sind und wie man die Kraft der Worte und der Gedanken nicht nur zur Heilung anwenden kann, sondern auch, um gewünschte Veränderungen auf jedem Lebensgebiet zu erreichen. Das Buch enthält eine große Auswahl an Bestätigungen.

Worte von Paramahansa Yogananda
Eine Sammlung von Aussprüchen und weisen Ratschlägen Paramahansa Yoganandas – offenherzige und liebevolle Antworten, die der Guru ratsuchenden Schülern gab. Mehrere seiner engsten Jünger haben diese Anekdoten aufgezeichnet und ermöglichen es dadurch dem Leser, dem Meister auf ganz persönliche Weise zu begegnen.

Lieder der Seele
Mystische Gedichte Paramahansa Yoganandas: Bekenntnisse des Herzens, die durch unmittelbare Gotteswahrnehmung ausgelöst wurden und von Gott in der Natur, in der menschlichen Seele, in allen täglichen Erlebnissen und im Zustand geistiger Erweckung – der *Samadhi*-Meditation – zeugen.

Das Gesetz des Erfolges
Erklärt die wirksamen Grundsätze, die einem dazu verhelfen, seine Ziele im Leben zu erreichen, und vermittelt einen Überblick über die universalen Gesetze, die im persönlichen, beruflichen und geistigen Leben zu Erfolg und Erfüllung führen.

Kosmische Lieder
Worte und Noten zu 60 religiösen Liedern mit einer Abhandlung über das geistige Singen, das zur Verbindung mit Gott führt.

Audioaufnahmen von Paramahansa Yogananda

- *Beholding the One in All*
- *Awake in the Cosmic Dream*
- *Songs of My Heart*
- *Be a Smile Millionaire*
- *The Great Light of God*
- *To Make Heaven on Earth*
- *One Life Versus Reincarnation*

- *Removing All Sorrow and Suffering*
- *In the Glory of the Spirit*
- *Follow the Path of Christ, Krishna, and the Masters*
- *Self-Realization: The Inner and the Outer Path*

DVD

Awake: Das Leben des Yogananda

Weitere Veröffentlichungen der Self-Realization Fellowship

Die heilige Wissenschaft von Swami Sri Yukteswar

Die Stimme des Herzens von Sri Daya Mata

Alles Glück liegt in dir von Sri Daya Mata

Auf Anfrage erhalten Sie einen ausführlichen Katalog aller von der Self-Realization Fellowship *veröffentlichten Bücher, Audio- und Video-Aufnahmen.*

Self-Realization Fellowship
3880 San Rafael Avenue
Los Angeles, CA 90065-3219 USA
Tel. +1 (323) 225-2471

ZIELE UND IDEALE
DER
SELF-REALIZATION FELLOWSHIP

dargelegt von ihrem Gründer Paramahansa Yogananda
Bruder Chidananda, Präsident

Menschen aller Nationen mit bestimmten, wissenschaftlichen Techniken bekannt zu machen, die zur unmittelbaren, persönlichen Gotteserfahrung führen;

zu lehren, dass der Sinn des Lebens in der Höherentwicklung des begrenzten menschlichen Bewusstseins liegt, bis es sich aus eigener Kraft zum Bewusstsein Gottes erweitert, und zu diesem Zweck Tempel der Self-Realization Fellowship in aller Welt zu errichten, in denen wahre Gottverbundenheit gepflegt wird, und die Menschen außerdem anzuregen, sich in ihrem eigenen Heim und Herzen einen Tempel Gottes zu schaffen;

darzulegen, dass das ursprüngliche, von Jesus Christus gelehrte Christentum und der ursprüngliche, von Bhagavan Krishna gelehrte Yoga im Wesentlichen völlig übereinstimmen und dass ihre Prinzipien der Wahrheit die wissenschaftliche Grundlage aller echten Religionen bilden;

auf den schnellsten Weg zu Gott hinzuweisen, in den alle wahren religiösen Wege schließlich einmünden: den Weg täglicher, wissenschaftlicher und hingebungsvoller Meditation über Gott;

die Menschen von ihrem dreifachen Leiden zu befreien: körperlicher Krankheit, geistiger Unausgeglichenheit und seelischer Blindheit;

die Menschen zu einem einfacheren Leben und tieferen Denken anzuregen und unter allen Völkern den Geist wahrer Brüderlichkeit zu verbreiten, indem ihnen die Erkenntnis vermittelt wird, dass alle Menschen Kinder des einen Gottes sind;

die Überlegenheit des Geistes über den Körper und der Seele über den Geist zu beweisen;

Böses durch Gutes, Leid durch Freude, Grausamkeit durch Güte, Unwissenheit durch Weisheit zu besiegen;

Wissenschaft und Religion durch die Erkenntnis, dass beide auf denselben Gesetzen beruhen, miteinander in Einklang zu bringen;

die geistige Verständigung und den kulturellen Austausch zwischen Morgen- und Abendland zu fördern;

der ganzen Menschheit als dem eigenen, erweiterten SELBST zu dienen.

REGISTER